U0813339

2024年

国家统一法律职业资格考试一本通

第八卷

国际法·国际私法
国际经济法

刘东根　曲广娣 / 主编

法律出版社
LAW PRESS·CHINA
北京

图书在版编目(CIP)数据

2024年国家统一法律职业资格考试一本通. 第八卷 / 刘东根, 曲广娣主编. -- 北京 : 法律出版社, 2023

ISBN 978-7-5197-8617-5

Ⅰ. ①2… Ⅱ. ①刘… ②曲… Ⅲ. ①法律工作者－资格考试－中国－自学参考资料 Ⅳ. ①D920.4

中国国家版本馆CIP数据核字(2023)第230655号

2024年国家统一法律职业资格考试一本通:第八卷
2024 NIAN GUOJIA TONGYI FALÜ ZHIYE ZIGE
KAOSHI YIBENTONG:DI-BA JUAN

刘东根　曲广娣 主编

策划编辑 宋杰鹏
责任编辑 宋杰鹏
装帧设计 李　瞻

出版发行 法律出版社
编辑统筹 法律考试·职业教育出版分社
责任校对 王　丰　郭艳萍
责任印制 胡晓雅
经　　销 新华书店

开本 787毫米×1092毫米　1/16
印张 9.75　　**字数** 311千
版本 2023年12月第1版
印次 2023年12月第1次印刷
印刷 永清县金鑫印刷有限公司

地址:北京市丰台区莲花池西里7号(100073)
网址:www.lawpress.com.cn
投稿邮箱:info@lawpress.com.cn
举报盗版邮箱:jbwq@lawpress.com.cn

销售电话:010-83938349
客服电话:010-83938350
咨询电话:010-63939796

版权所有·侵权必究

书号:ISBN 978-7-5197-8617-5　**定价**:28.00元

凡购买本社图书,如有印装错误,我社负责退换。电话:010-83938349

全面、深入解析　精准应对法考试题

——法考的命题特点、趋势及本书的思路和特色

一、2018年、2019年、2020年、2021年、2022年、2023年法考透露出来的命题特点和趋势

在2018年登上历史舞台的国家统一法律职业资格考试（以下简称法考）终于“揭开了神秘的面纱”，2019年、2020年、2021年、2022年、2023年这五年的法考轮廓进一步清晰。虽然真题不再公布，但从诸多考生的吐槽和点滴回忆中还是能勾勒出法考的大致面貌。总结起来，法考的命题特点及考试趋势主要有以下几个方面：

（一）与《关于完善国家统一法律职业资格制度的意见》（以下简称《意见》）对法考命题的整体要求高度契合

《意见》在“改革法律职业资格考试内容”部分规定，考试内容增加中国特色社会主义法治理论（现已调整为“习近平法治思想”）。着重考查宪法法律知识、法治思维和法治能力，以案例分析、法律方法检验考生在法律适用和事实认定等方面的法治实践水平。考试以案例为主，每年更新相当比例的案例。大幅度提高案例题的分值比重。从2018年、2019年、2020年、2021年、2022年、2023年法考的试题看，《意见》的这一要求得到了较好贯彻。

（二）试题的实践性、综合性加强，以检验考生的法治实践水平

2018年、2019年、2020年、2021年、2022年、2023年法考，很多试题都是直接以生活中真实发生的热点案件为素材加工而成，如“昆山反杀案”、陨石所有权案等。有考生吐槽：“命题人追热点追得比新媒体小编都快，反杀案这么新的案件都安排上了。”当然，以前的司法考试也有试题直接来源于现实发生的真实案例，但可以预见的是，以后的法考会将更多的热门案件、真实案件融进试题中。这表明法律是一门与社会生活紧密相连的科学，考生必须关注社会热点，注意法律在现实生活中的运用，注意运用法治思维、法律方法来分析真实案件。

同时，试题的综合性强也是显著特点之一。有考生吐槽：“感觉出题老师就是来炫技的，各部门法来回穿插，有好多题不确定是在考哪个法，部门法边界不明显。”多部门法综合考查在主观题部分体现得更为突出。这一命题特点也符合司法实践，因为真实发生的案件往往不会只局限于某一部法律，而是会涉及多部法律，刑民交叉、民商法相互交织、实体法与程序法交融是常态，具体法律的划分只是方便研究和学习之用，绝不是真实案件中复杂法律关系的真实体现。

（三）坚持了法考是职业资格考试（而不是硕士、博士研究生入学考试）这一定位

法考是法律实务从业者的资格考试，是为法律职业准入门槛提供一个相对客观的标准，这必然要求以现行法律法规为基本依据，测试标准要基本一致，即大部分试题有相对统一的答案，答案完全开放的试题只是少数。从2018年、2019年、2020年、2021年、2022年、2023年法考的试题来看，那种认为法律职业资格考试以案例为主，答案就是完全开放的观点并不正确。在同一事实和法律规定的情况下，案例题的答案必然是相对明确的，当然也会涉及在重要法律知识点上的观点之争，但这毕竟是少数。答案完全开放的试题并不适用于这种测试标准相对统一的职业资格考试。

二、本书的核心思路及最大特色：四位一体

本书想为考生提供一种有效复习法条的方法，真正帮助考生解决三大问题：**法条会如何考；法条应如何看；法条如何应用于法考的实战**。为实现这一目标，本书力图通过法条、命题题眼、历年试题和强化模拟题四位一体，全面阐述法考的重点、难点和命题思路，使考生真正掌握某一法条、知识点，真正做到"一本通"。

本书编写模式和内容具有如下三大特点：

（一）法条、司法解释完美穿插

本书以法考大纲规定的法律和司法解释为依据，将属于某一知识点的相关法条都汇总在一起，并将相关的司法解释列在主法条之后，这样就非常全面，考生掌握起来也非常方便，这不仅符合法考的命题特点，也提高了复习的效率。

（二）命题题眼全面、深度解析

本书在对历年试题（由于法考不公布真题，本书部分是以司法考试的真题为分析对象，同时也穿插了能收集到的部分法考真题来分析）分析和展示的基础上，对重要法条的一个或者多个考点进行全面、深度解析，让考生准确地掌握法条所涉及的知识点可以从哪些方面命题，哪些考点以前考过，哪些考点还没有考过，每个命题题眼需要掌握的深度（是一般记忆还是需要理论解析），从而提高复习的实战性和针对性。

法考虽然在主观题部分可以查看法条和司法解释，但这绝不意味着备考时可以降低对法条和司法解释的掌握程度，因为客观题仍然是不能查看法条和司法解释，主观题部分虽然能查看，但大概率是没有时间翻看。另外，法考与司法考试相比还有一个重要变化，司法考试中每个部门法的试题顺序是相对固定的，试题虽然可能不会答，但至少知道考的是刑事诉讼法还是民事诉讼法，但在实行机考的法考时代，部门法的试题顺序不再规律地出现，有考生无奈地感叹："今年试题打乱，感觉不多看几眼都不知道考哪科。"这就要求平时对法条的掌握要深刻。

另外，无论是司考还是法考，都要求对知识点掌握得很精准，不能似是而非，否则就会出现有些考生所说的"单选看着像多选，多选看着像单选"。本书通过对法条所涉知识点的深度解析和对真题知识点考查方式的展示，帮助考生精准掌握，面对命题陷阱不再犹豫彷徨。

（三）模拟题检验、巩固学习效果

本书参照法考试题的要求、特点，对重点法条的考点编写相应的强化模拟题，通过反复地、有针对性地演练，检验自己是否真正掌握了某一知识点，同时达到加深对法条的理解和全面掌握的效果。

目　　录

国际法

第一章　导论 …………………………………… (1)
第一节　国际法的概念、渊源与基本原则 …………………………………… (1)
第二节　国际法与国内法的关系 ………… (4)
第二章　国际法的主体与国际法律责任 …… (5)
第一节　国际法主体 ………………………… (5)
第二节　国际法律责任的构成和形式 …… (11)
第三节　国际责任制度的新发展 ………… (13)
第三章　国际法上的空间划分 ……………… (13)
第一节　领土 ……………………………… (13)
第二节　海洋法 …………………………… (16)
第三节　国际航空法与外层空间法 ……… (21)
第四节　国际环境保护法 ………………… (23)
第四章　国际法上的个人 …………………… (24)
第一节　国籍 ……………………………… (24)
第二节　外国人的法律地位 ……………… (25)
第三节　引渡和庇护 ……………………… (27)
第四节　国际人权法 ……………………… (29)
第五章　外交关系法与领事关系法 ………… (29)
第一节　外交关系法 ……………………… (29)
第二节　领事关系法 ……………………… (31)
第六章　条约法 ……………………………… (33)
第一节　概述 ……………………………… (33)
第二节　条约的缔结 ……………………… (33)
第三节　条约的效力 ……………………… (35)
第四节　条约的解释和修订 ……………… (36)
第七章　国际争端的和平解决 ……………… (38)
第一节　国际争端与解决方法 …………… (38)
第二节　国际争端的法律解决方法 ……… (39)
第八章　战争与武装冲突法 ………………… (41)
第一节　概述 ……………………………… (41)
第二节　对作战手段的限制和对战时平民及战争受难者的保护 ……… (43)
第三节　战争犯罪 ………………………… (44)

国际私法

第一章　国际私法概述 ……………………… (45)
第一节　国际私法的概念 ………………… (45)
第二节　国际私法的范围 ………………… (46)
第三节　国际私法的渊源 ………………… (46)
第二章　国际私法的主体 …………………… (46)
第一节　自然人 …………………………… (46)
第二节　法人 ……………………………… (48)
第三章　法律冲突、冲突规范和准据法 …… (49)
第一节　法律冲突 ………………………… (49)
第二节　冲突规范 ………………………… (49)
第三节　准据法 …………………………… (50)
第四章　适用冲突规范的制度 ……………… (51)
第一节　定性 ……………………………… (51)
第二节　反致 ……………………………… (52)
第三节　外国法的查明和解释 …………… (53)
第四节　公共秩序保留 …………………… (53)
第五节　法律规避 ………………………… (54)
第五章　国际民商事关系的法律适用 ……… (55)
第一节　权利能力、行为能力和时效 …… (55)
第二节　物权 ……………………………… (56)
第三节　债权 ……………………………… (57)
第四节　商事关系 ………………………… (61)
第五节　家庭 ……………………………… (64)
第六节　继承 ……………………………… (67)
第七节　知识产权 ………………………… (68)

第六章　国际民商事争议的解决 ……………（69）
第一节　国际民商事争议概述 ……………（69）
第二节　国际商事仲裁 ……………………（69）
第三节　国际民事诉讼 ……………………（72）
第七章　区际法律问题 ………………………（79）
第一节　区际法律冲突与区际冲突法 ……（79）
第二节　区际司法协助 ……………………（79）

国际经济法

第一章　国际货物买卖 ………………………（97）
第一节《国际贸易术语解释通则2010》 ……………………………（97）
第二节《联合国国际货物销售合同公约》 ……………………………（101）
第二章　国际货物运输与保险 ………………（107）
第一节　国际货物运输 ……………………（107）
第二节　国际货物运输保险 ………………（112）
第三章　国际贸易支付 ………………………（114）
第一节　汇付与托收 ………………………（114）
第二节　信用证 ……………………………（116）
第四章　对外贸易管理制度 …………………（120）
第一节　我国的对外贸易法 ………………（120）
第二节　贸易救济措施 ……………………（121）
第三节　我国的出口管制法律制度 ………（128）
第五章　世界贸易组织 ………………………（129）
第一节　世界贸易组织概述 ………………（129）
第二节　世界贸易组织的主要法律制度 ……………………………（131）
第六章　国际经济法领域的其他法律制度 ……………………………（134）
第一节　知识产权的国际保护 ……………（134）
第二节　国际投资法 ………………………（141）
第三节　国际融资法 ………………………（144）
第四节　国际税法 …………………………（148）

国际法

第一章　导　论

第一节　国际法的概念、渊源与基本原则

考点一:国际法的渊源

命题题眼

国际法的渊源一般是指它的形式渊源,即国际法规则作为有效的法律规则存在和表现的方式。它的意义在于指明去哪里寻找国际法规则以及识别一项国际法规则是否有效。

国际法的渊源是国际条约、国际习惯和一般法律原则;其他各项是确立法律原则的辅助资料。

1. 国际法的主要渊源

(1)国际条约

国际条约是两个或两个以上国际法主体之间缔结的,以国际法为准的,规定当事方权利义务的协议。

国际条约是现代国际法主要的法律渊源,是当代国际法规则的主要表现形式。

条约包括"契约性条约"和"造法性条约",都是国际法的渊源。契约性条约限于特定的交易,规定某个特定事项或特定义务。造法性条约是指那些规定在一定时期内当事方在某方面或某事项上的普遍行为规则的条约。

(2)国际习惯

国际习惯是指在国际交往中由各国前后一致地不断重复所形成,并被广泛接受为有法律拘束力的行为规则或制度。国际习惯是不成文的,它是国际法最古老、最原始的渊源。

国际习惯的构成要素有两个:

一是物质要素或客观要素,即存在各国反复一致地从事某种行为的实践;

二是心理要素或主观要素,它要求上述的重复一致的行为模式被各国认为具有法律拘束力,即存在所谓法律确信。

一项国际习惯必须同时具备这两个要素,特别是心理要素。

(3)一般法律原则

一般法律原则是指各国法律体系中所共有的一些原则,如善意、禁止反言。

"一般法律原则"的作用是填补法院在审理案件时可能出现的由于没有相关的条约和习惯可以适用而产生的法律空白。它在国际司法实践中处于补充和辅助地位,很少被单独适用。

在《国际法院规约》第38条第2款中提到的"公允及善良"原则在广义上也被理解为一项"一般法律原则"。

2. 确立国际法原则的辅助资料

确立国际法原则的辅助资料本身不是独立的国际法渊源,但可以帮助证明国际法的有效规则。确立国际法原则的辅助资料主要包括:

(1)司法判例

主要指国际法庭和仲裁机构的判例,也包括各国国内司法和仲裁机构的判例。按照《国际法院规约》的规定,国际法院的裁决只对当事国有拘束力。但由于国际法院是联合国的主要司法机关,在国际法学界中享有崇高的地位,因此其判决在国际实践中被高度尊重,并对国际法规则的证明和确立有重要影响。

(2)权威国际法学家的学说

历史上,权威国际法学家的学说对阐明某些国际法规则帮助很大,但其现在对国际法的影响大大降低。

(3)国际组织的决议或宣言

例如,联合国大会有关国际和平与安全问题的决议。这些决议本身对成员没有法律拘束力,但它们反映了大多数成员的政治意愿,因此对有关国际法规则的确立具有重要的意义和作用。

作为确立国际法原则的辅助资料,国际组织决议的作用和地位高于司法判例和国际法学家的学说。

强化模拟题

在下列各项中,构成确立国际法原则的辅助资料的是:

A. 格劳秀斯在1625年发表的《战争与和平法》

B. 常设仲裁法院在1928年发布的关于帕尔马斯岛案的裁决

C. 联合国大会在1974年通过的《建立新的国际经济秩序宣言》

D. 韩国汉城地方法院在1983年作出的关于卓长仁劫机案的判决

答案:ABCD。

考点二:国际法的基本原则

命题题眼

1. 国际法基本原则的特征

基本特征:

(1)各国公认

(2)适用于国际法律关系的所有领域

(3)构成国际法体系的基础

①国际法基本原则构成国际法其他具体原则的效力基础,它是判断具体原则是否有效的依据和标准。

②基本原则是具体原则产生的基础,国际法的具体原则、规则都可由基本原则派生和导出。

③国际法基本原则是国际法体系存在的基础,如果基本原则被破坏,则将破坏和动摇整个国际法体系存在的前提和基础。

(4)具有强行法性质

强行法,或称国际法强行规则,是指在国际社会中被公认为必须绝对遵守和严格执行的法律规范,它不得被任意选择、违背或更改。

国际法基本原则具有强行法性质,但是,并不是所有的强行法规则都是国际法基本原则,作为国际法基本原则还必须符合上述其他要求。

2. 国际法基本原则的内容

(1)国家主权平等原则

①国家主权

国家主权或主权,是国家的根本属性,是指国家独立自主地处理其内外事务的统治权力。

主权具有不可分割、不从属于外来意志和神圣不可侵犯的性质。主权不是国际法赋予国家的,而是国家固有的。

主权首先体现在以下三个方面:

第一,对内最高权。国家在国内行使最高统治权,包括立法、行政、司法各个方面,也包括国家的属地优越权和属人优越权。

第二,对外独立权。国家在与他国的交往和国际关系中,不受任何外国意志的左右,独立自主地处理自己的内外事务,包括选择社会制度、确定国家形式和法律、制定对外政策等。

第三,自保权。其包括国家在遭受外来侵略和武力攻击时进行单独或集体反击的自卫权,以及为防止侵略和武装攻击而建设国防的权力。

②国家主权平等原则

任何国家都拥有主权,各国都有义务相互尊重主权。在主权国家组成的国际社会中,各国都具有平等的国际人格,各国在国际法面前处于平等地位。

第一,基于主权的性质,任何国家都有权自由选择并发展其政治、社会、经济及文化制度。各国在国际关系中要相互尊重对方的主权,在行使自己主权的同时不能侵害别国主权。每个国家都应与他国和睦相处,忠实地履行其国际义务。

第二,领土主权是国家主权的重要方面。维护和捍卫国家的领土完整是一国主权的重要体现;另外,尊重别国主权首先要尊重别国的领土主权和领土完整。侵占、裂割别国领土构成对该国主权的严重侵犯。

第三,各国具有平等的国际人格。在国际关系和国际交往中,无论在形式上还是实质上,任何国家不应谋求片面的特权和利益,而应互惠互利、相互尊重、共同发展。

第四,在国际交往中,以下一些方面也是国家平等的体现:缔约时的“轮签制”;国际会议排序采取对称、圆桌、抽签或字母顺序的方法,外交礼仪待遇和外交代表位次的平等;国家在外国的司法豁免权等。

(2)不干涉内政原则

①内政

内政的实质是国家基于其管辖的领土而行使主权的表现,包括建立国家政权体制和建立社会、经济、教育、文化等制度,处理其立法、行政、司法事务,以及制定对外政策、开展对外交往等所有方面的措施和行动。

内政一般以领土为基础,但内政不是一个地理概念。内政的范围不与领土范围完全对应。也就是说,发生在一国领土内的事项并不一定都属于内政的范畴,反过来,也有在领土外从事一国内政的情况存在。

判断某一事项是否属于内政,要看其是否本质上属于国内管辖的事项及该事项中的行为是否违背已确立的国际法原则和规则。

②不干涉内政原则的主要内容

第一,任何国家或国际组织,在国际关系中,不得以任何借口或任何方式直接或间接地干涉本质上属于任何国家国内管辖的事项,即一国内政;也不得以任何手段强迫他国接受自己的意志,维持或改变被干涉国社会制度和意识形态。

第二,国际法允许国家在平等和自愿的基础上,根据国际条约或国际义务,对他国进行援助;也承认各国对他国违背国际法义务的行为有权采取相应的单独或集体的行动,但这些行动必须具有公认的法律根据并且应严格在国际法律框架中进行。

以所谓“人道主义”“人权保护”等为借口,按照某个或某些国家自己的价值判断,为了其自身的私利而对他国进行干涉的活动,是没有国际法根据的,因而是非法的。

(3)不得使用威胁或武力原则

不得使用威胁或武力原则指各国在其国际关系上不得以武力或武力威胁,侵害任何国家的政治独立和领土完整;不得以任何与《联合国宪章》或其他国际法原则不符的方式使用武力。

①不得使用武力原则首先禁止侵略行为

1974年联合国大会通过的《关于侵略定义的决议》中,非穷尽地列举了7项侵略行为,包括:

Ⅰ. 武装部队侵入或攻击他国领土,由侵入或攻击造成的军事占领,使用武力吞并别国的任何领土;

Ⅱ. 以另一国的领土为对象使用任何武器;

Ⅲ. 封锁另一国的港口或海岸;

Ⅳ. 武装部队攻击他国的陆海空军、商船或民航机;

Ⅴ. 一国违反协定使用在别国驻扎的军队或违约延期驻扎;

Ⅵ. 提供领土由他国使用进行侵略行为;

Ⅶ. 以国家名义派遣武装团体、非正规军或雇佣军等。

该定义同时规定一国违反《联合国宪章》首先使用武力,即构成侵略行为的明显证据。但联合国安理会可以根据情节及后果确定是否构成了侵略行为。

侵略战争是破坏国际和平的罪行,不得以任何理由为侵略行为辩护,侵略行为引起国家责任。

②不得使用威胁和武力不仅包括禁止非法进行武装攻击,还包括禁止从事武力威胁和进行侵略战争的宣传

同时,不得使用威胁或武力原则并不是禁止一切武力的使用,凡是符合《联合国宪章》和国际法规则的武力使用是被允许的,包括国家对侵略行为进行的自卫行动和联合国集体安全制度下的武力使用。

(4)和平解决国际争端原则

和平解决国际争端原则是指国家间在发生争端时,各国都必须采取和平方式予以解决,禁止将武力或武力威胁的方式付诸任何争端的解决过程。

(5)民族自决原则

民族自决原则是指在帝国主义殖民统治和奴役下的被压迫民族有权自主决定自己的命运,摆脱殖民统治,建立民族独立国家的权利。

所有民族都有平等的权利,自由地表达自己的意志,决定自己的命运,参与和从事政治、经济、文化等各项事务,各国均有义务尊重和促进这种平等权利的实现。

民族自决原则中独立权的范围,只严格适用于殖民地民族的独立。国际法明确严格禁止任何国家假借民族自决的名义,制造、煽动或支持民族分裂,破坏他国国家统一和领土完整的任何行动。

(6)善意履行国际义务原则

善意履行国际义务是指国家对于由公认的国际法原则和规则产生的义务,应真诚、善意、全面地履行。同时国家对于其作为缔约国参加的条约而产生的义务,也同样应善意履行。

善意履行国际义务要求国家尊重和遵守国际法的规则,即所谓“约定必守”。

历年试题

2013年试卷一第75题:关于国际法基本原则,下列哪些选项是正确的?

A. 国际法基本原则具有强行法性质

B. 不得使用威胁或武力原则是指禁止除国家对侵略行为进行的自卫行动以外的一切武力的使用

C. 对于一国国内的民族分离主义活动,民族自决原则没有为其提供任何国际法根据

D. 和平解决国际争端原则是指国家间在发生争端时,各国都必须采取和平方式予以解决

答案:ACD。不得使用威胁或武力原则并不是禁止一切武力的使用,凡是符合《联合国宪章》和国际法规则的武力使用是被允许的,包括国家对侵略行为进行的自卫行动和联合国集体安全制度下的武力使用。因此,不仅除自卫外,联合国集体安全制度下也是可以使用武力的。所以,B项错误。

民族自决原则中殖民地民族的独立权的范围,只严格适用于殖民地。对于一国国内的民族分离主义活动,民族自决原则没有为其提供任何国际法根据。这个问题在国际法和国际实践中被认为是一国的内部事务,是一国国内法的问题,应该尊重国家主权及其全体人民的选择。国际法明确严格禁止任何国家假借民族自决名义,制造、煽动或支持民族分裂,破坏他国国家统一和领土完整的任何行动。所以,C项正确。

强化模拟题

下列关于国际法中民族平等和自决原则的表述,正确的是(　　)。

A. 民族自决原则允许一国内的不同民族从该国分离出来以便建立独立的国家

B. 一国内不同民族的平等权利限于政治领域

C. 民族自决原则要求国际社会支持一国某民族为建立独立的国家而进行的活动

D. 殖民地民族有权自主决定自己的命运,摆脱殖民统治,建立民族独立国家

答案:D。

第二节 国际法与国内法的关系

考点一:国际法与国内法关系概述

命题题眼

目前国际法中尚没有关于国内法与国际法关系的具体、统一、完整的规则。

1. 国际层面

(1)国内立法不能改变国际法的原则、规则;

(2)国家不得以其国内法的规定来对抗其承担的国际义务或以国内法的规定作为其违背国际义务的理由来逃避国际责任;

(3)国际法不干预一国国内法制定,除非该国承担了相关的特殊义务。

2. 国内层面

主要是国际法在国内法律秩序中的地位问题,包括国际法规则在国内法律框架中的适用以及国际法规则与国内法冲突时的解决措施。

(1)除牵扯由此产生的因违背国际法义务而承担国家责任的情况以外,国际法并没有在这个问题上作出具体要求。因此,原则上如何处理这个问题是一国国内法的事项。各国法律传统和法律制度不同,在这个问题上的实践很不统一。

(2)国际法包括成文的条约,也包括不成文的国际习惯。各国对于国际法这两种不同的渊源形式在国内法中的地位问题的处理也不尽相同。

(3)条约一般只对缔约国具有拘束力,并且有不同的种类和内容,因而各国对于条约在国内适用的实践复杂多样。

(4)关于国际法与国内法冲突的解决,也包括习惯和条约两个方面。各国的作法也不一致,大体有以下几种:推定为不冲突;修改国内法;优先适用国际法;优先适用国内法;以后法优于先法的原则处理。

从国际法的角度看,如果一国在国际法与国内法发生冲突时,由于优先适用国内法造成其对国际法的违背,该国应对此承担相应的国家责任。

强化模拟题

在国际法与国内法的关系上,当一国国内法与国际法相抵触时,如该国采取优先适用国内法的做法,则对于由此产生的违背其所承担国际义务的后果,下列表述错误的是(　　)。

A. 应依该国国内宪法确定国家是否应承担国际责任

B. 应由联合国国际法委员会决定是否应承担国际责任

C. 该国应当承担国际责任

D. 因该国采取的是优先适用国内法的做法,因此,该国可以免除国际责任

答案:ABD。国际法所关注的是国际义务的最终履行,即无论国内法如何规定,只要其最终没有履行国际义务,则依国际法,该国均须为其不履行义务的行为承担国际责任。

考点二:国际法在我国国内的适用

命题题眼

国际法在我国国内的适用规则可以总结如下:

(1)我国坚持和遵守和平共处五项原则为核心的国际法基本原则,并将其写入宪法。

(2)对于条约在国内的适用和地位,目前我国宪法没有作出统一明确的规定。从一些涉及条约适用的国内立法看,条约的直接适用、条约与相关国内法并行适用、条约须经国内立法转化才能适用几种情况都存在,同时也有相当一部分法律对于条约事项未作出任何规定。

(3)目前一般认为,在民商事范围内,中国缔结的条约与国内法有不同规定的部分,在国内可以直接适用。

(4)民商事以外的条约,能否在中国国内直接适用,需要根据与该条约相关的法律规定,结合条约本身的情况进行具体考察才能作出恰当的结论。

(5)关于条约与国内法的冲突解决,在民商事范围内,条约与国内法冲突时,条约可以优先适用;与条约的适用问题相似,在整个法律范围内,条约与国内法冲突时的优先适用问题,还没有统一全面的明确规定。

(6)关于国际习惯在国内法中的地位,我国宪法也没有规定。从有关的民商事法律的规定来看,民事范围的国际习惯和惯例在国内适用时没有作区分,它们的适用次序排在国内法和条约之后,作为对国内法和条约的一种补充,并且对适用惯例作出了公共利益的限制和保留。

强化模拟题

1. 根据我国目前的法律和相关实践,对于国际条约在我国法律制度中的地位,下列哪些判断是错误的?

A. 凡是我国缔结或参加的条约,都可以在国内作为国内法直接适用

B. 在民法涉及的范围内,我国作为当事国的条约规定与国内法的规定不同时,适用条约的规定,但我国缔结该条约时作出保留的条款除外

C. 我国作为当事国的任何条约的规定,若与国内

法的规定冲突时，在国内法院都直接并优先适用这些国际条约的规定，但我国缔结该条约时作出保留的条款除外

D. 在民法涉及的范围内，在国际上所有已生效的民商事方面的国际条约的规定，如与我国国内法的规定冲突时，都优先适用国际条约的规定

答案：ACD。

2. 甲公司是瑞士一集团公司在中国的子公司。该公司将SNS柔性防护技术引入中国，在做了大量的宣传后，开始被广大用户接受并取得了较大的经济效益。原甲公司员工古某利用工作之便，违反甲公司保密规定，与乙公司合作，将甲公司的14幅摄影作品制成宣传资料向外散发，乙公司还在其宣传资料中抄袭甲公司的工程设计和产品设计图、原理、特点、说明，并由此获得一定的经济利益。甲公司起诉后，法院根据《著作权法》《保护文学和艺术作品伯尔尼公约》的有关规定，判决乙公司立即停止侵权、公开赔礼道歉、赔偿损失5万元。针对本案和法院的判决，下列哪种说法是错误的？

A. 一切国际条约均不得直接作为国内法适用

B.《保护文学和艺术作品伯尔尼公约》可以视为中国的法律渊源

C.《保护文学和艺术作品伯尔尼公约》不是我国法律体系的组成部分，法院的判决违反了“以法律为准绳”的司法原则

D.《著作权法》和《保护文学和艺术作品伯尔尼公约》分属不同的法律体系，法院在判决时不应同时适用

答案：ACD。

第二章　国际法的主体与国际法律责任

第一节　国际法主体

考点一：国际法主体的范围

命题题眼

1. 国际法主体，或称为国际法律人格者，是指能够独立地享有国际法上权利和独立地承担国际法上义务的国际法律关系参加者。

2. 根据我国的通说，国际法主体的范围包括：

（1）作为国际法的最主要的主体：主权国家。

（2）作为派生性的国际法的主体：国际组织。

（3）其他，如某些特定的民族解放组织或民族解放运动，在殖民地民族争取民族独立的过程中，被国际社会接受为国际法的主体。但是其作为国际法主体，是有条件的和不完全的。

（4）在国际社会的普遍实践中，个人尚不是国际法的主体。

考点二：国家的构成要素与类型

命题题眼

1. 国家的构成要素包括定居的居民、确定的领土、政府、主权

2. 现代国家的主要类型包括单一国和复合国

（1）单一国是由若干行政区域组成的统一的主权国家。它拥有单一的宪法，其人民拥有单一的国籍。单一国是一个国际法主体，由中央政府代表国家参与国际关系，各地方区域都没有国际法主体地位。中国是单一制国家，中国的香港特别行政区、澳门特别行政区和台湾地区都不是国际法主体。

（2）复合国是两个或两个以上成员单位组成的国家或国家联合体。目前有联邦和邦联两种形式。

联邦国家，是指由两个或两个以上的成员单位根据联邦宪法组成的国家，是复合国中最主要、最典型的形式。联邦国家有统一的联邦宪法，并设立联邦立法、司法和行政机构。联邦政府与各组成成员之间的职权范围由宪法划定。联邦国家的人民拥有统一的联邦国籍。联邦国家的对外权力主要由联邦政府行使，其本身是国际法主体，其各成员单位（州或成员国）不是国际法主体。

邦联是两个或两个以上主权国家由于特殊的目的，根据条约组成的国家联合体，其本身没有统一的立法、行政、司法机关，其人民也没有统一的国籍。邦联的各成员是独立的主权国家，分别是国际法的主体，而邦联本身不是国际法主体。

考点三：国家的基本权利

命题题眼

国家的基本权利包括独立权；平等权；自保权；国家的管辖权。

1. 独立权

独立权，是指国家依照自己的意志处理内外事务并不受他国控制和干涉的权利。

独立权是国家主权在对外关系中的集中体现，它包含自主性和排他性两重含义。

2. 平等权

平等权，是指国家在参与国际法律关系时，具有平等的地位和资格，平等地享有国际法上的权利和承担国际法上的义务。国家的平等权主要表现在以下几方面：

（1）国家在国际组织或国际会议中平等地享有

代表权和投票权。

(2)国家平等地享有缔约权,国家不受非其缔结的条约的拘束。

(3)国家平等地享有荣誉权,国家元首、国家代表及国家标志应受到尊重。

(4)国家之间没有管辖权,除非国际法特别规定或得到被管辖国家同意。

(5)外交位次或礼仪上的平等权。

3. 自保权

自保权,是指国家保卫自己存在和独立的权利,分为国防权和自卫权两方面。国防权,是指国家有制定国防政策,建设国防力量,防止外来侵略的权利。自卫权,是指当国家遭受外国武力攻击时,有权采取单独和集体的武力反击措施。根据《联合国宪章》的规定,自卫的前提必须是遭到了武装攻击,同时武力自卫还应符合必要性和成比例性的要求。

4. 国家的管辖权

国家的管辖权,是指国家对特定的人、物和事件进行管理和处置的权利。一般管辖权分为属地管辖权或属地优越权、属人管辖权、保护性管辖权、普遍性管辖权。

(1)属地管辖权又称属地优越权,是指国家对于其领土及其领土内的一切人、物和事件,都有进行管辖的权利。属地管辖权是现代国家行使管辖权的普遍形式和首要依据,除非另有国际法规定,属地管辖权相对于其他管辖权类型被认为具有优越权。同时,属地管辖权的行使受国际法及国家承担的相关国际义务的限制。例如,属地管辖权不适用于领域内依法享有特权与豁免的外国人或外国财产。

(2)属人管辖权,或称国籍管辖权,是指国家对于具有其国籍的人,具有管辖的权利,无论他们是在其领土范围内还是领土范围外。除自然人外,国家行使属人管辖权的对象在不同程度上还包括具有该国国籍的法人以及船舶、航空器或航天器等获得国籍的特定物。

(3)保护性管辖权,是指国家对于在其领土范围以外从事严重侵害该国或其公民重大利益行为的外国人进行管辖的权利。行使保护性管辖权一般需要满足两个条件:

①外国人在领土外的行为所侵害的是受害国或其公民的重大利益,构成该国刑法规定之罪行或依其规定应处一定刑罚以上的罪行;

②该行为根据行为地的法律同样构成应处刑罚的罪行。

(4)普遍性管辖权,是指对于危害国际安全与和平及全人类利益的某些国际犯罪行为,不论行为人的国籍及行为发生地,各国都有进行管辖的权利。目前,战争罪、破坏和平罪、违反人道罪、海盗罪、灭绝种族罪、贩卖毒品罪、贩卖奴隶罪、种族隔离罪、实施酷刑、航空器劫持等行为也已被认为是各国应合作惩治的罪行。

强化模拟题

甲国人约翰在甲国侵吞了乙国某公司上千万美元的资产,为逃避刑事处罚潜逃至丁国,在潜逃中约翰曾对丙国船舶实施了海盗行为。设甲、乙、丙、丁四国间无司法协助方面的多边或双边协议,依国际法中有关规则,下列选项正确的是:

A. 依属地管辖,丁国有权拿捕约翰并独自对其进行审判

B. 乙国对约翰有权实施保护性管辖,因此,丁国有义务将约翰引渡给乙国

C. 依属人管辖,甲国可以派警察到丁国将约翰缉拿归案

D. 因为约翰对丙国的船舶实施了海盗行为,因此,丁国有义务将约翰引渡给丙国

答案:A。尽管丙国可以向丁国提出引渡要求,但由于丙国与丁国没有司法协助协议,因此丁国没有义务将约翰引渡给丙国。

考点四:国家主权豁免

命题题眼

1. 国家主权豁免

国家主权豁免,是指国家的行为及其财产不受或免受他国管辖。但国际法明确规定不得豁免的情况除外,如从事某些国际罪行的情况。

国家主权豁免主要表现在司法豁免方面,其中包括一国不对他国的国家行为和财产进行管辖;一国的国内法院非经外国同意,不受理以外国国家作为被告或外国国家行为作为诉由的诉讼,也不对外国国家的代表或国家财产采取司法执行措施。

2. 限制豁免主义和绝对豁免主义

诞生于19世纪末的限制豁免主义理论主张将国家行为分为商业行为(管理权行为、非主权行为)和非商业行为(统治权行为、主权行为),认为国家的商业行为不应享有豁免权。传统上对国家一切行为和财产的豁免原则或主张称为绝对豁免主义。在国际社会就限制豁免达成有拘束力的条约,以明确和完善国家及其财产豁免的具体范围和规则之前,传统的绝对主权豁免原则仍然被认为是一项有效的国

际习惯法规则。

3. 国家主权豁免的放弃

国家可以自愿地对其某个方面或某种行为，放弃在外国法院的管辖豁免。这种放弃是国家的一种主权行为，必须是自愿、特定和明确的。

（1）豁免的放弃可以分为明示放弃和默示放弃两种形式。

明示放弃主要是指国家通过条约等明白的语言文字的表达方式放弃豁免。

默示放弃通常是指国家通过在外国法院的与特定诉讼直接相关的积极行为，表示放弃豁免而接受外国法院的管辖，包括作为原告起诉、正式出庭应诉、提起反诉、作为利害关系人介入诉讼等。国家或其授权的代表为主张或重申国家的豁免权，对外国法院的管辖作出反应、出庭阐述立场或要求外国法院宣布判决或裁决无效，都不构成豁免的默示放弃。

（2）国家在外国领土范围内从事商业行为本身不意味着豁免的放弃。

（3）将国家本身的活动和国有公司或企业的活动区别开来，认为国有公司或企业是具有独立法律人格的经济实体，不应享受豁免。

（4）放弃豁免是针对个案进行的，不能因在某一案件中放弃了豁免就视为在以后所有的案件中都放弃了豁免。

（5）国家对于管辖豁免的放弃，并不意味着对执行豁免的放弃。

强化模拟题

1. 甲国政府与乙国“绿宝”公司在乙国订立了一项环保开发合同，合同履行过程中出现纠纷。“绿宝”公司以甲国政府没有及时按照合同支付有关款项为由诉至乙国法院，甲国政府派代表向法院阐述了甲国一贯坚持的绝对豁免主义立场。如果乙国是采取相对豁免主义的国家，根据目前的国际法规则和实践，下列哪些表述是正确的？

A. 甲国政府订立上述合同行为本身，是一种商业活动，已构成对其国家豁免权的放弃，乙国法院可以管辖

B. 甲国政府派代表向法院作出说明，这一事实不意味着甲国已放弃在此诉讼中的国家豁免权

C. 即使甲国在其他案件上曾经接受过乙国法院的管辖，也不意味着乙国法院在此案中当然地可以管辖

D. 乙国法院作出缺席判决后，甲国要求乙国宣布该判决无效，甲国这一行为表明，甲国此前已接受了乙国法院的管辖

答案：BC。根据国家主权豁免的相关原则，甲国在乙国订立合同本身并不构成对管辖权豁免的放弃，A项是错误的。

甲国派代表在法庭上表明立场，主张豁免，并不构成管辖权豁免的放弃，B项是正确的。

放弃豁免是针对个案进行的，不能因在某一案件中放弃了豁免就视为在以后所有的案件中都放弃了豁免，C项正确。

同理，D项中甲国要求乙国宣布判决无效，也不意味着接受管辖。

2. 克森公司是甲国的一家国有物资公司。去年，该公司与乙国驻丙国的使馆就向该使馆提供馆舍修缮材料事宜，签订了一项供货协议。后来，由于使馆认为克森公司交货存在质量瑕疵，双方产生纠纷。根据国际法的有关规则，下列哪一选项是正确的？

A. 乙国使馆无权在丙国法院就上述事项提起诉讼

B. 克森公司在丙国应享有司法管辖豁免

C. 乙国使馆可以就该事项向甲国法院提起诉讼

D. 甲国须对克森公司的上述行为承担国家责任

答案：C。属地管辖，是指以一些与地域有关的标志来确定法院对国际民事案件的管辖权。由于履行地在丙国，乙国使馆可以向丙国法院提起诉讼，选项A错误。

克森公司虽为国有公司，但其行为并非国家行为，不享有司法管辖豁免。因此，选项B错误。

由于克森公司是独立法人，应对外独立承担法律责任。故选项D错误。

属人管辖，是指对于本国国籍的人、法人，无论位于国家领土范围内还是本国领土范围外，本国对其具有管辖的权利。乙国使馆可以就该事项向克森公司的国籍国甲国法院提起诉讼，选项C正确。

考点五：国际法上的承认

命题题眼

国际法上的承认一般是指既存国家对于新国家、新政府或其他事态的出现，以一定的方式表示接受或同时表明愿意与其发展正常关系的政治法律行为。

1. 承认的特征

（1）承认的主体包括国家和政府间国际组织；承认的对象既包括新国家和新政府，还包括交战团体和叛乱团体。

（2）承认是承认者对被承认者出现这一事实作出的单方面行为。

（3）承认是一项政治法律行为。

2. 承认的性质

承认是承认者作出的一种单方面行为，承认本身也并不是新国家成为国际法主体的条件。对新国家和新政府的承认表示愿意与其建立或保持正常关系，但不等于建交，建交是双方行为，需要双方达成协议。一旦承认新国家或新政府，就产生追溯力，即意味着也承认新国家或新政府自成立以来的立法、司法和行政行为的效力及主权豁免。

3. 承认的表示形式

(1)明示承认

明示承认，是指承认者以明白的语言文字直接表达承认的意思。

它包括正式通知、函电、照会、声明等单方面表述，也包括在缔结的条约或其他正式的国际文件中进行明确表述。

(2)默示承认

默示承认，是指承认者不是通过明白的语言文字，而是通过与承认对象发生有关的行为表现出承认的意思。

它主要包括与承认对象建立正式外交关系；与承认对象缔结正式的政治性条约；正式接受领事或正式投票支持其参加政府间国际组织的行为一般也被认为是一种默示承认。

除非明确表示，下列行为一般不认为构成默示承认：共同参加多边国际会议或国际条约；建立非官方或非完全外交性质的某种机构；某些级别和范围的官员接触等。

4. 法律承认和事实承认

法律承认是正式和不可撤销的。

事实承认被认为是不完全的、非正式的和暂时性的。它比较模糊并可以随时撤销。

5. 对新国家和新政府的承认

(1)对新国家的承认

对新国家的承认是既存国家对新国家出现这一事实的单方面宣告和认定。

新国家产生主要有以下四种情况：独立、合并、分立、分离。

对新国家承认的法律效果主要有以下几点：

①为双方建立正式外交及领事关系及发展全面正常的国家关系奠定基础；

②双方可以缔结政治、经济、军事等各个方面的条约或协定；

③承认国尊重新国家作为国际法主体享有的一切权利，特别包括尊重其法律法令的效力及其行政和司法管辖的有效性，承认新国家及其财产享有的管辖豁免权。

(2)对新政府的承认(领土未曾变更)

只有一国由于剧烈的社会革命或政变而产生的新政府才可能带来政府的承认问题。

一般认为对于新政府的承认应遵循“有效统治原则”，即新政府应有效控制本国领土并行使国家权力。

对新政府的承认意味着对旧政府承认的撤销。

对中华人民共和国政府的承认问题是对新政府的承认。

强化模拟题

S国是一个新成立的国家。其成立后，甲国代表向联合国大会提案支持S国成为联合国的会员国；乙国与S国签署了两国互助同盟友好条约；丙国允许S国在其首都设立商业旅游服务机构；丁国与S国共同参加了某项贸易规则的多边谈判会议。根据国际法的有关规则，上述哪些国家的行为构成对S国的正式承认?

A. 甲国　　　　B. 乙国

C. 丙国　　　　D. 丁国

答案：AB。

考点六：国际法上的继承

命题题眼

国际法上的继承，是指在某些特定情况下，国际法上的权利义务由一个承受者转移给另一个承受者所发生的法律关系。

1. 国际法上的继承

国际法上的继承包括国家继承、政府继承和国际组织的继承，其中最重要和最基本的是国家的继承。

国家继承，是指由于领土变更的事实，导致国际法上的权利义务在相关国家之间转移而发生的法律关系。从国际实践看，国家领土变更情况主要有合并、分立、分离、独立以及部分领土转移五种，对于不同的领土变更情况，国家继承的情况也各不相同。

2. 条约方面的继承和非条约事项的继承

国家继承的对象是国家在国际法上的权利义务，一般分为两大类：关于条约方面的继承和非条约事项(国家财产、债务、档案等)的继承。

(1)条约的继承：条约继承的实质是在领土发生变更时，被继承国的条约对于继承国是否继续有效的问题。

(2)国家财产的继承主要包括两项原则：

①财产随领土一并转移而转属继承国原则：主要是针对继承发生时位于所涉领土内的被继承国财

产而言的，特别是针对不动产。

②所涉领土的实际生存原则：主要是针对位于所涉领土以外的财产而言，特别是针对动产，即凡是与所涉领土生存或活动有关的国家动产，不论其所处地理位置，都应转属继承国。

(3)国家债务的继承，一般应继承国家债务、地方化债务，但不继承地方债务、私人债务和“恶债”(违反国际法基本原则或继承国根本利益的债务)。地方化债务：是指以国家名义承担而事实上仅用于国内某个地方的债务。地方债务：是指国家的地方当局自己承担的对他国所负之债。

(4)国家档案的继承：在国际实践中，关于国家档案的继承，通常通过有关国家间协议来解决，如无协议，一般将所涉领土有关的档案转属继承国。

历年试题

2014 年试卷一第 32 题：甲国分立为“东甲”和“西甲”，甲国在联合国的席位由“东甲”继承，“西甲”决定加入联合国。“西甲”与乙国(联合国成员)交界处时有冲突发生。根据相关国际法规则，下列哪一选项是正确的?

A. 乙国在联大投赞成票支持“西甲”入联，一般构成对“西甲”的承认

B.“西甲”认为甲国与乙国的划界条约对其不产生效力

C.“西甲”入联后，其所签订的国际条约必须在秘书处登记方能生效

D. 经安理会 9 个理事国同意后，“西甲”即可成为联合国的会员国

答案：A。

强化模拟题

1. A 国中一直存在 X 民族和 Y 部族的冲突，2001 年在国际社会的调停下，A 国允许 Y 部族在 5 年后通过全民公投的方式决定该部族的地位。2006 年，Y 部族经过全民公决成立 Y 国。A 国由此分裂为 X、Y 两国。现假设所涉各方之间没有相关协议达成，那么根据国际法中有关国家继承的规则，下列哪些说法是正确的?

A. 对于原 A 国与甲国间的债务，应由 X 国与 Y 国按照公平的比例予以分配，并考虑到与这些债务相关的财产、权利和利益的归属

B. 有关原 A 国与乙国间的友好防御互助条约，Y 国一般应予继承

C. 对于原 A 国与丙国间界河水资源分配协定，如现在该界河已成为 Y 国和丙国的界河，则 Y 国应予继承

D. 与 Y 国所涉领土生存或活动有关的国家动产，如处于现 X 国领土范围内，则应由 X 国继承

答案：AC。关于债务的继承，在国家分裂的情况下，原国家债务应由分裂后的国家按照公平的比例予以分配，并考虑到与这些债务相关的财产、权利和利益的归属，故 A 项正确；关于条约的继承，B 选项中的友好防御条约为人身性条约，不必继承，故 B 项错误；C 选项的界河水资源分配条约，属于非人身性条约，应予继承，故 C 项正确；关于国家财产中的动产继承，以实际生存为原则，即凡与所涉领土生存或活动有关的国家动产，无论其所处地理位置，都应转属继承国，故 D 选项中的动产，应由 Y 国而非 X 国继承。因此答案为 AC。

2. 甲国与乙国相邻，为谋求共同发展，多年来，两国间签署了若干个双边协议、协定。后甲国分立为东甲、西甲两国。现问，如果所涉各方之间尚没有新的相关协议达成，那么，根据国际法中有关国家继承的规则，对于东甲、西甲两国，下列哪一项条约可以不予继承?

A. 甲乙两国间的大陆架划界条约

B. 甲乙两国界河航行使用协定

C. 甲乙两国和平友好共同防御条约

D. 甲乙两国关于界湖水资源灌溉分配协定

答案：C。

考点七：联合国及联合国大会

命题题眼

1. 联合国组织的组成

联合国组织是根据 1945 年在美国旧金山签订的《联合国宪章》(以下简称《宪章》)成立的。依照《宪章》，联合国由 6 个主要机构组成：大会、安全理事会、经济及社会理事会、托管理事会、国际法院、秘书处。

联合国会员国包括创始会员国和纳入会员国，创始会员国为包括中国在内的 51 个国家，以后的成员国均是纳入会员国。被接纳为新会员国的条件如下：(1)被接纳的是一个爱好和平的国家；(2)其接受《宪章》规定的义务，愿意并能够履行《宪章》的义务；(3)经安理会推荐，申请国首先向秘书长提出申请，秘书长将其申请交由安理会，安理会审议并通过后向大会推荐；(4)获得大会准许，经大会审议并 2/3 多数通过。

2. 联合国大会的职权及表决制度

大会由全体会员国组成，具有广泛的职权，可以讨论《宪章》范围内或联合国任何机关的任何问题，但安理会正在审议的除外。大会不是一个立法机关，而主要是一个审议和建议机关。

大会表决实行会员国一国一票制。对于一般问题的决议采取简单多数通过；对于重要问题的决议采取 2/3 多数通过。实践中也常常采取协商一致的方法通过决议。上述重要问题包括与维持国际和平与安全相关的建议；安全理事会、经社理事会和托管理事会中需经选举的理事国的选举；新会员国接纳；会员国权利中止或开除会籍；实施托管的问题；联合

国预算及会员国应缴费用的分摊等。

根据《宪章》,大会对于联合国组织内部事务通过的决议对于会员国具有拘束力;对于其他一般事项作出的决议属于建议性质,不具有法律拘束力。

3. 联合国安理会职权及表决制度

(1)联合国安理会的组成及职权

安理会由15个理事国组成,其中,中、法、俄、英、美5国为常任理事国。其他理事国按照地域分配名额由大会选出,任期2年,不得连任。安理会是联合国在维持国际和平与安全方面负主要责任的机关,也是联合国中唯一有权采取行动的机关。

安理会的重要职权包括:

①促使争端和平解决。

②制止侵略行为,断定任何对于和平的破坏或侵略行为是否存在,作出制止的建议或抉择。

③其他方面:负责拟订军备管制方案;在特定战略性地区实行联合国托管职能;建议或决定为执行国际法院的判决而采取的强制措施;《宪章》规定的其他程序性的相关职能,包括新会员接纳、秘书长推荐等方面的职能。

(2)安理会的表决制度

根据《宪章》的规定,安理会表决采取每一理事国一票制。对于程序事项决议的表决采取9个同意票即可通过。对于非程序事项或称实质性事项的决议表决,要求包括全体常任理事国在内的9个同意票,此又称为"大国一致原则",即任何一个常任理事国都享有否决权。对于一个事项是否为程序性事项发生争议,同样按照上述"大国一致原则"的表决方式决定。常任理事国在安理会表决中的上述权利也被称为"双重否决权",它确保了大国之间的一致。否决权制度是安理会表决制度的核心。安理会在向大会推荐接纳新会员国或秘书长人选、建议中止会员国权利和开除会员国等问题上,也适用非程序性事项表决程序。

安理会为制止对和平的破坏、对和平的威胁和侵略行为而作出的决定,以及依《宪章》规定在其他职能上作出的决定,对于当事国和所有的成员国都具有拘束力。

4. 联合国的其他主要机关

(1)经济及社会理事会

经社理事会由联合国大会选出的54个理事国组成,理事国每届任期3年,可以连任。经社理事会每年举行2次常会,会期1个月。

经社理事会是在大会权力下,负责协调联合国及各专门机构间经济社会工作的机关。

经社理事会的每个理事国有一个投票权,理事会决议采用简单多数表决制。

(2)托管理事会

托管理事会是在大会权力下负责监督托管领土行政管理的机关。它由管理托管领土的联合国会员国、未管理托管领土的安理会常任理事国、由大会选举必要数额的其他非管理托管领土的会员国三类理事国组成。

(3)国际法院

国际法院是联合国的司法机关。

(4)秘书处

秘书处由一位秘书长和若干办事人员组成。秘书长是联合国的行政首长,他由安理会推荐,并经大会简单多数票通过后委任。任期5年,可以连任。

秘书处是联合国的常设行政管理机关,为联合国的其他机关提供服务,并执行这些机关制定的计划和委派的任务。

5. 联合国专门机构

联合国专门机构,是指根据特别协定同联合国建立固定关系,或根据联合国决定成立的负责特定领域事务的政府间国际组织。它们通过与经社理事会签订,并经大会核准的关系协定成为专门机构。

专门机构是成员具有普遍性的全球性组织,而不包括区域性组织。

专门机构有其独立的法律地位,不是联合国的附属机构。

非政府组织可以在经社理事会取得咨询地位,但不是联合国专门机构。

6. 获得联合国咨商地位的非政府组织

(1)联合国经社理事会通过给予一些非政府组织"咨商地位"的方式,与一些重要的非政府组织建立了联系。经社理事会给予非政府组织的咨商地位分为三种:

①普遍咨商地位,也称一类咨商地位。这一资格授予工作领域涵盖经社理事会管辖的大多数事务的非政府组织。

②特别咨商地位,也称二类咨商地位。该类资格授予在经社理事会活动的某些领域中具有专门能力的非政府组织。

③注册咨商地位,也称列入名册类。该资格授予那些对经社理事会某一方面的工作能够提供有用咨询的非政府组织。经社理事会专门设立了非政府组织委员会,负责接纳非政府组织的申请,审批给予它们在经社理事会的咨商地位或观察员身份。

(2)非政府组织可以在多数领域、某些领域和某一方面给联合国提供有用的咨询,但这并不能改变非政府组织的性质,它们仍然不是国际法主体。

历年试题

2016 年试卷一第 32 题:联合国会员国甲国出兵侵略另一会员国。联合国安理会召开紧急会议,讨论制止甲国侵略的决议案,并进行表决。表决结果为:常任理事国 4 票赞成、1 票弃权;非常任理事国 8 票赞成、2 票否决。据此,下列哪一选项是正确的?

A. 决议因有常任理事国投弃权票而不能通过

B. 决议因非常任理事国两票否决而不能通过

C. 投票结果达到了安理会对实质性问题表决通过的要求

D. 安理会为制止侵略行为的决议获简单多数赞成票即可通过

答案:C。

2023 年试卷一考生回忆版:甲国是新独立的国家,独立后加入了《海洋法公约》,但未加入《联合国宪章》。乙国是《海洋法公约》和《联合国宪章》的缔约国。甲国将乙国在海上对甲国船舶所实施的武装执法活动提请安理会注意,指这一事件可能威胁到国际和平与安全。针对《海洋法公约》的解释或适用的争端,甲国所选择的强制程序为国际法院,乙国选择了公约附件七的国际仲裁。下列说法中正确的是?

A. 由于甲国不是联合国的会员国,故该争端不能提交安理会审议

B. 如甲、乙两国就该争端的解决方式不能达成一致,本案的争端可依甲国一方的请求,由国际海洋法法庭解决

C. 如甲、乙两国就该争端的解决方式不能达成一致,则应视为双方已接受公约附件七所规定的国际仲裁

D. 如甲、乙两国就该争端的解决方式不能达成一致,则应视为双方已接受国际法院的管辖

答案:C。根据《联合国宪章》第 35 条的规定,即便甲国不是联合国的会员国,也可以就该争端提请安理会注意并由后者进行审议,故 A 错误。

B、C、D 选项考查《联合国海洋法公约》关于“导致有拘束力裁判的强制程序”的规定。《海洋法公约》第 287 条第 1 款规定,缔约国在签署、批准或加入公约时,或在其后任何时间,应有自由用书面声明的方式选择下列一个或一个以上方法,以解决有关本公约的解释或适用的争端:“(a)按照附件六设立的国际海洋法法庭;(b)国际法院;(c)按照附件七组成的仲裁法庭;(d)按照附件八组成的处理其中所列的一类或一类以上争端的特别仲裁法庭。”,该条第三款进一步规定:“缔约国如为有效声明所未包括的争端的一方,应视为已接受附件七所规定的仲裁。”因此,B、D 错误,C 正确。

强化模拟题

1. 由于甲国海盗严重危及国际海运要道的运输安全,在甲国请求下,联合国安理会通过决议,授权他国军舰在经甲国同意的情况下,在规定期限可以进入甲国领海打击海盗。据此决议,乙国军舰进入甲国领海解救被海盗追赶的丙国商船。对此,下列哪一选项是正确的?

A. 安理会无权作出授权外国军舰进入甲国领海打击海盗的决议

B. 外国军舰可以根据安理会决议进入任何国家的领海打击海盗

C. 安理会的决议不能使军舰进入领海打击海盗成为国际习惯法

D. 乙国军舰为解救丙国商船而进入甲国领海属于保护性管辖

答案:C。

2. 甲、乙两国为陆地邻国。由于边界资源的开采问题,两国产生了激烈的武装冲突,战火有进一步蔓延的趋势。甲、乙均为联合国成员国。针对此事态,如果拟通过联合国安理会采取相关措施以实现停火和稳定局势,那么,根据《联合国宪章》有关规定,下列哪一选项是正确的?

A. 只有甲、乙两国中的任一国把该事项提交安理会后,安理会才有权对该事项进行审议

B. 在对采取措施的决议草案进行表决时,若获得全体理事国中 1/2 多数的同意,其中包括常任理事国的一致同意,该决议即被通过

C. 在对采取措施的决议草案进行表决时,安理会常任理事国中任何一国投弃权票,不妨碍该决议的通过

D. 只有得到甲、乙两国的分别同意,安理会通过的上述决议才能对其产生拘束力

答案:C。依照《联合国宪章》规定,安理会为制止和平的破坏、和平的威胁和侵略行为而作出的决定,以及依《宪章》规定在其他职能上作出的决定,对于当事国和所有的成员都具有拘束力,而无须得到当事国的特别同意,故 D 项错误。

第二节　国际法律责任的构成和形式

考点:国际法律责任的构成

命题题眼

1. 国际法律责任主要,是指国家因违反其所承担的国际义务的国际不当行为所引起的法律后果

关于国际法律责任的归责原则,在传统国际法中,国家的国际责任主要限于对外国人造成损害所引起的国家赔偿责任,一般是采取过错责任原则。

现代国际法倾向于采取无过错责任原则,但国际法的责任制度很难绝对地简单适用某一种归责原则。

国际法律责任可以分为“国际不法行为的责任”和“国际法不加禁止的行为造成损害后果的损害责任”。其中,前者是司法考试的重点。

2. 国家不法行为的构成要件

国家不法行为,是指国家违背国际法义务的行为。根据《国际责任条文草案》,该行为必须具备两个条件:一是该行为可以归因于国家;二是该行为违背了该国所承担的国际义务。

(1)可归因于国家的行为

下列行为,包括作为和不作为,被国际法认为是可以归因于国家的行为:

①国家机关的行为。国家元首、政府首脑、外交部长及外交使节,由于其在对外交往中的特殊地位及享有的在外国的特权与豁免,对于他们在国外以私人身份从事的不法行为,国家也承担相关的责任。

一般私人或私人团体本身对外国或外国人的不法侵害不引起国家责任,但是该行为如果由于国家的失职造成,或国家对该行为进行纵容,则可能引起国家对本身失职或放纵行为的责任,这也称为间接责任。

②经授权行使政府权利的其他实体的行为。

③实际上代表国家行事的人的行为。

④别国或国际组织交与一国支配的机关的行为。

⑤上述可归因于国家行为的国家机关和国家授权人员的行为,一般包括他们以此种资格执行职务内事项时的越权或不法行为。

⑥叛乱运动机关的行为。叛乱团体一旦被国际社会所承认,就需要对自己在叛乱中的行为负国际责任,该国政府就不再对叛乱团体的行为承担国际责任。如果叛乱团体后来夺取了国家政权,成立了新政府,则应由新的政府承担责任。

⑦一个行为可以归因于几个国家时,相关国家对于其各自相关的行为承担单独或共同的责任。

⑧国家当局暂不存在时的行为。总结各类可归因于国家的行为的共同特征,可以发现,它们都是代表国家意志的行为。因为国家本身不是类似于人的生命体,而是一个机构,一个组织,国家的意志需要通过它的机关或执行国家职能的人去表达和实现。这些机关或人既然是代表国家的意志行事,他们的行为即可被视为国家的行为。

(2)该行为违背了该国所承担的国际义务

一国违背国际义务,是指一国行为不符合对其有效的国际义务的要求,无论其所承担的该国际义务来源于条约、国际习惯或国际法的其他渊源。构成一国不法行为所违背的义务必须是对其有效的国际义务。

对国际义务的违背,按照义务的性质又被分为对一般国际义务的违背和对于保护国际社会根本利益至关重要的义务的违背。前者称为国际不法行为,后者称为国际罪行。因此,国家不法行为包括国际不法行为和国际罪行两类。

3. 不法性的排除

(1)同意

一国不符合该国国际义务的行为,如经与该义务直接有关的权利方以正式有效的方式表示同意,然后实施,则排除了该行为的不法性。应注意对同意的限制有两点:首先,受害国应当是以明确的方式事先自愿表示同意;其次,被违背的义务不属于国际强行法规则。

(2)对抗与自卫

对抗与自卫作为排除其行为不法性的理由,应符合以下条件:

①对抗的对方必须是首先有对对抗国违背义务的行为;

②对抗措施必须必要和适度,其结果要与对方造成的侵害成比例。除自卫外,对抗措施不得行使武力。

(3)不可抗力和偶然事故

如果实际上的不可能履行是由于行为者本身引起的,则不能援引不可抗力和偶然事故排除其不法性。

(4)危难或紧急状态

对危难或紧急状态下违背义务行为的不法性的排除,除要求情况紧急别无他法之外,还要求危难或紧急状态不是该国本身或协助造成的,并且所违背义务的行为不得造成比危难同样或更大的灾难或危及他国的根本利益,不得违背国际法强行性规则;否则其不法性不能排除。

4. 国际责任的形式

国际不法行为的行为国承担国家责任方式主要包括终止不法行为、恢复原状、赔偿、道歉、保证不再重犯、限制主权。

其中,限制主权,是指限制责任国主权或主权某些方面的行使,这属于国家责任中最严重的形式。

强化模拟题

1. 甲乙两国1990年建立大使级外交关系,并缔结了双边的《外交特权豁免议定书》。2007年两国交恶,甲国先宣布将其驻乙国的外交代表机构由大使馆降为代办处,乙国遂宣布断绝与甲国的外交关系。之后,双方分别撤走了各自驻对方的使馆人员。对此,下列哪一选项是正确的?

A. 甲国的行为违反国际法,应承担国家责任

B. 乙国的行为违反国际法,应承担国家责任

C. 上述《外交特权豁免议定书》终止执行

D. 甲国可以查封没收乙国使馆在甲国的财产

答案:C。

2. 甲国警察布某,因婚姻破裂而绝望,某日持枪向路人射击。甲国警方迅速赶到事发现场,采取措施控制事态并围捕布某。布某因拒捕被击毙。但布某的疯狂射击造成数人死亡,其中包括乙国驻甲国参赞科某。根据国际法的有关规则,就该参赞的死亡,下列判断哪一项是正确的?

A. 甲国国家应承担直接责任

B. 甲国国家应承担间接责任

C. 甲国国家应承担连带责任

D. 甲国国家没有法律责任

答案:D。本题中有两个陷阱。首先,警察具备执行国家职能的特殊身份,似乎暗示其行为可归因于国家;其次,受伤的人员包括享有国际法上特权与豁免的外交人员,也似乎暗示该行为违反了国家承担的保护外交代表人身安全的国际义务。但该警察的行为属于“个人”行为,没有国家的积极教唆或指使,也没有国家消极的默认或纵容,所以没有满足可归因于国家的构成要件,因此甲国无须承担国际法律责任。D 项正确。

在国际责任制度中,并不存在连带责任这一责任形式,C 项错误。

第三节　国际责任制度的新发展

考点一:国际刑事责任问题

命题题眼

国际刑事责任问题是与国际法中的国际罪行相联系的。传统国际法中对于国家刑事责任基本持否定态度。第二次世界大战以后进行的纽伦堡审判和东京审判,对于从事严重违反国际法的国际罪行的国家,在国家承担国家责任的同时,也追究了负有责任的国家领导人的个人刑事责任,即创立了“双罚原则”。

另外,国际法中使用“国际罪行”一词,包括两方面的意义,除了上面所指是国家严重违背其国际义务的一种国家不当行为外,还常用来指由国际条约规定的、国家具有普遍管辖权或惩治义务的某些个人犯罪。如劫机、海盗、贩毒等。这种国际犯罪本身是个人罪行,不存在国家刑事责任问题,通常是由国内法院进行管辖和审判。

1998 年通过的《国际刑事法院罗马规约》,旨在建立一个全球性的刑事法院,对于犯有灭绝种族罪、反人类罪、战争罪和侵略罪四种国际社会认为最严重的国际罪行的个人行使管辖权。规约对于法院的管辖权、可受理性、适用的法律、刑法的一般原则、审判刑罚等各方面作出了规定。该规约目前已经生效,国际刑事法院也已成立,并且已经开始受理案件。规约并未涉及国家本身刑事责任的问题,仅申明其对个人刑事责任的规定不影响国家根据国际法其他规则所应承担的责任。我国尚不是该规约的缔约国。

考点二:国际赔偿责任问题

命题题眼

由于科学技术的发展,国家从事的某些开发或试验性活动在带来巨大利益的同时,也存在巨大的潜在危险。这些活动一般是本国在其领土或其控制下进行的,但其危害具有跨国性。这些活动本身是国际法不禁止的,但如果造成了跨国界的损害,受害国有权要求加害国给予合理的赔偿。由于对这些损害一般仅采取恢复原状和赔偿的方式,因此,它们又被称为国际赔偿责任制度。

目前,从赔偿责任的主体看,现行的制度一般有三类:

1. 国家责任制度。即由国家承担对外国损害的责任。例如,《空间物体造成损害的国际责任公约》规定,发射国对本国或在本国境内发射的空间物体对他国的损害承担责任。

2. 双重责任制度。它是指国家与营运人共同承担对外国损害的赔偿责任。如《关于核损害的民事责任的维也纳公约》和《核动力船舶经营人公约》规定,国家保证营运人的赔偿责任,并在营运人不足赔偿的情况下,对规定的限额进行赔偿。

3. 营运人赔偿。无论营运人是国家还是私人企业,都由营运人直接承担有限赔偿责任。

第三章　国际法上的空间划分

第一节　领　　土

考点一:领土和领土主权

命题题眼

1. 领土

领土,是指国家主权支配和管辖下的地球的特定部分及附属的特定上空。它由领陆、领水、领空和底土四部分组成。

2. 领土主权

领土主权，是指国家对领土的最高排他的权利，包括两方面内容：

（1）对领土的所有权或领有权；

（2）国家享有排他的领土管辖权。

3. 对领土主权的限制

（1）适用于一切国家或者大多数国家对领土主权的一般性限制，例如：

①享受外交特权与豁免的人在接受国不受其法律管辖；

②国家在其领土上行使主权时，在利用边界河流、多国河流、边境土地的时候，不得损害邻国的利益；

③国家在开发和利用其海域资源的时候，如果其他国家在该海域享有某些传统权利，则不应加以侵犯；

④国家领海、群岛国的群岛水域应允许外国船舶无害通过等。

（2）适用于根据条约产生的特定国家的对其领土主权施加的特殊限制。这种对领土主权的限制是否合法，取决于其据以产生的条约是否合法。

在传统国际法中，属于此类特殊限制的形式主要有以下四种：共管、租借、国际地役、势力范围。其中，国际地役，是指一国根据条约将其部分或全部领土提供给另一国为某种目的而永久使用。国际地役可依其性质分为积极地役和消极地役。积极地役，是指允许他国在其境内从事某种行为，如允许他国在其领土内驻扎军队。消极地役，是指一国承担条约义务为他国之利益而不在本国领土上从事某种行为，如在本国某些地区设立非军事区。

4. 河流制度

（1）内河

内河，是指从发源地到入海口全部流经一国境内的河流。国内河流完全处于国家主权管辖范围之内，外国船舶未经许可，无权在一国的国内河流中航行。

（2）界河

界河是流经两国之间，分隔两个国家，并作为两国领土国界的河流。

关于界河的划分，可通航的河流，通常以主航道中心线为界；不可通航的河流，则通常以河道中心线为界。

沿岸国对于主航道或中心线本国一侧的河域行使管辖权，沿岸国也均有权在河流中航行。

有关界河的利用不得损害邻国的利益，对于河流的利用和维护事项，通常由两个沿岸国协议解决。例如，渔民一般只能在界河的本国一侧捕鱼，不得单方采取可能使河流枯竭或泛滥的措施，更不得单方故意使河水改道。

相邻国家在界河上享有平等的航行权，船舶在航行时应该具有明显的国籍标志。除遇难或有其他特殊情况外，一方船舶未经允许不得在对方靠岸停泊。一方如欲在界河上建造工程设施，如桥梁、堤坝，应取得另一方的同意。国家还应注意保护界河水质，对本国一侧的各种污染源进行有效的控制和治理，以免污染水域。

（3）多国河流和国际河流

多国河流是流经两个或两个以上国家领土的河流。多国河流所流经的各国分别对本国领土上该河流的河段拥有主权。多国河流通常对所有沿岸国开放，但非沿岸国船舶未经许可不得航行。

国际河流，是指基于条约的规定而对所有国家开放航行的多国河流，其法律地位和航行制度通常由国际条约规定，国际河流各段的主权仍然分属其所流经的各沿岸国。

（4）国际运河

国际运河的地位和航行制度由有关的条约确立，一般对所有国家开放。

强化模拟题

国家的领土主权在以下哪些情况下可受到限制？

A. 甲国为方便内陆国乙国，同意乙国利用其港口

B. 甲、乙两国爆发战争，甲国通过与乙国的战后和约，承诺不在靠近乙国的边境地区设防

C. 甲国和乙国对某一尚未划定的边境地区进行共同管理

D. 甲国与乙国签订条约允许乙国在其领土内捕鱼

答案：ABCD。

考点二：领土的取得方式

命题题眼

1. 传统国际法获取领土的五种方式

（1）先占

先占，是指国家占领了一块不在任何其他国家主权下的土地——“无主地”的主权，并对其实行了“有效占领”，从而在法律上取得了该地的主权的行为。

因此，先占必须具备两个条件：首先是占领的对象必须是“无主地”。但 18 世纪以后，单纯对无主地的发现行为，只能构成一种暂时阻止他国对该地予以占领的初步权利，要取得对所发现的无主地的主

权，还要满足先占的另一个条件——实施“有效占领”，即占领者不仅要以占领国的名义公开实行占有，而且实施占领的国家在该地建立行政管理机构，并采取立法、司法、宣布主权、行使管辖权等行动。

当前世界上已基本不存在可供先占的对象，因此先占现在的意义主要在于据以解决某些历史遗留的领土争端问题。就我国而言，如南沙群岛、钓鱼岛等岛屿的领土主权，都可以认为是我国在过去的历史实践中通过先占的方式而取得的。

（2）时效

时效是一国在占领他国的某块土地后，在相当长时期内公开地、不受干扰地、持续地占有从而取得该土地的主权。

时效对于占领本身是否合法未作要求，因此有可能被用作非法侵占他国领土的借口。

此外，时效的期限也未有定论，因此无论在现代国际法的理论，还是实践方面都缺乏支持。

（3）添附

添附，是指领土因自然状态的变化或人为的措施而有所增加。

添附包括自然添附和人工添附，前者如三角洲、新生岛、涨滩，后者如修建堤堰、防波堤、人工岛屿。

添附是国际法中一项合法获得领土的方式，但人工添附如果影响邻国的利益，则应得到该邻国的同意。

（4）征服或兼并

征服，是指战争结束后战胜国把战败国灭亡而兼并其领土。征服包括两方面的要件：一是征服国有兼并战败国领土的明确表示；二是战败国及其盟国表示屈服并放弃一切抵抗或收复失地的企图。通过灭亡他国而取得他国的领土，这本身就是侵犯国家主权和领土完整的行为。因此，征服是违反现代国际法的。

（5）割让

割让，是指一国根据条约将部分领土的主权转移给另一个国家。国家自愿地通过平等条约将部分领土转移给他国，如买卖、赠与等是符合现代国际法的，但基于不平等条约的割让由于违反现代国际法基本原则，在现代国际法中已经失去其合法性。

2. 现代国际实践中新的领土取得方式

现代国际实践中，新的领土取得方式主要有殖民地独立和公民投票。

历年试题

2016 年试卷一第 75 题：关于领土的合法取得，依当代国际法，下列哪些选项是正确的？

A. 甲国围海造田，未对他国造成影响

B. 乙国囤兵邻国边境，邻国被迫与其签订条约割让部分领土

C. 丙国与其邻国经平等协商，将各自边界的部分领土相互交换

D. 丁国最近二十年派兵持续控制其邻国部分领土，并对外宣称拥有主权

答案：AC。

考点三：边界和边境制度

命题题眼

1. 边界的划定

（1）划界。双方签订边界条约，边界条约是划界的基本法律文件，也称为划界“母约”。

（2）勘界。由根据边界条约设立的勘界委员会进行实地划界并在边界上树立界桩（标界）。

（3）制定边界文件。标界完成后，双方拟定边界议定书，绘制地图，作为条约的附件。边界条约、议定书和地图是划定边界的基本法律文件。

2. 边境制度

（1）边界标志的维护

边境地区的国家对边界标志的维护负有共同的责任，采取必要的措施防止界标被移动、损坏或毁灭。在界桩被移动、毁损或灭失时，应尽速通知对方国家，在双方代表均在场的情况下共同采取恢复措施，并有义务惩罚肇事者。

（2）边界资源的利用

国家对本国边境地区的土地和自然资源的利用，应遵循不使邻国利益受损的原则，如不得污染邻国的空气，不使河水改道或干涸。国家应保护边境地区的动植物，不准越界射击或追捕鸟兽。

（3）边境居民的交往

边境居民由于在民族、宗教、风俗习惯等方面有密切联系，为了方便边境地区居民的生产和生活需要，一般在人员往来、探亲、朝圣、边境贸易和边境通商等方面给予一些特殊的方便，不受出入境手续的限制。

（4）边境事件的处理

相邻国家依照条约或协定设立边界委员会处理边境上发生的事件或通过外交途径来解决。

历年试题

2021 年试卷一考生回忆版：乙国民航飞机在甲乙两国边界附近坠毁并引发火灾，乙国组织力量紧急救援。乙国救援队为灭火和抢救生命，擅自进入甲国国界数十米。尽管乙国尽力救助，火灾还是给甲国造成

了财产损失。乙国救援队撤回其界内,发现甲乙两国界标毁损,根据国际法相关规则,下列有关说法,正确的是:

A. 乙国救援人员未经甲国同意越过边境救灾,违反国际法规定

B. 乙国可自行修复界碑,恢复后通知甲国

C. 乙国通知甲国后,应尽快修复界碑

D. 乙国无需承担因火灾给甲国造成的损失

答案:D。A项错误,乙国救援人员在紧急情况下越境救灾,且救援后马上撤回,不属于违章越界行为,不违反国际法规定。BC错误,界标的维护需要双方代表在场。D项正确,本题坠毁飞机的不是军用飞机,不属于乙国国家行为,无需承担国家责任。

考点四:两极地区的法律地位

命题题眼

1. 1959年《南极条约》的内容主要包括:

(1)南极只用于和平目的。

(2)科学考察自由和科学合作。

(3)冻结对南极的领土要求。具体内容包括缔约国对南极领土不得提出新的或扩大现有要求,《南极条约》不构成对任何现有的对南极领土主张的支持或否定,在条约有效期间进行的任何活动也不构成主张支持或否定对南极领土要求的基础。南极水域在法律地位上应属于公海,各国不得以专属经济区或者其他名义对之主张管辖权。

(4)维持南极地区水域的公海制度。

(5)保护南极环境与资源。

(6)建立南极协商会议。

中国于1983年加入《南极条约》,1985年成为《南极条约》协商会议的协商国。

2. 北极地区

北冰洋适用海洋法的制度,其中大部分是公海。

强化模拟题

根据《南极条约》,下列行为国违反了其国际义务的有:

A. 甲国拟在南极进行一种有较大杀伤力的常规武器的试验

B. 甲国与乙国互相交换科考资料

C. 甲国拟于南极建立科考站,并将科考站附近区域划归本国领土

D. 甲国拟将南极水域划归本国专属经济区

答案:ACD。甲国拟于南极建立科考站的做法是符合科学探索和利用原则的,但将科考站附近区域划归本国领土,将南极水域划归本国专属经济区的行为,违反了南极应"冻结现状"和维持南极地区水域的公海制度的规定,故C、D项当选。

第二节　海　洋　法

考点一:内海及有关制度

命题题眼

1. 内海、领海基线、港口

内海是一国领海基线以内的海域,包括内陆海、内海湾、内海峡和其他位于海岸与领海基线之间的海域。内海是一国内水的一部分,沿海国对其具有同领陆一样的完全的排他的主权。

领海基线的划定可以有两种方法:

(1)正常基线或者自然基线,是以落潮时海水退到离海岸最远的潮位线,即低潮线作为基线。

(2)直线基线,是选取海岸或近海岛屿最外缘的若干适当基点,以直线连接而成的折线作为基线。

我国采用直线基线法。

2. 港口制度

国家对其港口享有排他的主权,外国船舶经过允许方可驶入。国家对于位于其港口的外籍船舶具有管辖权,但依国际法享有豁免权的军舰和政府公务船等除外。实践中,国家一般不介入船舶内部事务。

在刑事管辖方面,通常只对扰乱港口安宁、受害者为沿岸国或其国民,案情重大或船旗国领事或船长提出请求时沿岸国才予以管辖。

在民事案件方面,对完全属于船舶内部的事项,如工资、劳动条件、个人财产权利,各国通常不行使管辖权。当案件涉及港口国公民的利益或其他船舶以外的因素,或涉及船舶本身在港口内航行、停留期间的权利义务时,港口国才予以管辖。

强化模拟题

关于内海的说法,正确的是:

A. 外国船舶可以在内海上无害通过

B. 遇难的外国船舶未经沿海国允许,不得进入内海

C. 沿海国对于进入其内海的外国船舶可以行使属地管辖权,但对纯属船舶内部的事务,各国通常不行使管辖权

D. 外国军舰在任何情况下都不得驶入沿海国内海

答案:C。内海是沿海国内水的一部分,任何外国船舶非经沿海国许可不得进入其内水,所以外国船舶不可以在内海上无害通过,A项错误。

遇难船舶可以进入内水进行避难,但是其必须遵守沿海国的规章制度,B项错误。

沿海国对于进入其内海的外国船舶可以行使属地管辖权，但对纯属船舶内部的事务，一般应由船旗国管辖，C项正确。

外国军舰必须通过外交途径办理一定的手续之后，才能进入一国内水，D项说法过于绝对，因此错误。

考点二：领海及毗连区

命题题眼

1. 领海的无害通过权

领海的宽度不得大于12海里，内陆国没有领海。外国船舶在领海中享有无害通过权。无害通过权，是指外国船舶在不损害沿海国和平安宁和正常秩序的条件下，拥有无须事先通知或征得沿海国许可而连续不断地通过其领海的航行权利。但在行使无害通过权的过程中，不得采取任何与通过无关的行为。此外，无害通过要求连续不停地迅速通过，不得停泊和下锚，除非不可抗力、遇难和救助。潜水艇或其他潜水器通过领海须浮出水面并展示其船旗。

2. 沿海国在领海对外国船舶的管辖权

（1）关于刑事管辖

①罪行的后果及于沿海国；

②罪行属于扰乱当地安宁或沿海国良好秩序的性质；

③经船长或船旗国外交代表或领事官员请求当地政府予以协助；

④取缔违法贩运麻醉品或精神调理物质所必要。

上述情况下，如经船长请求，沿海国在采取任何步骤前应通知船旗国的外交代表或领事官员。以上规定不影响沿海国为进行逮捕或调查目的对驶离内水后通过领海的外国船舶采取其法律授权的任何步骤的权利。对于来自外国港口，仅通过领海而不进入内水的外国船舶，沿海国不得在该船上对驶入领海前所犯罪行有关的任何人进行逮捕或进行有关的调查。

（2）关于民事管辖

①沿海国不应为对外国船舶上的人行使管辖权而停止该船航行或改变其航向；

②不得为民事诉讼目的对船舶从事执行或加以逮捕，除非涉及船舶本身在通过领海的航行中，或为该航向的目的而承担的义务或负担的债务；

③上述规定不妨碍沿海国按照其法律，为任何民事诉讼的目的而对在其领海内停泊或驶离内水后通过领海的外国船舶实施执行或逮捕的权利。

3. 毗连区

毗连区，是指沿海国可以在领海以外毗邻领海划定一定宽度的海水带（不超过从领海基线量起24海里），在此区域中，沿海国仅对海关、财政、移民和卫生等特定事项行使某种管制权。

毗连区不是国家领土，国家对毗连区不享有主权，只是在毗连区范围行使上述方面的管制，国家对于毗连区的管制不包括其上空。毗连区的其他性质取决于其所依附的海域，或为专属经济区或为公海。

在国家设立专属经济区后，毗连区首先是专属经济区的一部分，但国家还可以在毗连区实施上述方面的管制权。例如，沿海国未设置专属经济区，则毗连区在其他方面适用公海制度。

历年试题

2016年试卷一第76题：“青田”号是甲国的货轮、“前进”号是乙国的油轮、“阳光”号是丙国的科考船，三船通过丁国领海。依《联合国海洋法公约》，下列哪些选项是正确的？

A. 丁国有关对油轮实行分道航行的规定是对“前进”号油轮的歧视

B.“阳光”号在丁国领海进行测量活动是违反无害通过的

C.“青田”号无须事先通知或征得丁国许可即可连续不断地通过丁国领海

D. 丁国可以对通过其领海的外国船舶征收费用

答案：BC。

2020年试卷一考生回忆版：依照中国法律，司法解释和国际相关法，下列选项正确的是：

A. 联合国某专门机构在中国专属经济区开展海洋科考，无需经中国主管机关批准

B. 丙国军用飞机非经中国政府批准或接受，不得进入中国毗连区上空

C. 甲国潜艇通过中国毗连区须在海面航行，并展示其旗帜

D. 乙国渔民在中国大陆架，非法捕捞并杀害濒危海龟，依照中国刑法追究刑责

答案：D。《专属经济区和大陆架法》第9条规定：“任何国际组织、外国的组织或者个人在中华人民共和国的专属经济区和大陆架进行海洋科学研究，必须经中华人民共和国主管机关批准，并遵守中华人民共和国的法律、法规。”因此，联合国某专门机构在中国专属经济区开展海洋科考必须经中国主管机关批准，A项说法错误。

B项和C项考查毗连区法律制度。根据《联合国海洋法公约》，毗连区不是国家领土，国家对毗连区不享有主权，国家对于毗连区的管制不包括其上空，因此丙国军用飞机进入中国毗连区上空不需要经中国政府

批准或接受,B 项说法错误。我国《领海及毗连区法》规定,外国潜水艇和其他潜水器通过我国领海,必须在海面航行,并展示其旗帜。这一要求不适用于毗连区,C 项说法错误。

大陆架,是指其领海以外依其陆地领土的全部自然延伸。乙国渔民在中国大陆架非法捕捞并杀害濒危海龟需依据中国刑法追究刑责,D 项说法正确。

2021 年试卷一考生回忆版:根据《联合国海洋法公约》和中国的相关法律规定,下列哪一选项是正确的?

A. 甲国军舰有权无害通过我国领海上空

B. 乙国飞机可以直接通过我国领空

C. 我国海警船从毗连区开始紧追丙国走私船,在其进入公海时紧追应终止

D. 丁国有权在我国大陆架铺设海底电缆,但线路须经我国主管机关同意

答案:D。

强化模拟题

1. 根据《联合国海洋法公约》的规定,外国船舶在通过一国领海时必须遵守关于无害通过制度的要求,下列各种船舶的通过行为中构成有害行为的是哪些?

A. 甲国的一艘货船无害通过另一国领海时,违反沿海有关规定卸载了部分商品

B. 乙国的检修船无害通过另一国领海时,自行决定起落了直升机

C. 丙国的一艘石油运输船通过另一国领海时,发生原油泄漏并严重污染了沿海国海域

D. 丁国的渔船在无害通过另一国领海时,进行了捕鱼活动

答案:ABCD。根据《海洋法公约》的规定,无害是指不损害沿海国和平安宁和良好秩序。有下列行为之一的就是有害:对沿海国进行武力威胁或使用武力;以任何种类的武器进行操练或演习;收集情报;进行影响沿海国防务或安全的宣传;在船上起落或接载飞机;在船上发射、降落或接载任何军事装置;违反沿海国海关、财政、移民或卫生的法律规章,上下任何商品、货币或人员;严重的污染行为;任何捕鱼活动;任何研究或测量活动;干扰沿海国的通讯系统;与通过没有直接关系的任何其他活动。因此答案是 ABCD。

2. 据有关国际习惯法规则和《领海与毗连区公约》《海洋法公约》的有关规定,沿海国对领海享有的权利以及承担的义务是(　　)。

A. 沿海国对领海内的一切资源享有专属权利,任何国家和个人非经沿海国同意不得加以开发和利用

B. 沿海国的主权及于领海的水域、上空、海床和底土,外国船舶和飞机在领海上可以无害通过

C. 沿海国沿岸任何两个港口之间的航行运输权专属于沿海国船舶,除非条约有相反规定,外国船舶不得介入

D. 某外国船舶对沿海国的某船舶修理厂欠有一笔维修款,当该船途经沿海国时,沿海国可以基于该修理厂的请求对无害通过沿海国领海的该外国船舶从事执行或加以扣押以进行民事诉讼

答案:AC。沿海国对领海内的一切资源享有专属权利,任何国家和个人非经沿海国同意不得加以开发和利用,A 项正确。

沿海国的主权及于领海的水域、上空、海床和底土,外国船舶在领海上可以无害通过,但是外国的飞机未经允许不得飞越沿海国领海的上空,B 项错误。

沿海国沿岸任何两个港口之间的航行运输权专属于沿海国船舶,除非条约有相反规定,外国船舶不得介入,C 项正确。

沿海国不应为对通过领海的外国船舶行使民事管辖权而停止该船的航行或改变其航向。除该船在通过时违反所应承担的义务或责任之外,沿海国不得为任何民事诉讼的目的而对该船从事执行或加以逮捕,D 项错误。

考点三:专属经济区与大陆架法律制度

命题题眼

1. 专属经济区

专属经济区,是指领海以外毗邻领海的一定宽度的水域。根据《海洋法公约》的规定,它从领海基线量起不得超过 200 海里。专属经济区不是本身自然存在的权利,需要国家以某种形式宣布建立并说明其宽度。专属经济区的制度不影响其上空和底土本身的法律地位。

(1)专属经济区的性质:既不是领海,也不是公海,沿海国对专属经济区不拥有主权,但享有《海洋法公约》规定的某些主权权利。

(2)沿海国在专属经济区的主权权利:

①勘探、开发、养护、管理海床和底土及其上覆水域的生物或非生物自然资源的排他权利;

②从事海水、风力利用等经济性勘探开发的排他性权利;

③建造、使用管理人工岛屿和设施;

④海洋科研、海洋环保方面的管辖权。

(3)其他国家权利:航行、飞越、铺设海底电缆和管道的自由。

2. 大陆架

(1)大陆架,是指其领海以外依其陆地领土的全部自然延伸,扩展到大陆边外缘的海底区域的海床和底土。大陆架属于沿海国陆地领土的自然延伸,属于自然权利,无须宣布或占领即享有。大陆架不

是沿海国领土，但是国家在此享有某些排他性的主权权利。

（2）大陆架的范围：从领海基线量起到大陆边外缘的距离不足200海里的，扩展至200海里；超过200海里的，不得超过350海里或2500米等深线以外100海里。

（3）沿海国在大陆架的权利：

①勘探、开发、养护、管理海床和底土自然资源的排他权利；

②钻探的排他性权利；

③建造、使用、管理人工岛屿和设施。

（4）其他国家权利：航行、飞越、铺设海底电缆和管道的自由。

历年试题

2023年试卷一考生回忆版：甲、乙两国公司打算从海底建天然气管道输送天然气，途经丙国的专属经济区和丁国的大陆架，最后管道口要经过丁国的领海接入陆地。下列说法正确的是？

A. 甲、乙两国的公司有权在丁国的大陆架铺设海底天然气管道，但其线路必须经过丁国的同意

B. 甲、乙两国的渔船有权在丙国的专属经济区捕鱼，而无须丙国的同意

C. 丙国对其专属经济区的权利并不取决于有效或象征的占领或任何明文公告

D. 如果甲、乙两国的公司在丙国的专属经济区所铺设的海底管道发生了泄漏，则丙国有权适用其国内的有关法律和规章调查和处理该事件

答案：AD。

强化模拟题

1. 甲国注册的渔船“踏浪号”应乙国注册的渔船“风行号”之邀，在乙国专属经济区进行捕鱼作业时，乙国海上执法船赶来制止，随后将“踏浪号”带回乙国港口。甲、乙两国都是《联合国海洋法公约》的缔约国，且两国之间没有其他相关的协议。据此，根据海洋法的有关规则，下列哪些选项是正确的？

A. 只要“踏浪号”向乙国有关部门提交适当保证书和担保，乙国必须迅速释放该船

B. 只要“踏浪号”向乙国有关部门提交适当保证书和担保，乙国必须迅速释放该船船员

C. 如果“踏浪号”未能向乙国有关部门及时提交适当担保，乙国有权对该船船长和船员处以3个月以下的监禁

D. 乙国有义务将该事项迅速通知甲国

答案：ABD。

2. 沿海国在1996年颁布并实施了其《专属经济区法》，宣布其专属经济区是其领海以外毗邻领海的海域，宽度是从领海基线量起200海里。结合《海洋法公约》的规定，下列说法中不正确的是（　　）。

A. 该沿海国在专属经济区内享有以勘探、开发、养护和管理海床和底土及其上覆水域的自然资源为目的的主权权利，对在区内从事经济性开发和勘探活动享有主权权利

B. 该沿海国对区域内人工岛屿、设施和结构的建造和使用、海洋环境的保护和保全有管辖权，并不得阻止其他国家或国际组织在区内的海洋科学研究活动

C. 该沿海国可以决定其专属经济区内生物资源的可捕量，内陆国不能进行捕捞

D. 鉴于其他国家在专属经济区内有航行和飞越的自由，非沿海国的间谍飞机在飞越该区域时，可以进行针对沿海国的空中侦察

答案：BCD。A项正确。B项不正确，因为沿海国对海洋科研活动也有管辖权。

C项不正确，因为沿海国在决定生物资源的可捕量时，其他国家可捕捞剩余部分，并应特别顾及内陆国和地理条件不利国的利益。

D项不正确，因为其他国家在行使其权利和自由时，应顾及沿海国的权利，遵守沿海国的法律和规章。因此依题意应选BCD项。

考点四：群岛水域和国际海峡

命题题眼

1. 群岛水域及其制度

（1）群岛水域

群岛水域是群岛国的群岛基线所包围的内水之外的海域。群岛国是全部领陆由一个或多个群岛或岛屿组成的国家。群岛国可以连接群岛最外缘各岛和各干礁的最外缘各点构成直线群岛基线。

群岛基线的确定需要满足《海洋法公约》规定的条件：基线应包括主要岛屿和一个区域；基线范围内包括环礁在内的陆地面积与水域面积之比应在1∶1到1∶9；基线超过100海里的线段最多不能超过基线总数的3%；基线不能明显偏离群岛轮廓；不能将其他国家的领海与公海或专属经济区隔断。

群岛水域的划定不妨碍群岛国可以按照《海洋法公约》划定内水，及在基线之外划定领海、毗连区、专属经济区和大陆架。

（2）群岛水域制度

一群岛国对其群岛水域包括其上空和底土拥有主权。

群岛水域的航行分为无害通过和群岛海道通过两种情况。前一种是所有国家的船舶享有通过除群

岛国内水以外的群岛水域的无害通过；后一种是指群岛国可以指定适当的海道和其上的空中通道，以便其他国家的船舶或飞机连续不停地迅速通过或飞越其群岛水域及其邻接的领海。所有国家都享有这种群岛通道通过权。关于群岛国与其他国家在群岛通道航行中的权利义务，应比照适用国际航行海峡的过境通过制度的有关规定。

2. 国际航行海峡的通行制度

国际航行海峡，主要是指两端都是公海或专属经济区，而又用于国际航行的海峡，一般分为内海峡、领海峡和非领海峡。由于地理位置和历史等方面的情况不同，不同的国际航行海峡适用不同的航行制度。通常有过境通行制度、公海自由航行制度、无害通过制度以及专门条约规定的制度四种。

（1）过境通行制度。由《海洋法公约》所规定，常用于国际航行海峡的制度。过境通行是专为连续不停和迅速通过目的而进行的自由航行和飞越，也包括以合法地自海峡沿岸国驶入驶出为目的的通过。过境通行应毫不迟疑地迅速通过；禁止非法使用武力或威胁；除因不可抗力或遇难外，不得从事其通过所通常附带发生活动以外的任何活动；不得进行任何研究或测量活动；并应遵守船舶、航空及无线电有关的国际规则，遵守沿岸国有关防止捕鱼、防污、航行安全、海关、财政、移民、卫生等法律和规章。海峡的过境通行制度是对有关沿岸国主权的某种限制，但它不改变海峡水域的法律地位，不影响沿岸国其他方面的任何权利。

（2）公海自由航行制度。适用于在该海峡中有公海或专属经济区的航道。

（3）无害通过制度。适用于由一国的大陆和该国的岛屿构成的海峡，并且该岛向海一面的海域有一条穿过公海或专属经济区的航道。

（4）专门条约规定的制度。

历年试题

2014年试卷一第33题：甲国是群岛国，乙国是甲国的隔海邻国，两国均为《联合国海洋法公约》的缔约国。根据相关国际法规则，下列哪一选项是正确的？

A. 他国船舶通过甲国的群岛水域均须经过甲国的许可

B. 甲国为连接其相距较远的两岛屿，其群岛基线可隔断乙国的专属经济区

C. 甲国因已划定了群岛水域，则不能再划定专属经济区

D. 甲国对其群岛水域包括上空和底土拥有主权

答案：D。

考点五：公海与国际海底区域

命题题眼

1. 公海，是指内海、领海、专属经济区、群岛水域以外的全部海域。

2. 任何国家的船舶都可以悬挂其旗帜在公海中自由航行。在公海中航行的船舶必须在一国进行登记并悬挂该国国旗，登记国称为该船的国籍国或船旗国。在公海航行的船舶必须并且只能悬挂一国旗帜，悬挂两国或两国以上旗帜航行或视方便而换用旗帜的，可视为无国籍船舶。船旗国应与船舶有真正的联系，并向依其国内法进行登记因而悬挂其国旗的船舶发放船籍文件。

3. 公海上的管辖权最主要有船旗国管辖和普遍性管辖两种。行使临检权和紧追权是国家某种管辖权在公海上实施或实现的两种措施。

登临权和紧追权：针对外国商船（非军用、非政府用船舶）。

（1）登临权（临检权）

登临权，是指一国的军舰、军用飞机或其他得到正式授权、有清楚标志可以识别的政府船舶或飞机，在公海上有合理理由认为外国船舶从事了某些不法行为时，可命令该船停船并派人登临检查的权利。这些不法行为一般包括海盗行为、奴隶贩运、从事未经许可的广播、没有国籍或虽然悬挂外国旗帜或拒不展示旗帜，而事实上与该军舰属同一国籍的船舶。检查结果证明没有不法行为时，军舰的所属国要负损害赔偿责任。

（2）紧追权

紧追权，是指沿海国主管当局有充分理由认为外国船舶违反该国法律时，可对该外国船舶进行追逐，继续进行到公海将其拿捕和交付审判的权利。

应遵守的规则：

①由军舰、军用飞机或其他有清楚标志可以识别的为政府服务并经授权紧追的船舶或飞机行使。

②紧追可以开始于一国的内水、领海、毗连区或专属经济区。由毗连区开始的紧追限于外国船舶对该区所管辖事项有关法律的违背；由专属经济区开始的紧追限于船舶对该区域权利或大陆架权利有关法规的违反。

③紧追只有在外国船舶视听所及的距离内发出视觉或听觉停驶信号后才可开始。

④被追逐的船舶进入其本国或第三国领海时立即停止。

⑤沿海国如无正当理由行使紧追权,应负相应的损害赔偿责任。

4. 国际海底区域的开发制度

国际海底区域,是指国家管辖范围以外的海床、洋底及其底土,即国家领土、专属经济区及大陆架以外的海底及其底土。

国际海底开发制度的主要内容包括:

(1)国际海底管理局组织和控制区域内的活动,特别是区域内的资源的开发活动。

(2)目前区域内资源开发采取“平行开发制”,即区域的开发一方面由国际海底管理局企业部进行;另一方面由缔约国有效控制的自然人或法人与管理局以合作的方式进行。

强化模拟题

下列关于大陆架的说法,正确的是:

A. 沿海国对大陆架行使权利取决于有效或象征性的占领或明文公告

B. 任何国家的船舶、飞机均可以在大陆架的上覆水域或水域上空航行或飞行

C. 任何国家都可以在大陆架上铺设海底电缆或管道,其路线划定也无须取得沿海国同意

D. 沿海国对200海里之外的大陆架上的生物资源的开发应通过国际海底管理局支付一定的费用或实物,由管理局根据公开分享的标准分配给各缔约国,但发展中国家在一定的情况下可以免缴

答案:B。

第三节 国际航空法与外层空间法

考点一:国际航空基本法律制度

命题题眼

1944年的芝加哥《国际民用航空法》(以下简称《芝加哥公约》)是构成当今国际民航法律制度的基本条约。它包括空中航行、国际民航组织、国际航空运输等部分,规定了国际航空法的基本规则,构建了国际民航制度的框架。该公约的主要原则和制度包括:

1. 领空主权原则。国家对其领空拥有完全的和排他的主权。外国航空器进入国家领空须经过该国许可并遵守领空国的有关法律。对于非法入境的外国民用航空器,国家可以行使主权,采取符合国际法有关规则的任何适当手段,包括要求其终止此类侵犯立即离境或者要求其在指定地点降落等,但不得危及航空器内人员的生命和航空器的安全,避免使用武器。国家有权制定外国航空器入境、离境和在境内飞行的规章制度,各国可以指定外国航空器降停的设关机场;国家保留国内航线专属权,一国为安全及军事需要有权在其领空中划定某些禁区。

2. 航空器国籍制度。公约将航空器分为国家航空器和民用航空器,公约的制度仅适用于民用航空器。国家航空器,是指用于军队、海关和警察部门的航空器。一国的国家航空器未经特别协定或者其他方式的许可,不得在其他国家的领空飞行或者领土上降落。民用航空器必须在一国登记并因此取得登记国国籍。航空器在两个或者两个以上国家重复进行的登记均被认为无效,但其登记可以从一国转移到另一国。航空器的登记国对航空器上的事件或者事故拥有管辖权。

3. 将国际航空飞行分为定期航班飞行和不定期航班飞行,并作出了一些相应的规定。公约规定定期航班飞行须经领空国许可,不定期航班飞行则可以不经领空国许可。但相当一些国家对后者作出了保留,要求所有飞行都须经过领空国的许可方可进入其领空。

强化模拟题

下列说法正确的有:

A. 保留国内航线专属权是国家领空主权的体现

B.《芝加哥公约》规定在缔约国之间不定期航班的飞行可以不经领空国的许可,但提出保留的缔约国除外

C.《芝加哥公约》也适用于政府飞机和军用飞机

D. 民用航空器具有其所有者的国籍

答案:AB。《芝加哥公约》只适用于民用航空器,民用航空器具有其登记国的国籍,故C、D项错误。

考点二:国际民航的损害赔偿责任和国际民航安全制度

命题题眼

1. 国际民航的损害赔偿责任

1929年在华沙签订的《统一国际航空运输某些规章的公约》(以下简称《华沙公约》),规定了国际民航活动中的损害赔偿责任制度。该公约采取了推定过错原则。

(1)航空承运人对以下损失应承担责任

①发生在航空器上或在上下航空器的过程中,乘客因死亡、受伤或身体的任何其他损害而产生的损失;

②发生在航空运输期间的任何已经登记的行李或货物因毁灭遗失或损害而产生的损失;

③乘客或行李货物因运输过程中的延误造成的损失。

(2)承运人的免责

①承运人如果证明其已经采取了一切必要的措施或不能采取措施,以避免损失的发生,则可以作为免责的理由;

②承运人如果证明损失的发生是由于受害人的过失所引起或促成的,则可以根据其情况,免除或减轻其责任。

(3)对有关诉讼拥有管辖权的法院

承运人的住所地法院、承运人主营业地法院、订立合同的承运人营业机构设立地法院、航程目的地法院。

2. 国际民航安全制度

1963年的《东京公约》、1970年的《海牙公约》和1971年的《蒙特利尔公约》基本确立了国际民航安全制度。

上述三个公约就拥有对于危害民航安全罪行的管辖权的国家作了规定。三个公约还规定危害民航安全罪行是一种可引渡的罪行,但各国没有强制引渡的义务。国家可以依据引渡协议或国内法决定是否予以引渡。如果嫌疑人所在国没有相关协议规定引渡义务,并决定不予引渡,则应在本国作为严重的普通刑事案件进行起诉,使此种行为受到惩处。

1978年和1980年,我国先后加入了上述三个有关国际民航安全公约,并在国内刑法中对有关危害民航安全行为的处理作出了规定。

历年试题

2017年试卷一第32题:乘坐乙国航空公司航班的甲国公民,在飞机进入丙国领空后实施劫机,被机组人员制服后交丙国警方羁押。甲、乙、丙三国均为1963年《东京公约》、1970年《海牙公约》及1971年《蒙特利尔公约》缔约国。据此,下列哪一选项是正确的?

A. 劫机发生在丙国领空,仅丙国有管辖权

B. 犯罪嫌疑人为甲国公民,甲国有管辖权

C. 劫机发生在乙国航空器上,仅乙国有管辖权

D. 本案涉及国际刑事犯罪,应由国际刑事法院管辖

答案:B。

考点三:外层空间法律体系

命题题眼

外层空间法的主要法律渊源是国际条约,包括《外空条约》《营救协定》《责任公约》《登记公约》《月球协定》等。

1. 外层空间活动的主要原则

外层空间活动的主要原则包括共同利益原则、自由探索和利用原则、不得据为己有原则、和平利用原则、救援宇航员原则、外空物体登记和管辖原则、国际责任原则、保护空间环境原则、国际合作原则。

2. 外层空间活动的主要法律制度(见表1)

表1 外层空间活动的主要法律制度

登记制度	双重登记制:从事任何外空发射活动都要在本国和联合国秘书处登记
营救制度	(1)援助:对获悉或发现在一国领土内的宇航员,领土国应立即采取一切可能的措施,营救宇航员并给予必要的帮助。(2)通知:各国在获悉或发现宇航员发生意外、遇难或紧急降落时,应立即通知其发射国及联合国秘书长。(3)送还:对于发生意外的空间物体应送还其发射国
责任制度	外空物体彼此间损害:过错责任。 外空物体对地面第三人或空中飞机造成损害:绝对责任

历年试题

2020年试卷一考生回忆版:甲国委托乙国发射卫星,乙国在丙国卫星发射基地发射,上升阶段碎片掉落砸伤受邀观看的丁国公民,卫星偏离航道撞了丁国卫星,造成丁国卫星坠毁,砸毁了戊国建筑造成戊国公民受伤。甲乙丙丁戊五国均为《空间物体造成损害的国际责任公约》缔约国,下列哪一选项正确:

A. 甲、乙、丙国需要对丁国公民负责

B. 甲、乙、丙国需要对丁国飞行器负责

C. 丁国需要对戊国建筑和受伤公民负责

D. 甲国不需要对戊国负责

答案:C。根据《外空物体所造成损害的国际责任公约》规定,"发射国",是指发射或促使发射外空物体的国家以及外空物体自其领土或设施发射的国家。本题中,甲国委托乙国发射卫星,甲国是发射国,乙国促使发射卫星,也是发射国,卫星在丙国卫星发射基地发射,即卫星从丙国的领土和设施发射,丙国也是发射国。因此,甲乙丙三国为发射国。

《公约》第7条规定:本公约之规定不适用于发射国之外空物体对下列人员所造成之损害:(a)该发射国之国民;(b)外国国民,在自该外空物体发射时或其后之任何阶段至降落时为止参加该物体操作之时期内,或在受该发射国之邀请而在预定发射或收回地区紧接地带之时期内。因丁国公民为受邀观看发射,且被砸伤时是卫星发射上升阶段,发射国对丁国公民的损害赔偿,不适用于《公约》规定的国际责任。A项说法错误。

相对责任原则即过失责任原则，即空间物体造成的损害是因为发射国的过失而造成的，该原则适用于在地球表面以外的地方对空间物体或者所载人员或财产造成的损害。卫星偏离航道造成丁国卫星坠毁，发射国是否对丁国承担责任要视过失情况而定，B项说法不全面。

C项和D项考查发射国的绝对责任原则。绝对责任原则指不论发射国是否有过失，只要对他国造成损害，就要承担责任。这个原则适用于空间物体对地球表面或飞行中的飞机造成的损害，无论损害是一个空间物体造成的，还是一个发射国的空间物体对另一个发射国的空间物体造成的损害，并由此而对第三国造成的损害，发射国均负绝对责任。在后者的情况下，前两国对第三国负连带责任。丁国卫星砸毁了戊国建筑造成戊国公民受伤，甲乙丙丁都要对戊国建筑和受伤公民负责，C项说法正确，D项说法错误。

强化模拟题

1. 甲国经营发射卫星业务的“发射公司”为乙国发射了一颗人造卫星，发射火箭在升入太空后撞毁丙国的飞机，造成了人员伤亡和财产损失，火箭也出现故障，没有发射成功。关于这些损失的承担，论述正确的是（　　）。

A. 由甲国承担一切损失

B. 先由卫星发射公司承担，不足赔偿额由甲国补齐

C. 由甲、丙两国按过错分担

D. 由甲、乙两国共同承担

答案：D。根据《空间物体造成损害的国际责任公约》的规定，发射国对其空间物体在地球表面或给飞行中的飞机造成的损害，应负有赔偿的绝对责任。发射国包括发射或促使发射空间物体的国家以及从其领土或设施发射空间物体的国家。“发射”包括未成功的发射在内。故本题答案应为D。

2. 甲国发射的火箭偏离正常轨道，撞到丙国在外空的通讯卫星，后坠落时又撞上丁国飞行中的飞机，造成重大损害。对于这一事件，下列哪些选项正确？

A. 无论甲国是否有过错，甲国都应对丙国和丁国的损失负绝对责任

B. 无论甲国是否有过错，甲国都应对丁国的损失负绝对责任

C. 只有甲国有过错，甲国才对丙国的损失负责任

D. 无论甲国是否有过错，甲国都应对丙国的损失负绝对责任

答案：BC。关于责任的承担，其原则就是空间物体对地球表面或飞行中的飞机造成的损害，发射国负绝对责任；空间物体在地球表面以外的地方造成的损害，发射国承担相应的过失责任。因此，正确答案是BC。

第四节　国际环境保护法

考点：国际环境保护的主要制度

命题题眼

1.《京都议定书》与《气候变化框架公约》

（1）《京都议定书》

《京都议定书》规定了发达国家温室气体净排放量的具体减排目标。为促进目标的实现，议定书还规定允许下列三种减排折算方式：

①“集团方式”，只要有关国家集团达到减排总额，可不管集团内部成员国的排量增减。

②“排放权交易”，排量超出其额度的发达国家可以向其他排量低于自身额度的发达国家购买其低于限额部分的排放量，使得总量仍然达标。

③“绿色交易”，发达国家可以通过资助在发展中国家营造森林或转让有关绿色技术，相应地抵销其部分排放量。

（2）《气候变化框架公约》

《联合国气候变化框架公约》是世界上第一个全面控制二氧化碳等温室气体排放，以应对全球气候变暖给人类经济和社会带来不利影响的国际公约，也是国际社会在对付全球气候变化问题上进行国际合作的一个基本框架。这是一个有法律约束力的公约。公约对发达国家和发展中国家规定的义务以及履行义务的程序有所区别。公约要求发达国家作为温室气体的排放大户，采取具体措施限制温室气体的排放，并向发展中国家提供资金以支付它们履行公约义务所需的费用。而发展中国家只承担提供温室气体源与温室气体汇的国家清单的义务，制订并执行含有关于温室气体源与气体汇方面措施的方案，不承担有法律约束力的限控义务。公约建立了一个向发展中国家提供资金和技术，使其能够履行公约义务的资金机制。

2. 控制危险废物的越境转移

《控制危险废物的越境转移及其处置公约》（以下简称《巴塞尔公约》）对于列举在其附件中的危险废物的越境转移，规定了严格的条件。包括：

（1）缔约国禁止向另一缔约国出口危险废物，除非进口国没有一般地禁止该废物的进口，并且以书面形式对某一出口国表示同意。

（2）出口国有理由认为拟出口的废物不会被以符合有关标准的对环境无害的方式在进口国或其他地方处理，则不得出口。

（3）不得向非缔约国出口或自非缔约国进口危险废物。

强化模拟题

根据《气候变化框架公约》和《京都议定书》，下列哪一项表述是正确的？

A. 在控制温室气体的排放上，所有国家应当承担相同的责任和义务

B. 在控制温室气体的排放上，发达国家应当承担更多的责任和义务

C. 在控制温室气体的排放上，发展中国家应当承担更多的责任和义务

D. 公约规定了各个国家温室气体排放量的具体减排目标

答案：B。《京都议定书》进一步规定了发达国家温室气体净排放量的具体减排目标，但对于发展中国家则没有涉及。因此，本题正确答案是B。

第四章　国际法上的个人

第一节　国　　籍

考点一：国籍的取得与丧失

命题题眼

国籍，是指一个人属于某一个国家的公民或国民的法律资格。国籍在个人与国家之间建立了一种稳定的法律联系。

国籍也称为公民资格。给予哪些人以国籍，即认定哪些人是其公民，是国家自身的权利。

1. 国籍的取得

国籍的取得方式可以分为两类：因出生取得和因加入取得。

因出生而取得国籍称为原始国籍，它是最基本的国籍获得方式。各国的立法中采取的原则有血统主义、出生地主义和混合制原则三种。

因加入取得国籍，是指由于本人意愿或某种事实，根据一国国籍法的规定而获得该国的国籍，这种国籍也称为继有国籍或转承国籍。因加入取得国籍又可以分为申请入籍和由于法定事实获得国籍（包括因跨国婚姻、收养、取得住所、领土转移等各种情况）。

2. 国籍的丧失

国籍的丧失一般可以分为自愿丧失和非自愿丧失两种。自愿丧失包括自愿退籍和自愿选择放弃两种做法。导致非自愿丧失国籍的事实一般有涉外婚姻、收养、已归化加入外国籍、剥夺国籍等。

考点二：国籍的冲突和解决

命题题眼

国籍的冲突也称为国籍的抵触，分为积极抵触和消极抵触两种情况。

1. 国籍的积极抵触：指一个人同时具有两个或两个以上国家的国籍，即一个人具有双重或多重国籍。产生双重国籍的原因主要有：出生、涉外婚姻、收养、入籍或归化、认领等。

2. 国籍的消极抵触：指一个人不具有任何国家的国籍，即无国籍。产生无国籍的原因主要有：出生、涉外婚姻、收养、被剥夺等。

国际社会解决国籍冲突的方式有：国内立法、签订双边条约或多边条约。

考点三：中国国籍制度

命题题眼

我国《国籍法》的主要法条如下：

第3条：中华人民共和国不承认中国公民具有双重国籍。

第4条：父母双方或一方为中国公民，本人出生在中国，具有中国国籍。

第5条：父母双方或一方为中国公民，本人出生在外国，具有中国国籍；但父母双方或一方为中国公民并定居在外国，本人出生时即具有外国国籍的，不具有中国国籍。

第6条：父母无国籍或国籍不明，定居在中国，本人出生在中国，具有中国国籍。

第7条：外国人或无国籍人，愿意遵守中国宪法和法律，并具有下列条件之一的，可以经申请批准加入中国国籍：

（1）中国人的近亲属；

（2）定居在中国的；

（3）有其他正当理由。

第8条：申请加入中国国籍获得批准的，即取得中国国籍；被批准加入中国国籍的，不得再保留外国国籍。

第9条：定居外国的中国公民，自愿加入或取得外国国籍的，即自动丧失中国国籍。

第10条：中国公民具有下列条件之一的，可以经申请批准退出中国国籍：

（1）外国人的近亲属；

（2）定居在外国的；

（3）有其他正当理由。

第12条：国家工作人员和现役军人，不得退出中国国籍。

第16条:加入、退出和恢复中国国籍的申请,由中华人民共和国公安部审批。经批准的,由公安部发给证书。

历年试题

2020年试卷一考生回忆版:甲国球星埃尔申请加入中国国籍。依中国国籍法,下列哪一选项是正确的?

A. 埃尔的申请一旦被批准,则其今后不得申请退出中国国籍

B. 埃尔加入中国国籍的申请由中国外交部审批

C. 埃尔加入中国国籍后,可以保留其甲国国籍

D. 埃尔的申请被批准前与中国女子在广州所生的儿子具有中国国籍

答案:D。根据《国籍法》第10条的规定,埃尔的申请被批准后成为中国公民,今后有正当理由可以申请退出中国国籍,A项说法错误。

根据《国籍法》第16条的规定,埃尔加入中国国籍的申请由中国公安部审批,B项说法错误。

根据《国籍法》第8条的规定,我国不承认中国公民有双重国籍。埃尔加入中国国籍后,不得再保留其甲国国籍,C项说法错误。

根据《国籍法》第4条的规定,父母双方或一方为中国公民,本人出生在中国,具有中国国籍。埃尔与中国女子在中国广州所生的儿子,因本人母亲具有中国国籍,本人出生在中国,因此具有中国国籍,D项说法正确。

2021年试卷一考生回忆版:中国人张某和美国人Lily喜结良缘并在美国生下一子小张。经查明,根据美国法小张出生时即具有美国国籍,张某和Lily自婚后一直定居在北京。小张出生后,张某准备通过Lily申请美国国籍。下列说法正确的是?

A. 根据我国法律,小张出生时依旧具有中国国籍

B. 根据我国法律,小张出生时不具有中国国籍

C. 如果张某是现役军人,其依旧可以退出中国国籍

D. 如果张某是国家工作人员,其依旧可以退出中国国籍

答案:A。

2023年试卷一考生回忆版:中国国籍的李智和德国公民珍妮结婚后定居德国,并在定居期间取得德国国籍,但李智并未在中国申请注销其身份证与户籍。根据中国相关法律规定,下列表述中正确的是?

A. 如果中国公安机关发现李智在中国境内存在严重违法情形并决定将其驱逐出境的,李智可向人民法院提起行政诉讼

B. 如李智涉嫌从事危害中国国家安全的活动并被中国公安机关拘留审查,则其可依法申请行政复议

C. 如李智在中国境内涉及民事诉讼,则人民法院应认定其国籍国为中国

D. 如李智在中国境内有未了结的民事案件,则其不准出境

答案:B。《国籍法》第9条、《出境入境管理法》第28条、第64条、第81条第2款。

强化模拟题

1. 根据我国现行宪法和法律,下列哪些人可以具有中国国籍?

A. 赵某,出生于中国大陆,父亲为美国公民,母亲为中国公民

B. 钱某,出生于希腊,父亲为中国公民,母亲为日本公民

C. 孙某,出生于柏林,父母双方均为中国公民,1980年移民德国,定居柏林(德国采用出生地主义的国籍原则)

D. 李某,出生于中国,父亲为无国籍人,母亲也国籍不明

答案:ABD。父母双方为中国公民并定居在外国,本人出生时即具有外国国籍的,不具有中国国籍。

2. 中国公民陆某2001年通过其在甲国的亲戚代为申请甲国国籍,2002年获甲国批准。2004年5月陆某在中国因违法行为被刑事拘留。此时,陆某提出他是甲国公民,要求我有关部门通知甲国驻华领事。经查,根据甲国法律陆某持有的甲国护照真实有效;陆某本人到案发时从未离开中国,也从未申请退出中国国籍。根据中国国籍法有关规定,下列哪一项判断是正确的?

A. 陆某仍是中国人

B. 陆某是中国境内的外国人

C. 陆某是中国法律承认的具有双重国籍的人

D. 陆某的国籍状态不确定

答案:A。

第二节 外国人的法律地位

考点一:外国人的出入境管理和待遇

命题题眼

1. 外国人的范围

一国所指的外国人,是指不拥有该国国籍而拥有其他国家国籍的人。一般情况下,国家在进行管理时,将无国籍人也归于外国人的范畴。

2. 外国人的出入境

根据一般国际法,国家没有允许外国人入境的义务。外国人入境一般包括两个步骤:持护照签证、经入境口岸检查。

(1)入境限制

国家有权作出规定,对可能危及本国安全、社会

秩序或国民健康的外国人,拒绝入境。如精神病患者、某种传染病患者、有刑事犯罪前科或犯罪嫌疑的人,但入境限制条件不得带有种族、宗教歧视。

(2)出境限制

国家一般不禁止外国人的合法出境,但可以对外国人离境规定某些条件。下列情况下一般可限制外国人的出境:未办理合法的出境手续;未依法付清捐税或债务;有未了结的诉讼。

3. 外国人的待遇

外国人的待遇通常包括国民待遇、最惠国待遇、互惠待遇、差别待遇与普惠制。

(1)国民待遇,即国家在一定范围内给予外国人与本国人相同的待遇。

(2)最惠国待遇,即一国给予另一国的国民或法人的待遇,不低于现时或将来给予任何第三国国民或法人在该国享受的待遇。

(3)互惠待遇,即国家之间根据平等互惠的原则,互相给予对方公民同等的待遇。

(4)差别待遇,即国家给予外国人不同于本国公民的待遇,或对不同国家的外国人给予不同的待遇。国际法禁止基于宗教种族等原因的歧视待遇。

(5)普惠制,是指为减少经济发展的不平衡,发达国家在与发展中国家的经济交往中,单方面给予发展中国家某些特殊优惠,而不要求发展中国家给予发达国家同样的优惠。

历年试题

2021 年试卷一考生回忆版:2005 年,甲国夫妇汤姆和玛丽收养了中国女孩樱樱,樱樱改名艾琳后随养父母去甲国定居,并取得甲国国籍。2019 年,艾琳被中国上海某高校录取。根据中国相关法律规定,下列哪项判断是正确的?

A. 艾琳到中国学习,无须办理签证

B. 艾琳周末可以到快餐店兼职打工

C. 艾琳可以同时拥有中国国籍和甲国国籍

D. 甲国新冠肺炎疫情暴发,甲国夫妇以探望艾琳的名义申请进入中国境内,但中国边防检查机关有权禁止二者入境,且无须说明理由

答案:D。

强化模拟题

下列有关外国人的民商事法律地位的说法,不正确的是:

A. 国民待遇意味着内国给予外国人以本国国民所享有的民商事权利,一般都是无条件的

B. 最惠国待遇是使不同的外国国家在内国享受相同的优惠和处于相同的地位,一般都是互惠的

C. 优惠待遇和国民待遇一样,都是就特定事项或方面给予外国和外国人的优惠

D. 优惠待遇和最惠国待遇一样,都是内国通过立法或缔结国际条约直接给予外国人的,外国人可以直接享有

答案:ACD。国民待遇意味着内国给予外国人以本国国民所享有的民商事权利,无条件的国民待遇已不复存在,各国多采用互惠的国民待遇,因此,A 项不正确。

最惠国待遇是使不同的外国国家在内国享受相同的优惠和处于相同的地位,一般都是互惠的,因此,B 项正确。

优惠待遇是就特定事项或方面给予外国和外国人的优惠,和国民待遇不一样,因此,C 项不正确。

优惠待遇是内国通过立法或缔结国际条约直接给予外国人的,而外国人享有最惠国待遇,必须借助最惠国待遇条款,也必须有内国已给予第三国的待遇高于该外国所享有的待遇的事实,因此 D 项不正确。

考点二:外交保护

命题题眼

外交保护,是指一国国民的正当利益在外国受到不法侵害,且依该外国法律程序得不到救济时,其国籍国可以通过外交方式要求该外国进行救济或承担责任,以保护其国民或国家的权益。

国家行使外交保护权一般应符合三个条件:

(1)一国国民权利受到侵害是由于所在国的国家不法行为所致。

(2)受害人自受害行为发生起到外交保护结束止的期间内,必须持续拥有保护国国籍。

(3)在提出外交保护之前,受害人必须用尽当地法律规定的一切可以利用的救济办法,包括行政和司法救济手段。在这些手段用尽之后仍未得到合理救济时,才可以提出外交保护。此为"用尽当地救济原则"。

强化模拟题

约翰是到甲国投资的乙国人,其在甲国的投资全部被国有化且未得到任何补偿,乙国政府行使外交保护权所必须具备的前提条件有:

A. 约翰的投资必须来自乙国

B. 约翰用尽了在甲国所能援用的救济手段

C. 约翰在该争端解决之前始终拥有乙国国籍

D. 约翰向乙国政府提出了行使外交保护权的请求

答案:BC。A 项不属于外交保护的前提条件,即使投资来自其他国家,只要是乙国国民的正当利益受到损害,亦可行使外交保护权;D 项亦错误,外交保护不

以受害人提出请求为前提。

第三节　引渡和庇护

考点一:引渡

命题题眼

引渡,是指一国将处于本国境内的被外国指控为犯罪或已经判刑的人,应该外国的请求,送交该外国审判或处罚的一种国际司法协助行为。

引渡的主体是国家,对象是被请求国指控为犯罪或被其判刑的人,可能是请求国人、被请求国人和第三国人。

1. 引渡的一般原则

(1)无条约无义务原则

国家没有一般的引渡义务,因此引渡需要根据有关的引渡条约进行。

(2)政治犯罪不引渡原则

国际法规定了一些不应视为政治犯罪的行为,包括战争罪、反和平罪和反人类罪、种族灭绝或种族隔离罪行、非法劫持航空器、侵害包括外交代表在内的受国际保护人员罪行等。

(3)双重犯罪原则

双重犯罪原则,是指被请求引渡人的行为必须是请求国和被请求国的法律都认为构成犯罪。

(4)罪名特定原则

罪名特定原则,是指请求国只能就其请求引渡的特定犯罪行为对该被引渡人进行审判或处罚,如果以其他罪名进行审判,则一般应经原引出国的同意。

(5)转引渡须经原引出国同意原则

如果引渡国打算将被引渡人转引给第三国,则一般应经原引出国的同意。

2. 我国关于引渡的主要规定

《引渡法》第7条:外国向中华人民共和国提出的引渡请求必须同时符合下列条件,才能准予引渡:

(一)引渡请求所指的行为,依照中华人民共和国法律和请求国法律均构成犯罪;

(二)为了提起刑事诉讼而请求引渡的,根据中华人民共和国法律和请求国法律,对于引渡请求所指的犯罪均可判处一年以上有期徒刑或者其他更重的刑罚;为了执行刑罚而请求引渡的,在提出引渡请求时,被请求引渡人尚未服完的刑期至少为六个月。

对于引渡请求中符合前款第一项规定的多种犯罪,只要其中有一种犯罪符合前款第二项的规定,就可以对上述各种犯罪准予引渡。

第8条:外国向中华人民共和国提出的引渡请求,有下列情形之一的,应当拒绝引渡:

(一)根据中华人民共和国法律,被请求引渡人具有中华人民共和国国籍的;

(二)在收到引渡请求时,中华人民共和国的司法机关对于引渡请求所指的犯罪已经作出生效判决,或者已经终止刑事诉讼程序的;

(三)因政治犯罪而请求引渡的,或者中华人民共和国已经给予被请求引渡人受庇护权利的;

(四)被请求引渡人可能因其种族、宗教、国籍、性别、政治见解或者身份等方面的原因而被提起刑事诉讼或者执行刑罚,或者被请求引渡人在司法程序中可能由于上述原因受到不公正待遇的;

(五)根据中华人民共和国或者请求国法律,引渡请求所指的犯罪纯属军事犯罪的;

(六)根据中华人民共和国或者请求国法律,在收到引渡请求时,由于犯罪已过追诉时效期限或者被请求引渡人已被赦免等原因,不应当追究被请求引渡人的刑事责任的;

(七)被请求引渡人在请求国曾经遭受或者可能遭受酷刑或者其他残忍、不人道或者有辱人格的待遇或者处罚的;

(八)请求国根据缺席判决提出引渡请求的。但请求国承诺在引渡后对被请求引渡人给予在其出庭的情况下进行重新审判机会的除外。

第9条:外国向中华人民共和国提出的引渡请求,有下列情形之一的,可以拒绝引渡:

(一)中华人民共和国对于引渡请求所指的犯罪具有刑事管辖权,并且对被请求引渡人正在进行刑事诉讼或者准备提起刑事诉讼的;

(二)由于被请求引渡人的年龄、健康等原因,根据人道主义原则不宜引渡的。

第10条:请求国的引渡请求应当向中华人民共和国外交部提出。

第47条:请求外国准予引渡或者引渡过境的,应当由负责办理有关案件的省、自治区或者直辖市的审判、检察、公安、国家安全或者监狱管理机关分别向最高人民法院、最高人民检察院、公安部、国家安全部、司法部提出意见书,并附有关文件和材料及其经证明无误的译文。最高人民法院、最高人民检察院、公安部、国家安全部、司法部分别会同外交部审核同意后,通过外交部向外国提出请求。

第48条:在紧急情况下,可以在向外国正式提出引渡请求前,通过外交途径或者被请求国同意的其他途径,请求外国对有关人员先行采取强制措施。

第50条:被请求国就准予引渡附加条件的,对于不损害中华人民共和国主权、国家利益、公共利益的，可以由外交部代表中华人民共和国政府向被请求国作出承诺。对于限制追诉的承诺，由最高人民检察院决定；对于量刑的承诺，由最高人民法院决定。

在对被引渡人追究刑事责任时，司法机关应当受所作出的承诺的约束。

历年试题

2018年试卷一考生回忆版：中国人张某在甲国将甲国公民杀死后逃至乙国，已知甲国和乙国之间没有签订引渡条约，但是中国和甲乙两国都有引渡条约。下列说法正确的有：

A. 中国外交部可以向乙国政府请求将张某先行采取强制措施再行引渡

B. 如甲国向乙国申请引渡，乙国无正当理由不得拒绝引渡

C. 如果乙国未经中国同意将张某引渡给甲国，则中国可以向乙国提起外交保护

D. 如乙国将张某引渡给中国后，甲国向中国提请引渡张某，中国政府应当予以拒绝

答案：AD。因中国和甲乙两国都有引渡条约，故乙国对中国负有条约所约定的引渡义务。根据《引渡法》第47、49条，A项正确。

引渡的主体是国家，引渡是国家之间进行的。在国际法中，国家没有一般的引渡义务，因此引渡需要根据有关的引渡条约进行。B项错误。

外交保护指一国国民在外国受到不法侵害，且依该外国法律程序得不到救济时，其国籍国可以通过外交方式要求该外国进行救济或承担责任，以保护其国民或国家的权益。C项错误，其所言不满足外交保护的条件，即使乙国未经中国同意将张某引渡给甲国，中国也不能向乙国提起外交保护。

根据《引渡法》第8条的规定，被请求引渡人张某为中国人，故我国应拒绝引渡。D项正确。

强化模拟题

1. 甲国人张某侵吞中国某国企驻甲国办事处的大量财产。根据中国和甲国的法律，张某的行为均认定为犯罪。中国与甲国没有司法协助协定。根据国际法相关规则，下列哪一选项是正确的？

A. 张某进入中国境内时，中国有关机关可依法将其拘捕

B. 中国对张某侵吞财产案没有管辖权

C. 张某乘甲国商船逃至公海时，中国有权派员在公海将其缉拿

D. 甲国有义务将张某引渡给中国

答案：A。本题涉及保护性管辖权。保护性管辖权可以通过两种方式实现：一是上述行为人进入该受害国境内被依法拘捕和管辖；二是通过国家间司法协助机制引渡行为人。A选项属于第一种实现方式，属于正确选项，对此事中国有保护性管辖权。B选项称中国没有管辖权是错误的。C选项错误，保护性管辖不能在公海行使，这是保护性管辖与普遍管辖的区别所在。D选项错误，保护性管辖可以通过国家间的协助由行为人所在国将行为人引渡给受害国来行使，但依国际法的规则，因两国间没有引渡条约，甲国无引渡的义务。

2. 中国公民李某（曾任某国有企业总经理）2004年携贪污的巨款逃往甲国。根据甲国法律，对李某贪污行为的最高量刑为15年。甲国与我国没有引渡条约。甲国表示，如果中国对李某被指控的犯罪有确凿的证据，并且作出对其量刑不超过15年的承诺，可以将其引渡给中国。根据我国引渡法的有关规定，下列哪些判断是正确的？

A. 我国对于甲国上述引渡所附条件，是否作出承诺表示接受，由最高人民法院决定

B. 我国对于甲国上述引渡所附条件，是否作出承诺表示接受，由最高人民检察院提请最高人民法院作出决定

C. 如果我国决定接受甲国上述引渡条件，表示接受该条件的承诺由外交部向甲国作出

D. 一旦我国作出接受上述条件的承诺并引渡成功，我国司法机关在对李某审判和量刑时，应当受该承诺的约束

答案：ACD。《引渡法》第50条。

考点二：庇护

命题题眼

庇护，是指一国对于遭到外国追诉或迫害而前来避难的外国人，准予其入境和居留，给予保护，并拒绝将其引渡给另一国的行为。

庇护是国家基于领土主权而引申出的权利。决定给予哪些人庇护是国家的权利。国家通常没有必须给予庇护的义务。根据国际法，对从事侵略战争、种族灭绝和种族隔离、劫机、侵害外交代表等罪行以及其他被条约或习惯国际法认为是犯有国际罪行的人，不得进行庇护。

一国在外国的外交或领事机构馆舍、船舶或飞机等场所进行的庇护，称为域外庇护。域外庇护缺乏一般国际法根据。

强化模拟题

甲国人艾某在甲国打工时因不满雇主詹某，炸毁了詹某的厂房和住所，逃至乙国。艾某的行为根据甲国刑法，有可能被判处死刑。甲乙两国之间没有任何涉及刑事司法协助方面的双边或多边条约。基于以上情况，根据国际法，下列判断哪项是正确的？

A. 如甲国向乙国提出引渡请求，则乙国有义务将艾某引渡给甲国

B. 如艾某向乙国提出庇护请求，则乙国有义务对艾某进行庇护

C. 乙国可以既不对艾某进行庇护，也不将其引渡给甲国

D. 甲国可以在乙国法院对艾某提起刑事诉讼

答案：C。国家没有一般的引渡义务，因此引渡需要根据有关的引渡条约进行。所以，A 错误。

决定给予哪些人庇护是国家的权利，国家通常没有必须给予庇护的义务。所以，B 错误。

第四节　国际人权法

考点：国际人权法的体系和机制

命题题眼

1. 生存权和发展权是最基本人权，人权主要通过国内法实现和体现，人权条约主体是国家，个人是人权条约的权利主体。

2. 国际人权条约体系

1966 年联合国两个人权公约（《经济社会文化权利国际公约》《公民权利和政治权利国际公约》）。

3. 国际保护人权机制

根据《联合国宪章》成立的人权机构：人权理事会（2006 年 3 月 15 日成立）是联合国大会的附属机构，直接向会员国负责。

（1）报告及审查制度：通过联合国秘书长向有关机构提交报告，相关机构对报告审议并提出一般性建议或评论。

（2）缔约国指控处理和和解制度：声明接受任择条款、确认用尽当地救济、提供斡旋、指派专门委员会进行和解。

（3）个人申诉制度：《公民权利和政治权利国际公约任意议定书》。

（4）联合国"1503"程序（1970 年联合国经社理事会 1503 号决议所规定的程序，"有关侵犯人权及基本自由的来文的处理程序"，无条约依据）。

第五章　外交关系法与领事关系法

第一节　外交关系法

考点：使馆及其特权与豁免

命题题眼

1. 使馆的构成及职务

使馆由使馆馆长、外交人员、行政技术人员及服务人员等组成。使馆馆长分为大使、公使、代办三级。根据馆长的级别不同，使馆相应地分别称为大使馆、公使馆和代办处。馆长外的其他使馆人员包括外交人员、行政技术人员和服务人员。

（1）外交人员

除馆长外，使馆的一般外交人员，是指具有外交职衔的使馆人员，包括参赞、武官、外交秘书和随员。

（2）行政技术人员和服务人员

行政技术人员包括译员、工程师、行政主管、会计等；服务人员包括司机、清洁工、修理工等。

（3）使馆人员的派遣

派遣国派遣使馆馆长和武官，或委派接受国国籍的人或第三国国籍的人为使馆外交人员之前，应先征得接受国同意后再正式派遣。使馆的其他人员，派遣国可直接委派，一般无须事先征求接受国同意。

接受国可以拒绝接受其所不同意的任何派遣国使馆人员，并无须向派遣国说明理由。对于派遣国的使馆馆长及外交人员，接受国可以随时不加解释地宣布其为"不受欢迎的人"。对于使馆的其他人员，接受国可以宣布其为"不能接受"。

（4）使馆的职务

使馆的职务主要有以下五项：代表，保护，谈判，交涉、调查和报告、促进。

2. 使馆的特权与豁免

使馆的特权与豁免包括：

（1）使馆馆舍不得侵犯：

①接受国人员非经使馆馆长许可，不得进入使馆馆舍，即使是送达司法文书或遇火灾以及流行病发生，也无例外；

②接受国对使馆馆舍负有特殊的保护责任，应采取一切适当步骤保护使馆馆舍免受侵入或损害，并防止一切扰乱使馆尊严和安宁的事情；

③使馆馆舍及设备，以及馆舍内其他财产与使馆交通工具免受搜查、征用、扣押或强制执行。

（2）使馆财产及档案不得侵犯。

（3）通讯自由。

（4）使馆免纳捐税。

（5）使馆人员有行动和旅行自由。

（6）使用派遣国的国家标志。

3. 外交人员的特权与豁免

外交人员的特权与豁免包括：

（1）人身不可侵犯。

（2）寓所、财产和文书信件不可侵犯。

（3）管辖豁免包括刑事管辖豁免、民事和行政管辖豁免，但民事和行政管辖豁免有一些例外情况：

①外交人员在接受国境内私有不动产物权的诉讼，但其代表派遣国为使馆用途置有的不动产不在此列；

②外交人员以私人身份并不代表派遣国而作为遗嘱执行人、遗产管理人、继承人或受赠人之继承事项的诉讼；

③外交人员在接受国内在公务范围以外所从事的专业或商务活动的诉讼；

④外交人员主动起诉而引起的与该诉讼直接有关的反诉。

(4)某些方面免税和行李免受查验。

(5)外交人员在接受国无出庭作证和提供证词的义务。

(6)其他特权与豁免。

4. 使馆其他人员的特权与豁免

(1)《维也纳外交关系公约》规定，外交代表与其构成同一户口之家属，如系非接受国国民，亦享有与外交人员相同的特权与豁免。我国《外交特权与豁免条例》第20条规定，外交特权适用于外交人员的配偶及其未成年之子女。

(2)使馆的行政技术人员及与其构成同一户口的家属，如非接受国国民且不在该国永久居留者，也享有外交人员享有的一般的特权与豁免，但其执行职务范围以外的行为不享有民事和行政管辖的豁免，除其最初到任时所输入的物品外不能免纳关税及其他课征，其行李不免除海关查验。

(3)使馆的服务人员如非接受国国民且不在该国永久居留者，一般仅就其执行公务行为享有豁免，其受雇所得报酬免纳捐税，免于适用接受国所施行的社会保险办法。

5. 使馆及享有外交特权与豁免人员的义务

使馆及享有外交特权与豁免人员的义务主要包括：

(1)尊重接受国的法律规章；

(2)不得干涉接受国的内政；

(3)使馆馆舍不得用于与使馆职务不相符合的其他用途；

(4)使馆与接受国洽谈公务，应经与接受国外交部或另经商定的其他部门按照相关程序办理；

(5)外交代表不应在接受国内为私人利益从事任何专业或商业活动。

历年试题

2018年试卷一考生回忆版：甲乙两国因政治问题交恶，甲国将其驻乙国的大使馆降级为代办处。后乙国出现大规模骚乱，某乙国公民试图翻越围墙进入甲国驻乙国代办处，被甲国随员汤姆开枪打死。根据该案情以下说法正确的是：

A. 因甲国主动将驻乙国使馆降级为代办处，根据相关公约的规定，代办处不再受到外交法的保护

B. 随员汤姆的行为是为了保护代办处的安全，因此不负任何刑事责任

C. 乙国可以因随员汤姆的开枪行为对其采取刑事强制措施

D. 如果甲国明示放弃汤姆的外交豁免权，则乙国可以对汤姆采取刑事强制措施

答案：D。使馆馆长是使馆的最高首长，是一国派驻另一国的使节。根据《维也纳外交关系公约》，使馆馆长分为大使、公使、代办三级。以馆长的级别不同，使馆相应地分别称为大使馆、公使馆和代办处。很明显，代办处仍然为使馆，受外交法保护，享有特权和豁免。A项错误。除馆长外，使馆的一般外交人员，是指具有外交职衔的使馆人员，包括参赞、武官、外交秘书和随员。随员是最低一级的外交人员。外交人员享有完全的对接受国刑事管辖的豁免，即接受国的司法机关不得对其进行刑事审判和处罚。故C项错误。但外交人员的豁免权并不表明其不负任何刑事责任，只不过是接受国对之不能进行刑事审判和处罚。一般来讲，派遣国为之不法行为要承担国家责任，且有可能追究其个人刑事责任，因此，B项错误。外交人员的特权和豁免可以由派遣国放弃，必须是明示放弃。一旦派遣国放弃外交人员的特权和豁免，则外交人员不再享有相应权利。因此，D项正确。

2020年试卷一考生回忆版：甲乙两国为《维也纳外交关系公约》及《维也纳领事关系公约》的缔约国，依该两公约，下列哪一选项正确：

A. 乙国驻甲国总领事馆办公楼发生重大火灾，甲国消防部门在总领事馆反对的情况下，紧急进入办公楼灭火

B. 乙国驻甲国大使馆可对被甲国通缉的丙国人予以庇护

C. 甲国反恐部门掌握乙国驻甲国领事馆的邮袋藏有危险炸药的确凿证据，如乙国拒绝则甲国不能强行拆开

D. 乙国宣布甲国外交人员为不受欢迎的人时，必须说明理由

答案：C。《维也纳领事关系公约》第31条第2款规定："接受国官吏非经领馆馆长或其指定人员或派遣国使馆馆长同意，不得进入领馆馆舍中专供领馆工作之用之部分。惟遇火灾或其他灾害须迅速采取保护行动时，得推定领馆馆长已表示同意。"本题中，虽然领事馆发生火灾，但领事馆已明确反对甲国进入，推定馆长同意的理由不能成立，A项说法错误。

《维也纳外交关系公约》第41条第3款规定："使馆馆舍不得充作与本公约或一般国际法之其他规则、

或派遣国与接受国间有效之特别协定所规定之使馆职务不相符合之用途。”对被甲国通缉的丙国人予以庇护不属于使馆职务范围,B 项说法错误。

《维也纳领事关系公约》第 35 条第 3 款规定:“领馆邮袋不得予以开拆或扣留。但如接受国主管当局有重大理由认为邮袋装有不在本条第四项所称公文文件及用品之列之物品时,得请派遣国授权代表一人在该当局前将邮袋开拆。如派遣国当局拒绝此项请求,邮袋应予退回至原发送地点。”对于领事馆的邮袋,如乙国拒绝则甲国不能强行拆开,C 项说法正确。

《维也纳外交关系公约》对于派遣国的使馆馆长及外交人员,接受国可以随时不加解释地宣布其为“不受欢迎的人”,对于使馆的其他人员,接受国可以宣布其为“不能接受”,且无须说明理由。D 项说法错误。

2021 年试卷一考生回忆版:根据《维也纳外交关系公约》,下列哪些做法符合国际法?

A. 外交邮袋可以托交预定在准许入境地点降落之商营飞机机长转递

B. 甲乙两国宣战后,甲国扣押乙国驻甲国使馆档案财产

C. 即使甲国驻乙国大使馆长期撤离后,乙国也不得派人进入大使馆馆舍

D. 甲国驻乙国大使馆有权庇护被乙国通缉的人

答案:AC。

2023 年试卷一考生回忆版:布鲁斯是甲国在乙国大使馆的一名武官,根据《维也纳外交关系公约》,下列有关说法中正确的是?

A. 布鲁斯不得以维护甲国利益为由而在乙国参与反政府的游行

B. 布鲁斯如果在周末时间利用自己的特长在乙国从事专业技术活动,则属于违反其义务的行为

C. 布鲁斯如果在乙国的国内法院的民事诉讼中成为被告,则可以书面放弃管辖豁免

D. 如果布鲁斯在乙国涉及一起刑事案件,则乙国有权追究其刑事责任

答案:AB。在接受国参加反政府的游行活动属于干涉内政的行为,故 A 选项正确。

外交代表不应在接受国内为私人利益从事任何专业或商业活动,故 B 选项正确。

外交官个人无权放弃其特权与豁免,故 C 选项错误。

外交代表对接受国之刑事管辖享有豁免。故 D 选项错误。

强化模拟题

1. 安某和皮某分别是甲国驻乙国使馆的三等秘书和随员。安某多次参加乙国群众举行的反政府集会和游行;皮某则是大量订阅乙国反对党公开出版的刊物并将有关内容向甲国报告。根据国际法的有关规则,下列判断哪项是正确的?

A. 安某的行为违背了外交人员对驻在国的有关义务规定

B. 皮某的行为违背了外交人员对驻在国的有关义务规定

C. 一旦安某或皮某的行为被确定为违背了相关的义务,其外交特权与豁免即应被剥夺

D. 一旦外交人员的行为被确定为违背了相关的义务,驻在国可以宣布其为“不受欢迎的人”,要求其在限定时间内离境

答案:AD。外交人员包括使馆馆长、参赞、武官、外交秘书和随员。使馆的职务之一就是以一切合法手段调查接受国的各种情况,并及时向派遣国作出报告,但是使馆的工作人员不得干涉接受国的内政。因此,选项 A 正确,选项 B 错误。

外交人员的特权和豁免的放弃只能由派遣国以明示的方式作出,因此,选项 C 错误。

对于外交人员,一旦其行为被确定为违背了相关的义务,驻在国可以宣布其为“不受欢迎的人”,要求其在限定时间内离境,对于行政技术人员或者其他人员,接受国可以宣布为“不能接受”。故选项 D 正确。

2. 甲乙两国都是维也纳外交关系公约的缔约国。赵某为甲国派驻乙国的商务参赞。在乙国任职期间,赵某遇到的下列哪些争议可以由乙国法院管辖?

A. 赵某以使馆的名义,向乙国某公司购买一栋房屋,因欠款而被售房公司起诉

B. 赵某在乙国的叔叔去世,其遗嘱言明将一栋位于乙国的楼房由赵某继承,但其叔叔之子对此有异议,而诉诸法院

C. 赵某工作之余,为乙国一学生教授外语并收取酬金,但其未能如约按时辅导该学生,该学生诉诸法院,要求其承担违约责任

D. 赵某与使馆的另一位参赞李某,因国内债务问题发生纠纷,李某试图将此纠纷诉诸乙国法院解决

答案:BC。

第二节　领事关系法

考点:领事特权与豁免

命题题眼

1. 领事馆的构成及职务

国家之间领事关系的建立以其双边协议确定。除另有声明外,两国间同意建立外交关系亦即同意建立领事关系。但断绝外交关系并不当然断绝领事关系。

领事馆人员包括领事官员、领事雇员及服务人员。领事官员是指被委任此职务承办领事事务的人员,包括领馆馆长在内。领馆馆长分为总领事、领事、副领事、领事代理人四个等级,领事馆相应地称为总领事馆、领事馆、副领事馆和领事代理处。

领事职务主要包括保护派遣国及其国民个人与法人的利益,增进友好关系,调查并报告、处理护照及签证等。

2. 领事馆的特权与豁免

(1)领事馆馆舍不受侵犯

①接受国人员非经领事馆馆长或其指定人员或派遣国使馆馆长同意,不得进入领事馆馆舍中专供领馆工作之用的部分。但遇火灾或其他灾害须迅速采取保护行动时,可以推定馆长已同意。

②接受国负有特殊责任,采取一切适当步骤保护领事馆馆舍免受侵入或损害,并防止任何扰乱领事馆安宁或有损领事馆尊严的情事。

③领事馆馆舍、馆舍设备以及领事馆的财产与交通工具一般应免受任何方式的征用。如接受国确有征用的必要时,应采取一切可能步骤以免妨碍领事馆执行职务,并应向派遣国作出迅速、充分及有效的补偿。

(2)领事馆档案及文件不得侵犯

(3)通讯自由

(4)行动自由

(5)免纳关税和捐税

(6)与派遣国国民通讯及联络的权利

(7)领事馆还有使用派遣国的国旗、国徽等国家标志的特权

3. 领事官员的特权与豁免

(1)人身不得侵犯

接受国对领事官员不得予以逮捕候审或羁押候审,不得监禁或以其他方式拘束领事官员的人身自由,但犯有严重罪行或司法机关已裁判执行的除外。

(2)管辖豁免

领事官员执行职务行为,不受接受国的司法和行政管辖。但有两种例外:

①因领事官员并未明示或默示以派遣国代表身份订立契约所发生的诉讼;

②第三者因车辆船舶或航空器在接受国内所造成的意外事故而要求损害赔偿的诉讼。

(3)某些方面的免税和行李免受查验

(4)作证义务问题

领事官员对其执行职务所涉及的事项没有作证或提供有关公文或文件的义务,除此之外领事官员不得拒绝作证。但如果领事拒绝作证,也不得对他施以强制或处罚。

4. 领事馆和享有特权与豁免的人员对接受国的义务

(1)尊重接受国的法律规章;

(2)不得干涉接受国的内政;

(3)不得将领馆馆舍充作任何与执行领事职务不相符合的用途;

(4)职业领事不应在接受国内为私人利益从事任何专业或商业活动。

历年试题

2015 年试卷一第 34 题:甲国与乙国基于传统友好关系,兼顾公平与效率原则,同意任命德高望重并富有外交经验的丙国公民布朗作为甲乙两国的领事官员派遣至丁国。根据《维也纳领事关系公约》,下列哪一选项是正确的?

A. 布朗既非甲国公民也非乙国公民,此做法违反《公约》

B.《公约》没有限制,此做法无须征得丁国同意

C. 如丁国明示同意,此做法是被《公约》允许的

D. 如丙国与丁国均明示同意,此做法才被《公约》允许

答案:C。

强化模拟题

1. 约翰为甲国驻乙国领事馆的官员,汤姆为丙国驻乙国使馆的二等秘书。约翰周末出游,在乙国首都开车时因违反交通规则重撞一行人,因紧张对伤者未实施救助即逃逸,导致伤者死亡。汤姆目击了该事件。甲、乙、丙三国均为《维也纳外交关系公约》和《维也纳领事关系公约》的缔约国,且三国之间没有其他双边的涉及外交和领事特权与豁免方面的协定。依国际法规则,下列表述不正确的是(　　)。

A. 只有约翰表示放弃其管辖豁免,乙国才可对其进行刑事诉讼

B. 只要汤姆本人表示愿意即可出庭作证,而无论丙国驻乙国使馆是否同意

C. 乙国不可以对约翰提起刑事诉讼,因为其享有外交豁免权

D. 乙国可以对约翰提起刑事诉讼,因为领事官员只有执行职务的行为才不受接受国的司法管辖

答案:ABC。

2. 甲国驻乙国丙市的领事馆发生了火灾,该市的消防部门未经领事馆的许可,进入领事馆之内进行灭火工作,事后,甲国政府对乙国丙市的行为进行抗议。一日,甲国的一位公民在乙国因为一项刑事纠纷卷入诉讼,该公民要求见丙市的领事,被乙国拒绝。事后,

甲国政府又对乙国的行为进行了抗议，并且关闭了驻丙市的领事馆。下列说法正确的是：

A. 乙国丙市的消防部门不可以不经过同意就直接进入领事馆，这是侵犯了领事馆的权利，甲国的抗议是正确的

B. 乙国丙市的消防部门在发生火灾的时候可以推定领事馆长同意其进入领事馆，因而其行为并无不当，甲国的抗议是不正确的

C. 甲国关闭了领事馆，同时也就代表着双方外交关系的中断

D. 甲国的公民有权要求其本国的领事对其进行协助

答案：BD。如果外国领事馆发生了火灾等严重威胁公共安全的紧急情况，接受国可以推定得到了同意而进入领事馆；关闭领事馆并不意味着断交，领事馆的职务之一就是协助和保护本国驻接受国国民，故 B、D 项正确。

第六章　条　约　法

第一节　概　　述

考点：条约的形式、名称和条约成立的实质要件

命题题眼

1. 条约，是指国际法主体间所缔结而以国际法为准的国际书面协定，无论其载于一项单独文书或两项以上相互有关之文书内，亦无论其特定名称为何。

2. 条约的形式主要是书面的，但口头条约如能证明其存在，亦有效力。

国际实践中，常用条约的名称包括公约、盟约、条约、宪章、专约、协约、议定书、最后文件、宣言、联合声明、换文、备忘录等。各种名称的条约在国际法的法律性质上并无不同。

3. 条约成立的实质要件

条约的成立除必须具备条约文本以及对条约的签署或批准等形式条件外，一项书面条约有效还须具备三项实质性条件：

（1）具有缔约能力和缔约权

国家和其他国际法主体拥有合法缔结条约的能力，缔约权，是指拥有缔约能力的主体，根据其内部的规则赋予某个机关或个人对外缔结条约的权限。

《条约法公约》规定，一国不能以本国机关违反国内法关于缔约权限的规定而主张其所缔结的条约无效，除非这种违反国内法关于缔约权限规定的行为非常明显，涉及根本重要的国内法规则。对于被授权缔约的代表超越对其权限的特殊限制所缔结的条约，除非事先已将对这位谈判代表的权限的特殊限制通知其他谈判国，其本国不得主张所缔结的条约无效。

（2）自由同意

缔约国自由地表示同意构成条约有效的基本条件之一。根据《条约法公约》，在以下情况下所表示的同意都不能被认为是自由同意：错误、诈欺、贿赂、强迫（以强迫而缔结的条约自始无效）。

（3）符合国际法强行规则

强行法是为了整个国际社会的利益而存在的，是国际社会全体公认为不能违背，并且以后只能以同等性质的规则才能变更的规则，它不能以个别国家间的条约排除适用。

《条约法公约》规定，条约必须符合国际法强行规则。首先，条约在缔结时与一般国际法强行规则相抵触者无效。其次，条约缔结后如遇新的强行规则产生时，与该规则相抵触者失效并终止。前者是自始无效，后者则是自与新的强行规则发生抵触时起失效。

第二节　条约的缔结

考点一：条约的缔结程序和方式

命题题眼

条约的缔结程序一般包括：

1. 约文的议定

约文的议定包括缔约方为达成条约而进行的谈判、约文起草和草案的商定。条约文本的议定一般首先要经过谈判。

条约谈判多数情况是由国家主管当局授权的全权代表进行的，全权代表进行谈判缔结条约须具备全权证书。国家元首、政府首脑和外交部长谈判缔约，或使馆馆长议定派遣国和接受国之间的条约约文，或国家向国际会议或国际组织或其机关之一派遣的代表，议定在该会议、组织或机关中的一个条约约文，由于他们所任职务，无须出具全权证书。

2. 约文的认证

（1）草签

由谈判代表将其姓氏或姓名的首字母签于条约约文下面，表示该约文不再更改。草签通常用于在约文议定后须经过一段时间才举行条约签署的情况。

（2）待核准的签署或暂签

此种签署是等待政府确认的签署，表示一种特殊的待定状态。在签署人所代表的本国确认以前，它只有认证条约约文的效力；如待核准的签署经该

国确认，即发生正式签署的效力。

(3)签署

签署，是指有权签署的人将其姓名签于条约约文之下，签署首先具有对约文认证的作用，是约文认证的一种方式。此外，根据条约本身的规定或有关各方的约定，签署在不同情况下可以有不同的法律意义：

①如经条约规定或各有关方约定，签署意味着签字国同意受条约的拘束，那么此时的签署就具有了认证和接受拘束的双重意义。

②对规定或约定需要批准的条约，仅签署该条约对于该国尚无法律拘束力，但该国签署之后不应作出有损条约目的宗旨的行动。

③若签署国嗣后明确表示不予批准，则该签署只具有认证的作用。

3. 表示同意受条约拘束

(1)签署

一国通过签署表示同意受条约的拘束，发生于下列情况：

①该条约规定签署有这种效果；

②各谈判国约定签署有这种效果；

③该国在其代表的全权证书中或在谈判过程中表示该国赋予签署这种效果。

(2)批准

批准，是指一国同意受条约的拘束，是否批准及何时批准一项条约，由各国自行决定。国家没有必须批准其所签署的条约的义务。

(3)加入

加入，是指未对条约进行签署的国家表示同意受条约的拘束，成为条约当事方的一种方式。

(4)接受和赞同

历年试题

2013年试卷一第74题：根据《维也纳条约法公约》和《中华人民共和国缔结条约程序法》，关于中国缔约程序问题，下列哪些表述是正确的？

A. 中国外交部长参加条约谈判，无需出具全权证书

B. 中国谈判代表对某条约作出待核准的签署，即表明中国表示同意受条约约束

C. 有关引渡的条约由全国人大常委会决定批准，批准书由国家主席签署

D. 接受多边条约和协定，由国务院决定，接受书由外交部长签署

答案：ACD。《缔结条约程序法》第5条、第6条第2款、第7、12条。

强化模拟题

中国拟与甲国就有关贸易条约进行谈判。根据我国相关法律规定，下列哪一选项是正确的？

A. 除另有约定，中国驻甲国大使参加该条约谈判，无须出具全权证书

B. 中国驻甲国大使必须有外交部长签署的全权证书方可参与谈判

C. 该条约在任何条件下均只能以中国和甲国两国的官方文字为准

D. 该条约在缔结后应由中国驻甲国大使向联合国秘书处登记

答案：A。根据《缔结条约程序法》第6条的规定，本题中，在中国与甲国就有关贸易条约进行谈判时，除另有约定外，中国驻甲国大使参加该条约谈判，无须出具全权证书，A选项正确，B选项错误。根据该法第13条的规定，C选项错误。该法第17条规定："中华人民共和国缔结的条约和协定由外交部按照联合国宪章的有关规定向联合国秘书处登记。"故D选项错误。

考点二：条约的保留

命题题眼

条约的保留，是指一国在签署、批准、接受、赞同或加入一个条约时所作的单方声明，无论措辞或名称如何，其目的在于排除或更改条约中某些规定对该国适用时的法律效果。保留的提出、反对、撤回或撤回对保留的反对，都必须采用书面形式。

1. 不得提出保留的情形

(1)条约规定禁止保留；

(2)保留不在条约准许的保留范围内；

(3)保留与条约的目的和宗旨不符。

2. 保留的接受和效力

《条约法公约》第20条规定：

(1)凡为条约明示准许之保留，无须其他缔约国事后予以接受，除非条约另有规定；

(2)谈判国之有限数目及条约之目的与宗旨，在全体当事国间适用全部条约为每一当事国同意承受条约拘束之必要条件时，保留须经全体当事国接受；

(3)如果条约为国际组织之组织约章，除条约另有规定时，保留须经该组织主管机关接受；

(4)凡不属于上述情形的，除条约本身另有规定外，如保留经另一缔约国接受，就该另一国而言，保留国即成为该条约当事国，但须以该条约已对这些国家生效为条件，如果保留经另一缔约国反对时，条约在反对国与保留国之间并不因此而不产生效力，但反对国明确表示相反意思不在此限，一国表示同意受条约约束而附有保留的行为，只要至少有另一

缔约国已经接受该项保留就生效。

3. 保留的法律效果

保留只涉及保留国与其他缔约国之间,并不影响其他缔约国相互之间的关系。根据《条约法公约》第21条规定,凡是依公约有关规定对另一当事国成立的保留,在保留国与该当事国之间,依保留的范围修改保留所涉及的条约规定,在其他当事国相互之间则不修改条约的规定;如果反对保留的国家并未反对条约在该国与保留国之间生效,则在该两国之间仅不适用所保留的规定。

历年试题

2020年试卷一考生回忆版:甲乙丙丁都是《维也纳条约法公约》的缔约国。甲乙丙丁四国签订协议,约定如果对协议发生争议由国际法院管辖,甲国声明对该条款的保留,乙国接受该保留,丙国反对甲国的保留,并反对该条约在两国间适用,丁国仅反对甲国的保留,则以下说法正确的是(　　)。

A. 甲国与乙国的冲突由国际法院管辖

B. 甲国与丙国的冲突由国际法院管辖

C. 乙国与丙国的冲突由国际法院管辖

D. 乙国与丁国的冲突由国际法院管辖

答案:CD。

条约的保留是一国单方面作出的,对于保留,其它的缔约国可以作出同意或反对。在保留国与接受保留国之间,按保留的范围,改变该保留所涉及的一些条约规定。本题中,甲乙丙丁四国约定如果对协议发生争议由国际法院管辖,甲国声明对该条款的保留,乙国接受该保留,甲国为保留国,乙国为接受保留国,甲乙两国间适用保留的规定,即甲国与乙国的冲突均不适用国际法院管辖。A项说法错误。

在保留国与反对保留国之间,则保留所涉及的规定,在保留的范围内,不适用于该两国之间。本题中,丙国和丁国均反对甲国的保留,因此,甲国与丙国、丁国的冲突不适用国际法院管辖。B项说法错误。

在未提出保留的国家之间,按照原来条约的规定。本题中乙国、丙国、丁国均未提出保留,仍适用四国协议约定,乙国与丙国的冲突、乙国与丁国的冲突均由国际法院管辖,C项、D项说法正确。

2021年试卷一考生回忆版:我国和甲国、乙国签订了《民商事案件司法协助条约》,其中甲国对司法协助请求文件首先通过网络提交这一条款提出了保留。我国接受该保留,乙国拒绝接受该保留。关于该条约,下列说法正确的是?

A. 该条约需要经过我国全国人民代表大会的批准方能在我国生效

B. 在甲国和我国之间适用保留后的条款

C. 在甲国和乙国之间该条约视为不存在

D. 当该条约与我国国内法出现冲突时,我国国内法的规定优先适用

答案:B。

强化模拟题

甲、乙、丙国同为一开放性多边条约缔约国,现丁国要求加入该条约。四国均为《维也纳条约法公约》缔约国。丁国对该条约中的一些条款提出保留,下列哪一判断是正确的?

A. 对于丁国提出的保留,甲、乙、丙国必须接受

B. 丁国只能在该条约尚未生效时提出保留

C. 该条约对丁国生效后,丁国仍然可以提出保留

D. 丁国的加入可以在该条约生效之前或生效之后进行

答案:D。本题考点是条约的加入与保留。A项错误,因为对于保留,其他缔约国可以接受,也可以反对。B项错误,因为保留可以在一国签署、批准、接受、赞同或者加入某一条约时提出,而签署条约时,条约可能尚未生效,加入条约时,条约可能已经生效,所以,条约生效前和生效后都可以提出保留。C项错误,由于保留只能在一国签署、批准、接受、赞同或加入条约时提出,而一国在签署、批准、接受、赞同或者加入某一条约时,条约对该国肯定尚未生效,而且,在条约对某一国生效后,该国再提出保留的行为可以视为反悔,当然是不允许的。D项正确。因为加入条约一般没有期限限制,加入可以在条约生效之前或者生效之后进行,但签署一般只能在条约规定的开放签署的期限内进行。

第三节　条约的效力

考点一:条约的生效和适用

命题题眼

1. 条约的生效指一个条约在法律上成立,各当事国受该条约的拘束。条约生效的日期和方式一般依照条约的规定,或依照各谈判国的约定。

条约生效的方式包括:

(1)条约经签署后生效;

(2)经批准通知或交换批准书后生效;

(3)交存批准书或加入书后生效;

(4)条约规定于一定的日期生效。

2. 条约的适用

(1)条约适用的时间范围

条约一般都自生效之日起开始适用。条约法规定,对在条约有效期中发生的,并在条约规定范围内的一切事实都适用。原则上,条约没有追溯力,除非条约另有规定。

(2)条约适用的空间范围

如果当事国没有相反的意思，则一般认为条约适用于各该当事国的全部领土。

3. 条约的冲突

条约的冲突指一国就同一事项先后参加的两个或几个条约的规定相互冲突。解决条约的冲突一般采取以下方法：

(1)适用条约本身关于解决条约冲突的规定，如《联合国宪章》规定，《宪章》规定的会员国的义务和会员国根据其他条约所负的义务有冲突时，《宪章》规定的义务居优先地位；

(2)先后就同一事项签订的两个条约的当事国完全相同时，无论是双边条约还是多边条约，一般适用后约优于先约的原则；

(3)如果先订条约的全体当事国也是后订条约的当事国，则先订条约只是在其规定与后订条约的规定相容的范围内适用；

(4)后订条约的当事国并不包括先订条约的全体当事国时，在同为该两条约的当事国之间，先订条约如果不终止或暂停施行，先订条约只在其规定与后订条约规定的相容的范围内适用；在同为两条约当事国与仅是其中一个条约的当事国之间，权利和义务依两国都是当事国的那个条约的规定。

历年试题

2015 年试卷一第 76 题：依据《中华人民共和国缔结条约程序法》及中国相关法律，下列哪些选项是正确的？

A. 国务院总理与外交部长参加条约谈判，无需出具全权证书

B. 由于中国已签署《联合国国家及其财产管辖豁免公约》，该公约对我国具有拘束力

C. 中国缔结或参加的国际条约与中国国内法有冲突的，均优先适用国际条约

D. 经全国人大常委会决定批准或加入的条约和重要协定，由全国人大常委会公报公布

答案：AD。

强化模拟题

就同一事项，两公约先后作出不同的规定：甲、乙、丙、丁为先公约的当事国，而甲、乙两国又为后公约的当事国。在甲、乙、丙、丁之间如何适用先后两国际公约？

A. 在甲、乙两国之间适用后公约

B. 在丙、丁两国之间适用先公约

C. 在甲、丙两国之间适用后公约

D. 在乙、丁两国之间适用先公约

答案：ABD。

考点二：条约对第三国的效力

命题题眼

条约未经第三国同意对第三国既不创设义务，亦不创设权利。如果一个条约有意为第三国创设一项义务，必须经第三国以书面形式明示接受，才能对第三国产生义务，且条约使第三国担负义务时，该项义务一般必须经条约各当事国与该第三国的同意方得取消或变更。

一个条约有意为第三国创设一项权利时，原则上仍应得到第三国的同意。但是，如果第三国没有相反的表示，应推断其同意接受这项权利，不必须以书面形式明示接受。条约使第三国享有权利时，如果经确定原意为非经该第三国同意不得取消或变更该项权利，当事国不得随意取消或变更。

第四节　条约的解释和修订

考点一：条约的解释

命题题眼

1. 条约解释的一般规则：

(1)根据通常含义和上下文解释；

(2)符合条约的目的和宗旨；

(3)善意地解释。

2. 条约解释的辅助规则：

(1)条约解释的补充资料。如果以上述一般规则解释条约，意义仍不明确或所得结果显属荒谬时，可以使用解释条约的补充资料，包括条约的准备工作及缔约的情况在内，如谈判记录、历次草案、讨论纪要等。

(2)两种以上文字的条约的解释：

①经两种以上文字认证作准的条约，除条约中规定或当事国协议当遇到意义分歧时应以某种约文为根据外，每种文字的约文应同样作准。

②作准文本以外的条约译本，不能作为作准文本，仅可以在解释条约时作为参考。

③在各种文字的作准约文中，条约的用语应被推定为有相同的意义。如有分歧，除条约明文规定了根据某种文字文本进行解释外，各方只受其本国文字文本的拘束，且不得从他方文字约文的不同解释中获取利益。

④作准文字以外的条约译文，不能作为作准文本，但在解释时可作参考。

强化模拟题

甲乙两国缔结某条约时，约定甲乙两国文字的文本同样为作准文本，并以第三种文字作为参考文本。条约生效后，两国发现三个文本的某些用语有分

歧:依乙国文字文本进行解释对甲国更加有利,而依第三种语言文本进行解释对乙国更有利。根据《维也纳条约法公约》,下列关于该条约的说法哪个是正确的?

A. 甲乙两国应接受各自语言文本的拘束

B. 甲国可以根据乙国文本进行解释适用,因为该文本对其有利且为作准文本

C. 乙国可以根据第三种语言的文本进行解释适用,因为该文本为参考文本,不必考虑甲乙两国语言文本

D. 由于三种文本用语有分歧,该条约无效

答案:A。

考点二:条约的修订与修改

命题题眼

双边条约的修订在程序上与缔结条约的程序相同,因此条约的修订主要涉及多边条约。多边条约的修订可分为两种:修正和修改。前者是指在多边条约的全体当事国之间修订条约;后者是指在多边条约的部分当事国之间修订条约。

1. 多边条约的修正

根据《条约法公约》,条约的修正应按照各自条约本身规定的程序进行。修正多边条约的提议必须通知一切缔约国。

条约修正后,凡有权成为条约当事国的国家,也应有权成为修正后的该条约的当事国。修正条约的协定对于是条约当事国而非该协定当事国的国家无拘束力。对于修正条约的协定生效后成为条约当事国的国家,如果该国没有相反的表示,应视为修正后条约的当事国;在该国与不受修正条约协定拘束的当事国之间,适用未修正的条约。

2. 多边条约的修改

条约的修改是在部分当事国之间进行的,只有在条约本身允许修改的情况下才能修改条约。允许多边条约修改的情况:

(1)条约内规定可做此种修改;

(2)有关修改非为条约所禁止,并且不影响其他当事国享有条约上的权利或履行义务,且不背离该整个条约的目的和宗旨。

考点三:条约的终止和暂停施行

命题题眼

条约的终止,是指一个有效的条约由于条约法规定原因的出现,不再继续对当事方具有拘束力。

条约的暂停施行,是指由于法定原因的出现,一个有效条约所规定的权利和义务在一定时期内暂时对于当事方不具有拘束力。

1. 条约终止和暂停施行的原因

(1)根据条约本身规定。

(2)条约当事方共同的同意。

(3)单方解约和退约,除条约明文规定允许一方退约或解约外,一般不经其他缔约国的同意,不得单方面终止或退出条约。

(4)条约履行完毕。

(5)条约因被代替而终止。

(6)条约履行不可能。

(7)条约当事方丧失国际人格。

(8)断绝外交关系或领事关系。

(9)战争发生使交战的缔约国间的政治条约、双边的商务条约终止。

(10)条约当事国一方违约时,他方可以终止该约或暂停条约的施行,但条约当事国一方的违约必须是重大的违约。

(11)情势变迁,《条约法公约》对情势变迁原则的适用规定了严格的条件限制:

①缔约时的情势必须发生了不可预见的根本性变化;

②缔约时的情势构成当事国同意受条约拘束的必要根据;

③情势变迁的效果将根本改变依条约尚待履行的义务范围;

④确定边界的条约不适用情势变迁原则;

⑤如果情势的改变是由于一个缔约国违反条约义务或其他国际义务造成的,这个国家就不能援引情势变迁终止或废除有关条约。

2. 条约终止和暂停施行的程序及后果

如果条约中含有关于条约终止或暂停施行后果的规定,则按照条约本身的规定执行。在条约并无规定且条约当事国也没有约定条约终止或暂停施行的后果的情况下,一般根据以下规则进行:

(1)解除各当事国继续履行条约的义务;

(2)不影响各当事国在该条约的终止前由于实施该条约所产生的任何权利、义务或法律情况;

(3)在暂停施行期间,各当事国应避免足以阻挠条约恢复施行的行为。

强化模拟题

条约的终止,是指一个有效的条约由于条约法规定原因的出现,不再继续对当事方具有拘束力。下列有关条约终止的说法,正确的是:

A. 条约缔结后,如果实施条约所必不可少的标的物永远消失或毁坏,以致不可能履行条约时,当事国可

以此为理由终止或退出条约

B. 如果条约没有作出明确的规定,条约的当事方可以随时以退出条约的方式,立即废止该条约对其的拘束力

C. 条约的当事一方违背其条约义务必然导致条约效力的无条件终止

D. 情势变迁是条约必守的一个特殊例外,只要缔约时的情势发生了不可预见的根本性变化,缔约国就可以终止或退出该条约

答案:A。除条约明文规定允许一方退约和解约外,一般不经其他缔约国的同意,不得单方面终止或退出条约。所以,B 项错误。

条约当事国一方违约时,他方可以终止该约或暂停条约的施行,这是作为对对方不法行为的一种对抗,应满足必要和成比例原则。但条约当事国一方的违约必须是重大的违约,一方并不严重的违约不能导致另一方的废约。所以,C 项错误。

情势变迁,是指条约缔结后,出现了在缔结条约时不能预见的根本性变化的情况,则缔约国可以终止或退出该条约,它是条约必守原则的一个特殊例外。所以《维也纳条约法公约》对该原则的适用规定了严格的限制,如边界的条约就不适用情势变迁原则。所以,D 项错误。

第七章　国际争端的和平解决

第一节　国际争端与解决方法

考点一:解决国际争端的传统强制方法

命题题眼

解决国际争端的传统强制方法包括战争与非战争的武装行为、平时封锁、干涉、反报和报复等。

1. 战争与非战争的武装行为

和平解决国际争端是现代国际法确立的基本原则,武力只能在符合《联合国宪章》的条件下才能使用,故当前使用战争或武力解决争端是非法的。

2. 平时封锁

平时封锁,是指和平时期一国的海军对另一国的海岸进行封锁,禁止有关船只的出入。除由安理会决定采用为维持国际和平与安全所必要的措施外,平时封锁因违反和平解决国际争端原则而属非法。

3. 干涉

此处干涉,是指第三方介入其他国家间的争端,并强迫按照干涉国的方式解决争端。因其性质上属于干涉他国内政,也属非法。

4. 反报和报复

反报,是指一国对某国不礼貌、不友好或不公正的但不违反国际法的行为,采取同样或类似的但不违反国际法的行为予以回应。反报的目的是迫使对方改变其不礼貌、不友好或不公正的行为,只要对方改变了这些行为,反报即应停止。

报复,是指一国对另一国的国际不法行为采取相应的强制措施,如停止执行某些条约、实行贸易禁运、冻结对方财产。报复所针对的是一种国际不法行为。

传统国际法对报复的手段没有加以限制。现代国际法虽然没有禁止报复,但报复的手段必须是国际法所许可的,而且,报复应符合必要性原则和相称性原则,即采取报复措施确有必要,而且报复所引起的后果与被报复行为所引起的后果应该是基本相称的。报复的目的是迫使对方停止其不法行为,一旦对方停止了该不法行为,报复即应停止。

强化模拟题

甲国因故宣布乙国驻甲国使馆的一名外交人员为“不受欢迎的人”后,乙国也宣布了甲国驻乙国使馆中的一名外交人员为“不受欢迎的人”。假设甲、乙两个国家都是 1961 年《维也纳外交关系公约》的成员,对此,下列表述哪些是不正确的?

A. 乙国的做法属于国际法上的反报

B. 乙国的做法属于国际法上的报复

C. 甲乙两国的做法都违反了其所承担的国际义务,应对此承担国际责任

D. 甲国的做法违反了其所承担的国际义务,应承担国际责任;乙国的做法属于国际法上的不法行为的对抗措施,可以不因此承担国际责任

答案:BCD。接受国有权随时宣布某一使馆的外交人员为“不受欢迎的人”,故此种行为尽管可以视为不礼貌,但不属于不法行为,本题中,乙国采取类似的措施,属于反报行为,不涉及违反义务和承担责任,故答案为 BCD。

考点二:政治方法和国际组织方式

命题题眼

和平解决国际争端的政治方法一般均不具有法律拘束力,实践中通常包括:

(1)谈判与协商

谈判与协商一般是两个或两个以上国家为有关问题获致谅解或求得解决而进行国际交涉的一种方式,也是解决国际争端最正常和最主要的方法。

(2)斡旋与调停

斡旋,是指在争端当事国之间存在国际争端的

情况下，争端当事方以外的第三方进行干预，促使当事国开始或重新开始谈判以解决争端，但自己不参与谈判的方法。调停则是指在争端当事国之间存在国际争端的情况下，争端当事方以外的第三方不仅促使当事国开始或重新开始谈判，而且直接介入谈判并提出解决争端建议的方法。

斡旋和调停既可以由第三方出于善意主动进行，也可以基于争端当事国一方或各方邀请而进行。斡旋或调停者可以是国家、组织或个人，斡旋或调停者提出的建议对当事国均无法律拘束力，斡旋或调停者对于斡旋或调停的成败也不承担任何法律义务或后果，也不能视作不友好行为。

（3）调查与和解

调查，是指在争端当事国因事实不清或对事实存在争议的情况下，当事方通过协议成立国际调查委员会，由调查委员会负责查明事实，向各当事国提交调查结果报告，但调查结果报告只限于陈述已查明的事实，对争端当事国也没有法律拘束力。

和解是比调查进一步的解决方法。和解是在争端当事国因事实不清或对事实存在争议的情况下，当事方通过协议成立国际和解委员会，和解委员会不仅负责查明事实，还负责基于所查明的事实提出解决争端的建议。该建议可包含实质内容，但只具有道义上的拘束力而没有法律拘束力。

强化模拟题

甲、乙两国因某些领土的归属问题，常年交战，积怨甚深。丙国出面使甲、乙两国重开谈判，并为领土的归属问题提出解决方案。但甲国表示反对，丙国在说服未果的情况下，派军舰在甲国近海进行军事示威，以迫使甲国接受其方案。根据国际法，下列表述正确的是（　　）。

A. 丙国使甲、乙两国重开谈判，并提出解决问题的方案属于调停

B. 丙国使甲、乙两国重开谈判，并提出解决问题的方案属于斡旋

C. 丙国的军事示威行为是现代国际法承认的解决争端的方式

D. 丙国的军事示威行为已构成干涉

答案：AD。

第二节　国际争端的法律解决方法

考点：国际争端的法律解决方法

命题题眼

1. 国际仲裁

国际仲裁的一般规则：

（1）当事方之间在争端交付仲裁及相关事项上达成的仲裁协议，是进行国际仲裁的基础和法律依据。

（2）原则上由当事国约定仲裁庭的组成，一般由奇数个仲裁员构成，最少 1 人，通常是 3 人至 5 人。

（3）当事方应就仲裁的事项和范围作出规定，并约定仲裁适用的法律。在国家间的争端仲裁中，如果没有对适用法律作特别约定，则应适用《国际法院规约》规定的国际法。

（4）交付仲裁的当事国应就仲裁适用的程序作出约定。如果没有特别约定程序，或约定仲裁庭对于程序有特定要求，则一般由该仲裁庭确定仲裁程序。

（5）仲裁裁决对于当事国具有法律拘束力，并为终局性决定。

2. 国际法院

国际法院由 15 名法官组成。15 人中不得有 2 人为同一国家的国民。法官在联合国大会和安理会中分别独立进行选举，只有在这 2 个机关同时都获得绝对多数票方可当选。安理会常任理事国对法官选举没有否决权。法官任期 9 年，可以连选连任。国际法院的法官是专职的，法官对涉及本国的案件，不适用回避制度，除非其就任法官前曾参与过该案件。在法院受理的案件中，如一方当事国有本国国籍的法官，则他方当事国也有权选派 1 人作为法官，参与该案的审理；如双方当事国都没有本国国籍的法官，则双方都可选派法官 1 人参与该案的审理，这种临时选派的法官称为“专案法官”或“特别法官”，他们在参与该案件的审理过程中同其他法官具有完全平等的地位。

（1）国际法院的诉讼管辖权

①国际法院的诉讼当事方仅限于国家。有权利用国际法院的国家是指联合国会员国；《国际法院规约》当事国；前两类以外的、符合一定条件的任何其他国家。

②国际法院有权管辖的事项是诉讼当事方自愿接受管辖的争端，这类争端可分为三种：自愿管辖、协议管辖和任择性强制管辖。任择性强制管辖适用于规约规定的法律争端。

（2）国际法院的咨询管辖权

联合国大会及大会临时委员会、安理会、经社理事会、托管理事会、要求复核行政法庭所作判决的申请委员会以及经大会授权的联合国专门机构或其他机构，可以就执行其职务中的任何法律问题请求国际法院发表咨询意见。法院作出的咨询意见虽然没有法律拘束力，但具有重要的影响。

(3)国际法院的诉讼程序

国际法院的诉讼程序包括起诉、书面程序、口头程序和附带程序。附带程序也称特别程序，由法院在特定情况下采用，包括初步反对主张、临时保全、参加或共同诉讼、中止诉讼等。

(4)国际法院的判决

国际法院的判决是终局性的。判决一经作出，即对本案及本案当事国产生拘束力，当事国必须履行。如有一方拒不履行判决，他方得向安理会提出申诉，安理会可以作出有关建议或决定采取措施执行判决。

3. 国际海洋法法庭

国际海洋法法庭根据《联合国海洋法公约》设立，法庭由21名法官组成。关于法庭的对人管辖范围，根据公约规定，海洋法法庭的诉讼当事人有以下几类：(1)公约所有缔约国；(2)管理局和作为勘探和开发海底矿物资源合同人的自然人或法人；(3)规定将管辖权授予海洋法法庭的任何其他协定的当事者。

历年试题

2018年试卷一考生回忆版：甲乙两国都是联合国会员国，现因领土争端，甲国欲向国际法院提起诉讼，关于该问题以下说法正确的是：

A. 如国际法院受理该案件，发现主审法官中有甲国公民，则乙国可以申请该法官回避

B. 如审理案件中甲国发现法官中有乙国法官，则可以申请增加本国国籍的法官为专案法官

C. 如法院判乙国败诉又不执行该判决，则甲国可以申请国际法院强制执行该判决

D. 如果国际法院作出判决，则该判决可以成为国际法渊源，对所有联合国成员国都有约束力

答案：B。国际法院法官对于涉及其国籍国的案件，不适用回避制度，除非其就任法官前曾参与该案件。因此，A项说法错误。在法院受理案件中，如果双方当事国一国有本国籍的法官，没有的另一方当事国可以选派一人作为专案法官参加案件的审理。双方都没有，都可以选派一名专案法官参与案件的审理。因为其只担任该一案件的审理，故名曰“专案法官”。专案法官与正式法官具有完全平等的权利。故B项说法正确。如有一方拒不履行国际法院判决，他方得向安理会提出申诉，安理会可以作出有关建议或决定采取措施执行判决，而不是申请国际法院强制执行该判决。故C项错误。国际法院的判决是终局性的。判决一经作出，即对本案及本案当事国产生拘束力，当事国必须履行。但其并非国际法渊源，效力不具普遍性，只是确定国际法原则的辅助资料，或者叫做国际法的辅助渊源。D项错误。

2022年试卷一考生回忆版：约翰为甲国国际法学者，拟参选联合国国际法院法官，常任理事国乙国坚决反对，下列关于联合国国际法官的说法正确的是？

A. 约翰若当选国际法官，对涉及甲国的案件不需要申请回避

B. 国际法官在大会和安理会投票表决均超过2/3才可当选

C. 若乙国投出否决票，则约翰不能当选国际法院法官

D. 甲国驻联合国代表团可提名约翰为国际法院法官

答案：A。《国际法院规约》第31条第1款规定：“属于诉讼当事国国籍之法官，于法院受理该诉讼案件时，保有其参与之权。”故A选项正确。

国际法院的法官之选举，在安理会属于非程序事项（安理会成员国9票同意即可通过，乙国作为常任理事国并无一票否决权），在联合国大会属于一般问题（出席并参与投票的会员国过半数同意即可通过）而非重要问题，B选项和C选项均错误。

《国际法院规约》第4条规定：“一、法院法官应由大会及安全理事会依下列规定就常设公断法院（即常设国际仲裁法院——编者注）各国团体所提出之名单内选举之。二、在常设公断法院并无代表之联合国会员国，其候选人名单应由各该国政府专为此事而委派之团体提出；此项各国团体之委派，准用一九〇七年海牙和平解决国际纷争条约第四十四条规定委派常设公断法院公断员之条件。三、凡非联合国会员国而已接受法院规约之国家，其参加选举法院法官时，参加条件，如无特别协定应由大会经安全理事会之提议规定之。”因此，D选项错误。

强化模拟题

1. 根据国际法相关规则，关于国际争端解决方式，下列哪些表述是正确的？

A. 甲乙两国就界河使用发生纠纷，丙国为支持甲国可出面进行武装干涉

B. 甲乙两国发生边界争端，丙国总统可出面进行调停

C. 甲乙两国可书面协议将两国的专属经济区争端提交联合国国际法院，国际法院对此争端拥有管辖权

D. 国际法院可就国际争端解决提出咨询意见，该意见具有法律拘束力

答案：BC。C选项涉及国际法院的对事管辖权，国际法院的对事管辖是指什么事项能够成为国际法院的管辖对象。依其中的自愿管辖，对于任何争端，当事国都可以在争端发生后，达成协议，将争端提交国际法院。法院根据当事国各方的同意进行管辖。C选项称“甲乙两国可书面协议将两国的专属经济区争端提交

联合国国际法院，国际法院对此争端拥有管辖权”是正确的。

2. 关于国际法院和国际海洋法法庭的对比分析，不正确的说法是(　　)。

A. 可以作为国际法院所管辖案件的当事人的是联合国会员国；非联合国会员国是《国际法院规约》的当事国；非前两者但根据安理会决定的条件，预先向国际法院书记处交存一份声明表示愿意接受管辖、保证执行法院判决和履行相关义务的国家

B. 国际组织、法人或个人都不能成为国际法院的诉讼当事方，但国际海洋法法庭除了缔约国之外，国际海底管理局和作为勘探合同人的自然人或法人都可以作为当事方

C. 勘探合同的自然人或法人参加国际海洋法法庭，在“用尽当地救济”的情况下，可以不邀请其国籍国参加该法庭的司法程序

D. 关于中、日之间的钓鱼岛归属争议，若双方拟通过国际司法途径解决争端，则双方可以选择国际法院的管辖，也可以选择国际海洋法法庭的管辖

答案：C。A 项是国际法院对人管辖的正确表述。

B 项也正确指出了国际法院与国际海洋法法庭对人管辖的区别。

勘探合同的自然人或法人参加国际海洋法法庭，在“用尽当地救济”的情况下，还应邀请其国籍国参加该法庭的司法程序，故 C 项错误。

中、日均为《联合国宪章》和《海洋法公约》的缔约国，可以选择国际法院或海洋法法庭解决海洋权益方面的争议，故 D 项正确。

3. 甲乙两国协议将其边界领土争端提交联合国国际法院。国际法院作出判决后，甲国拒不履行判决确定的义务。根据《国际法院规约》，关于乙国，下列哪一说法是正确的？

A. 可申请国际法院指令甲国国内法院强制执行

B. 可申请由国际法院强制执行

C. 可向联合国安理会提出申诉，请求由安理会作出建议或决定采取措施执行判决

D. 可向联大法律委员会提出申诉，由法律委员会决定采取行动执行判决

答案：C。依《国际法院规约》，国际法院的判决是终局性的。判决一经作出，即对本案及本案当事国产生拘束力，当事国必须履行。但国际法院本身没有强制执行的权利，根据《联合国宪章》及《国际法院规约》的有关规定，如有一方拒不履行判决，他方得向安理会提出申诉，安理会可以作出有关建议或决定采取措施执行判决。所以 ABD 都是错误的，正确答案是 C。

第八章　战争与武装冲突法

第一节　概　　述

考点一：战争与武装冲突法

命题题眼

1. 战争是国家之间的武装冲突所造成的法律状态。战争一般以存在武装冲突的事实为突出的表现，但并非所有的武装冲突都是战争，也不能认为战争必然以存在武装冲突为前提。随着战争法的发展，战争法中的重要原则和规则也扩大适用于国际性和非国际性的武装冲突。

2. 在确定是否存在国际法上的战争状态时，交战各方是否存在“交战意思”是决定性的因素。交战意思是指敌对双方或一方认定已经或将要发生的敌对或冲突为战争状态。

3. 战争法可分为两大类：一类是战争的开始和结束以及中立规则；另一类是关于作战中的规则，如武器和作战方法的采用、保护平民、交战者和战争受难者的规则。

国际法中关于作战的规则，通常分为两类：一类是以 1907 年的《海牙公约》为代表和开端的，关于规范作战手段和方法的条约和习惯，亦称“海牙体系”；另一类是以 1949 年日内瓦四个公约为代表和基础的，关于保护平民和战争受难者的条约和习惯规则，亦称“日内瓦体系”。

考点二：战争开始与结束

命题题眼

1. 战争的开始

战争的开始就是交战国之间的关系从和平状态向战争状态的转变，传统国际法认为战争必须以宣战的形式开始。战争开始的法律后果有四项。

(1)外交与领事关系的断绝

(2)条约关系的变化

交战国间的条约关系因战争而发生重要变化：两国间的双边政治性条约立即废除，经济贸易条约失效或停止施行。但关于领土和边界的条约不能因战争而失效(除非该条约是导致战争的主要原因)。双方共同参加的多边条约在交战双方之间暂时停止施行，双方均为当事国的有关卫生、医药的多边条约，不因战争开始而终止，但其中与交战行为相冲突的条款，可中止执行。交战双方共同参加的有关战争和中立的条约因战争的爆发而开始适用。

(3)经济贸易关系的中断

交战国之间不论是政府间还是民间的经济贸易行为都因战争而中断。

(4)交战国人民及其财产带有敌性

2. 战争状态的结束

战争状态的结束通常包含两个内容:一是停止敌对行动;二是结束战争状态。

(1)停止敌对行动

停止敌对行动具有临时性和过渡性,往往是为最终实现和平做准备。

战争和武装冲突中的敌对行动可因下列三种情况而停止:

①停火与休战。

②停战。停战是双方通过协议实行的,停战可能是全面的,也可能是局部的,全面的停战也可能事实上导致军事行动的长期结束。

③无条件投降。

(2)结束战争状态

战争状态的结束是交战国间一切战争行动的终止和与战争有关的一切政治、经济、领土及其他问题的全面和最终的解决。在法律上结束战争状态的方式通常有三种:

①缔结和平条约。

②单方面宣布战争结束,一般是由战胜国单方面宣布。

③发表联合声明。

(3)战争结束的法律后果

战争结束的法律后果主要表现在以下几个方面:

①外交和领事关系恢复。

②条约关系恢复。战争结束后,经济性条约可能恢复效力,原交战双方所参加的因战争而暂停实施的多边条约往往重新对它们发生效力。

③国际交往全面恢复。战争时期,交战国间的政治、经济、军事等联系已中断了,随着战争状态结束,这些关系又重新恢复。

历年试题

2021 年试卷一考生回忆版:甲乙两国相邻,因划界纠纷引发战争,以下哪些说法正确:

A. 甲乙两国互助条约立即废止

B. 甲乙两国边界条约废止

C. 甲国军舰在海上遇到乙国商船可以拿捕没收

D. 甲国可以对其境内乙国公民进行敌侨登记并集中居住

答案:ACD。战争开始后,凡以维持共同政治行动或友好关系为前提的条约,如同盟条约、互助条约或和平友好条约立即废止,A 项正确。战争开始后,关于规定缔约国间固定或永久状态的条约,如边界条约、割让条约等一般应继续维持,除非这类条约另有规定或缔约国另有协议,故 B 项错误。战争开始后,交战国在海上遇到敌国公、私船舶及货物,可予以拿捕没收,但是对从事探险、科学、宗教或慈善以及执行医疗任务的船舶除外,C 项正确。战争开始后,交战国可以对其境内的敌国公民实行各种限制,如进行敌侨登记,强制集中居住等。D 项正确。

2021 年试卷一考生回忆版:甲、乙两国发生武装冲突。地区大国丙国提出停火方案,并邀请甲、乙两国代表到丙国首都和谈。三国随后以联合声明的方式发布停火协议。后因甲、乙两国就停火协议理解不同,再次发生武装冲突。以下哪一选项符合国际法的规定?

A. 甲、乙两国宣战后,甲国可以没收乙国驻甲国大使馆的财产

B. 停火协议系经丙国调停

C. 甲、乙两国宣战后,甲国 A 公司与乙国 B 公司的商业合同自动废止

D. 丙国应对停火协议产生的争议承担法律责任

答案:B。

2023 年试卷一考生回忆版:甲国以护侨为由派遣军队进入乙国境内,乙国向甲国宣战,但未派出军队进行抵抗。丙国是乙国的同盟国,向甲国宣战并派遣军队入境乙国参战,并在作战行动中俘虏了一批甲国的士兵。根据国际法的相关规则,下列表述中正确的是?

A. 甲、乙两国处于国际法上的战争状态

B. 丙国经被俘士兵同意可以对其实施限制,在被俘士兵被羁押期间禁止其举行有关的宗教仪式

C. 甲国在乙国宣战后有权没收乙国在其境内的使领馆财产

D. 安理会如果为解决该项国际争端作出决议,则该决议仅对甲、乙、丙三国有拘束力

答案:A。甲国入侵乙国,乙国向甲国宣战,即便暂未实施抵抗行动,也表明甲乙两国进入战争状态,A 选项正确。

强化模拟题

甲国以乙国拥有并扩散大规模杀伤性武器为由,对乙国发动战争。根据国际法上战争法的规定,战争开始以后引起的法律后果有(　　)。

A. 两国的外交关系和领事关系断绝

B. 交战国和非交战国为当事国的有关卫生、医药的多边条约,不因战争开始而终止,但其中与交战行为相冲突的条款,可中止执行,待到战争结束后再恢复执行

C. 交战国人民之间的贸易和商务往来被禁止,包括废除已履行的契约和已结算的债务

D. 交战国对在海上遇到敌国公、私船舶及货物,可予以拿捕没收,但对从事探险、科学、宗教或慈善以及执行医院任务的船舶除外

答案:ABD。

考点三:战时中立

命题题眼

1. 战时中立

战争时期,非交战国不参加战争的任何一方,保持不偏不倚的法律地位,此地位即是战时中立。任何非交战国都有权在交战各国之间宣布中立,不卷入战争的任何一方,这是它的自主权利,除非受条约义务约束。任何非交战国都没有义务保持中立,除非受条约义务约束。

交战国和中立国必须相互遵守中立义务,包括"不作为"、"防止"和"容忍"三种义务。

不作为义务:自我制约,不从事交战任何一方的行为。防止义务:防止违反中立义务的行为发生。容忍义务:容忍对方加于自己造成一定损害的行为。

2. 战时中立与永久中立的区别

战时中立是非交战国在战争时期选择的态度和立场,非交战国随时可以宣布中立,也可以宣布取消中立;但永久中立则不同,永久中立国是根据条约而承担永久中立义务,其永久中立地位经他国保障,不能单方面废除或任意放弃。

3. 战时中立与和平时期的中立政策或中立主义的区别

战时中立是一种法律地位,和平时期的中立政策或中立主义只是和平时期某些国家所奉行的政策,这种中立政策并不产生国际法上的权利和义务。政治上的中立主义表现为不介入他国或国家集团间的对立或争端、不参加军事同盟、不允许外国在本国领土上设军事基地、不偏袒任何国家等,如 20 世纪 60 年代的"不结盟运动"。

历年试题

2022 年试卷一考生回忆版:甲乙两国因领土纠纷宣战,其共同邻国丙国宣布战时中立,下列哪一表述是正确的?

A. 甲国不得没收乙国战俘携带的金钱和贵重物品

B. 乙国在战争开始后宣布关闭驻甲国大使馆,甲国在乙国宣布的闭馆期间届满后收回乙国驻甲国大使馆馆舍

C. 丙国同意甲国为缩短后勤补给时间而经过丙国的领土运送军用物资

D. 甲国驻乙国大使馆的外交人员自两国宣战时起不再享有外交特权和豁免

答案:A。根据战争与武装冲突法规则,战俘享有保有其被俘时的衣物、财产和民事权利,其物品除武器和马匹之外不得予以没收。故 A 选项正确。

《维也纳外交关系公约》第四十五条规定:"遇两国断绝外交关系,或遇使馆长期或暂时撤退时:(a)接受国务应尊重并保护使馆馆舍以及使馆财产与档案,纵有武装冲突情事,亦应如此办理;(b)派遣国得将使馆馆舍以及使馆财产与档案委托接受国认可之第三国保管;(c)派遣国得委托接受国认可之第三国代为保护派遣国及其国民之利益。"故 B 选项错误。

根据战时中立规则,中立国有义务防止在其领土或管辖范围内为交战国准备作战行动提供协助,有义务防止任一交战国在其领土、领水或领空内或利用其资源以从事敌对行动。因此,如果丙国允许交战国通过其领土运送军用物资,则违反了中立义务,故 C 选项错误。

交战国之间进入战争状态,会导致双方外交关系和领事关系断绝,但外交官的特权与豁免应持续至其离境的合理期间止,而不是立即丧失外交特权与豁免,故 D 选项错误。

第二节 对作战手段的限制和对战时平民及战争受难者的保护

考点:国际法对作战方法和手段的限制

命题题眼

现代国际法对作战方法和手段的限制主要表现为以下几个方面。

1. 禁止具有过分伤害和滥杀滥伤作用武器的使用

(1)极度残酷的武器

武器的作用是使对方的战斗员丧失战争力,如果超越这一程度而使受害者受到极度痛苦甚至不可避免的死亡,此武器即为"极度残酷的武器"。

(2)有毒、化学和细菌(生物)武器

(3)原子武器、氢武器和核武器

这些武器都具有大规模杀伤力,但目前国际法还未对核武器的禁止使用作出全面明确的规定。国际法院在 1996 年就"使用核武器是否合法"发表的咨询意见认为,在一般情况下,使用和威胁使用核武器是违反关于战争和武装冲突的国际法规则的。但是,在国家危难及其生死存亡的关头进行自卫的情况下,使用或威胁使用核武器是否合法,法院不能作出明确的结论。

2. 禁止不分皂白的作战手段和作战方法

为了保证平民、居民的安全和民用物体的免受

破坏，战争法规强调冲突各方无论何时均应遵守区别原则，在普通居民和战斗员之间、民用物体和军事目标之间加以区别，禁止使用波及平民的不分皂白的作战手段和作战方法。

1907年《海牙第四公约》附件第25条规定：禁止轰击不设防城镇、乡村和住宅。1977年《日内瓦第一附加议定书》第51条规定“不分皂白的攻击”是指以下几种攻击：

(1)不以特定军事目标为对象的攻击；

(2)使用不能以特定军事目标为对象的作战方法或手段；

(3)使用其效果不能按照本议定书的要求加以限制的作战方法或手段；

(4)以平民或民用物体集中的城镇、乡村作为军事目标进行攻击，附带使平民生命受损害的攻击，作为报复对平民进行攻击，均属于不分皂白的攻击。

3. 禁止改变环境的作战手段和方法

4. 禁止背信弃义的战略手段和作战方法

5. 海战和空战中的某些特别规则

第三节　战争犯罪

考点：惩罚战争犯罪的主要国际司法实践

命题题眼

在现代战争法中，战争犯罪是指违反国际法基本原则，策划、发动侵略战争，破坏和平，违反战争法规和惯例，违反人道主义准则的各种犯罪行为。根据《纽伦堡国际军事法庭宪章》以及《远东国际军事法庭宪章》的规定，战争犯罪包括三种罪行：破坏和平罪、战争罪和反人道罪。

第一次世界大战时就有了追究发动侵略战争的国家决策人的刑事责任的实践，《凡尔赛和约》中曾规定要将德皇威廉和德军中的严重违反战争法规的人交付国际法庭或混合军事法庭审判，但由于荷兰对德皇的庇护以及其他深层次原因，当时的尝试终未成功。第二次世界大战后的纽伦堡审判和东京审判及20世纪90年代设立的联合国前南刑事法庭和联合国卢旺达国际法庭，乃至国际刑事法院的成立，是国际社会惩罚战争犯罪的主要实践。

1. 欧洲国际军事法庭的“纽伦堡审判”

第二次世界大战后，盟国在德国纽伦堡设立欧洲国际军事法庭，其设立依据是《关于控诉和惩处欧洲轴心国主要战犯的协定》，《欧洲国际军事法庭宪章》是该协定的附件。

2. 远东国际军事法庭的“东京审判”

同盟国于第二次世界大战后在亚洲的日本东京设立远东国际军事法庭，其设立依据是《远东国际军事法庭宪章》。

3. 联合国前南刑事法庭

自1991年以来，前南斯拉夫境内发生了“种族清洗”、蓄意杀人、强奸、大规模屠杀等严重违反国际人道主义法的事情。国际社会在震惊之余，通过联合国安理会第827号决议成立联合国前南刑事法庭，作为安理会一个具有司法性质的附属机关，以追究对发生上述人道主义灾难负有责任的人员的法律责任。

4. 联合国卢旺达国际法庭

该法庭设立于1994年11月，其性质同前南刑事法庭一样，也是为追究在卢旺达国内武装冲突中犯有严重违反人道主义法罪行的行为人的刑事责任，其是由安理会通过决议而设立的。

5. 国际刑事法院

1998年7月，《国际刑事法院规约》于罗马通过(故亦称《罗马规约》)，该规约于2002年7月生效，国际刑事法院于2002年7月正式成立，总部设在荷兰的海牙。但中国不是《罗马规约》的缔约国。

国际刑事法院是一个常设的国际刑事司法机构，其管辖范围限于种族灭绝罪、侵略罪、战争罪、反人类罪等。

其管辖的罪行限于规约生效后的行为。

根据规约，国际刑事法院在符合下列情形之一时可行使管辖权：

(1)罪行所涉一方或多方是缔约国；

(2)被告人是缔约国国民；

(3)犯罪是在缔约国境内实施；

(4)《国际刑事法院规约》非缔约国决定接受法院对其境内实施的或由其国民实施的一项具体犯罪的管辖权。

强化模拟题

国际社会根据《罗马规约》成立了国际刑事法院，下列有关该法院说法，不正确的是(　　)。

A. 该法院是一个常设性的国际刑事司法机构

B. 该法院管辖的罪行包括灭绝种族罪、反人类罪、战争罪以及侵略罪

C. 该法院可以管辖发生在《罗马规约》生效以前所犯的罪行

D. 该法院只对缔约国国民有管辖权，对没有加入《罗马规约》的缔约国国民则没有管辖权

答案：CD。

国际私法

第一章　国际私法概述

第一节　国际私法的概念

考点:国际私法的调整对象及其调整方法

国际私法是以直接规范和间接规范相结合的方式,来调整平等主体之间的国际民商事法律关系,并解决国际民商事法律冲突的法律部门。

1. 国际私法的调整对象

国际私法的调整对象就是具有国际因素的民商事法律关系,或称国际民商事法律关系,或称跨国民商事法律关系,或称国际私法关系。就一国而言,国际民商事法律关系可称为涉外民商事法律关系,即其主体、客体、内容这三个要素中至少有一项涉外的民商事法律关系,具体体现如下:

(1)民商事法律关系主体的一方或双方当事人是外国自然人或法人(也可能是外国国家、国际组织或无国籍人);

(2)民商事关系的客体具有涉外因素,如标的物位于国外,或标的物属于外国人所有或者标的物须要在外国实施或完成;

(3)产生、变更或消灭民商事权利义务关系的法律事实发生在国外,即民事权利义务的事实发生在国外。

只要这三个因素中有一个具有涉外性质,则民商事法律关系即为涉外民商事法律关系,应由国际私法来调整。

《最高人民法院关于适用〈中华人民共和国涉外民事关系法律适用法〉若干问题的解释(一)》(以下简称《涉外民事关系法律适用法司法解释(一)》)(2012 年 12 月 10 日由最高人民法院审判委员会第 1563 次会议通过,现予公布,自 2013 年 1 月 7 日起施行)第 1 条规定:民事关系具有下列情形之一的,人民法院可以认定为涉外民事关系:(1)当事人一方或双方是外国公民、外国法人或者其他组织、无国籍人;(2)当事人一方或双方的经常居所地在中华人民共和国领域外;(3)标的物在中华人民共和国领域外;(4)产生、变更或者消灭民事关系的法律事实发生在中华人民共和国领域外;(5)可以认定为涉外民事关系的其他情形。

2. 国际私法的调整方法

国际私法调整国际民商事法律关系的方法有两种:间接调整方法和直接调整方法。

(1)间接调整方法,是指在有关的国内法或国际条约中规定某类国际民商事法律关系受何种法律调整或支配,而不直接规定如何调整国际民商事法律关系当事人之间的实体权利与义务关系的一种方法。例如,冲突规范的调整方法即属此类。

(2)直接调整方法,就是用直接规定当事人的权利与义务的“实体规范”来直接调整国际民商事法律关系当事人之间的权利与义务关系的一种方法。国内法、国际条约和国际惯例中均存在这种直接调整国际民商事法律关系的规范。例如,《联合国国际货物销售合同公约》或《跟单信用证统一惯例》,就是直接规定当事人的权利与义务的实体法规则或惯例规则。

强化模拟题

1. 下列法律关系中,属于国际私法调整的涉外民商事法律关系的是(　　)。

A. 中国籍孙某与美国籍王某的婚姻关系

B. 中国籍甲某继承其父死后遗留在英国的房产的继承关系

C. 中国某公司告韩国公司侵犯其商标权

D. 巴西籍船舶与英国籍船舶在公海碰撞,停泊在我国大连港并向大连海事法院提起诉讼

答案:ABCD。国际私法调整的对象是国际民商事法律关系,即在法律关系主体、客体和法律事实三因素中,至少有一个因素与国外有联系。A 项属于法律关系主体一方是外国自然人;B 项中英国的房产属于法律关系中位于国外的标的物,即法律关系客体具有涉外因素;C 项则是侵权行为发生在国外,属于产生、变更或消灭民商事法律关系的法律事实发生在国外;D 项中法律关系的主体、客体以及法律事实都发生在国外,因此,A、B、C、D 都为正确选项。

2. 在下列国际私法范围内的规范中,(　　)属于间接调整方法的法律规范。

A. 我国《民法通则》规定,不动产继承适用不动产所在地法律

B. 1980 年《联合国国际货物销售合同公约》

C. 我国《民事诉讼法》规定:外国人、无国籍人、外国企业和组织在人民法院起诉、应诉,同中华人民

共和国公民、法人和其他组织有同等的诉讼权利义务

D. 2010 年《国际贸易术语解释通则》

答案:A。B 项和 D 项同属于直接规定当事人权利义务的实体法律规范,属于直接调整的方法;C 项是规定外国人民商事法律地位的规范。

第二节 国际私法的范围

考点:国际私法的规范

国际私法的规范应包括外国人的民商事法律地位规范、冲突规范、国际统一实体私法规范和国际民商事争议解决规范。

1. 外国人的民商事法律地位规范

外国人的民商事法律地位规范是确定外国的自然人、法人甚至外国国家和国际组织在内国民商事领域享有权利与承担义务的资格和状况的规范。

2. 冲突规范

冲突规范是指明某种国际民商事法律关系应适用何种法律的规范。

3. 国际统一实体法规范

国际统一实体法规范是指国际条约和国际惯例中具体规定国际民商事法律关系当事人的实体权利与义务的规范。

4. 国际民商事争议解决的规范

国际民商事争议解决的规范是指国际民事诉讼程序规范和国际商事仲裁规范,也包括解决国际民商事争议的其他规范,如和解和调解规范。

强化模拟题

下列哪些属于国际私法的规范?

A.《宪法》第 18 条:中华人民共和国允许外国的企业和其他经济组织或者个人依照中华人民共和国法律的规定在中国投资,同中国的企业或者其他经济组织进行各种形式的经济合作。在中国境内的外国企业和其他外国经济组织以及中外合资经营的企业,都必须遵守中华人民共和国的法律。它们的合法的权利和利益受中华人民共和国法律的保护

B. 中国公民和外国人结婚适用婚姻缔结地法,离婚适用法院地法

C.《保护工业产权巴黎公约》《伯尔尼保护文学和艺术作品公约》

D. 我国民事诉讼法第 4 编"涉外民事诉讼程序的特别规定"

答案:ABCD。A 为规定外国人的民商事法律地位的规范;B 为冲突规范;C 为国际统一实体私法规范;D 为国际民商事争议解决的规范。

第三节 国际私法的渊源

考点:国际私法的渊源

国际私法的渊源是指国际私法的表现形式,它主要包括国内法渊源和国际法渊源两方面。

1. 国际私法的国内法渊源

国际私法的国内法渊源主要包括国内立法、国内判例等。

值得注意的是,在我国,判例不是法律的渊源,当然也不是国际私法的渊源。另外,我国最高人民法院的司法解释,由于其对法院的审判活动具有约束力,实际上已成为我国法律的一种渊源。

2. 国际私法的国际法渊源

国际私法的国际法渊源包括国际条约和国际惯例两方面。关于国际条约,我国目前已经加入了大量涉及外国人的法律地位、国际统一实体私法、国际民事诉讼程序和国际商事仲裁的国际公约,但尚未加入任何专门的冲突国际公约。

第二章 国际私法的主体

第一节 自 然 人

考点一:自然人国籍的积极和消极冲突的解决

1. 自然人国籍的积极冲突

自然人国籍的积极冲突是指一个人同时具有两个或两个以上的国籍,其解决分为两种情形:

(1)各国在实践中解决自然人国籍的积极冲突的一般做法:

①在当事人所具有的两个或两个以上的国籍中有一个是内国国籍时,国际上通行的做法是以内国国籍为准,即以内国法作为其本国法。

②在当事人所具有的两个或两个以上的国籍均为外国国籍时,各国实践有如下几种做法:

第一,以当事人最后取得的国籍为准;

第二,以当事人住所或惯常居所所在国国籍为准;

第三,以与当事人有最密切联系的国籍为准。

③对当事人所具有的两个或两个以上的国籍不作内国国籍和外国国籍的区分,为确定应适用的法律,只以与当事人有最密切联系的国籍为准。

(2)中国关于解决自然人国籍的积极冲突的规定:

《涉外民事关系法律适用法》第 19 条规定:依照本法适用国籍国法律,自然人具有两个以上国籍的,

适用有经常居所的国籍国法律;在所有国籍国均无经常居所的,适用与其有最密切联系的国籍国法律。自然人无国籍或者国籍不明的,适用经常居所地法律。

2. 自然人国籍的消极冲突

自然人国籍的消极冲突是指一个人无任何国家的国籍。对此,各国实践中一般主张以当事人住所所在国的法律为其本国法,如当事人无住所或其住所不能确定时,以其居所所在国的法律为其本国法。

《涉外民事关系法律适用法》第 19 条第 1 款规定:依照本法适用国籍国法律,自然人无国籍或者国籍不明的,适用其经常居所地法律。

历年试题

2020 年试卷二考生回忆版:张某有甲乙两个国籍,定居上海,和中国公民王某在上海发生侵权纠纷,张某向中国法院起诉。下列说法正确的是:

A. 因为中国不承认双重国籍,为了方便审理,张某需放弃一个国籍

B. 法院适用只能用中国法

C. 两人协商适用甲国法,法院应予同意

D. 两个人如果对甲国法的内容有争议,法院可视为甲国法无法查明

答案:C。根据《涉外民事关系法律适用法》第 19 条的规定,对于自然人有两个以上国籍的,适用私法冲突规范解决,不涉及公法意义的国籍放弃问题。A 项说法错误。

根据《涉外民事关系法律适用法》第 44 条的规定,张某和中国公民王某在上海发生侵权纠纷,侵权行为地是中国,但是如两人协商适用甲国法,可以按照其协议选择,C 项说法正确。法院并非仅能适用中国法,B 项说法错误。

根据《涉外民事关系法律适用法司法解释(一)》第 18 条的规定,两个人如果对甲国法的内容有争议,由法院审查认定,而不是直接判定为无法查明,D 项说法错误。

强化模拟题

韩国人金某与美籍华人伍某于 2000 年在美国结婚后一直定居中国北京,金某申请放弃韩国国籍,于 2004 年 5 月获得批准,其加入中国国籍的申请至今未获批准,根据我国有关法律规定,自 2004 年 5 月之后其民事行为能力适用(　　)。

A. 中国法　　B. 韩国法

C. 美国法　　D. 民事行为发生地法

答案:A。金某在 2004 年 5 月之后不再具有任何国家的国籍,成为无国籍人,根据《涉外民事关系法律适用法》第 13 条的规定,自然人的民事行为能力,适用经常居所地法律。故 A 项为正确选项。

考点二:自然人的住所和居所

1. 自然人住所的积极和消极冲突的解决

(1) 自然人住所的积极冲突的解决

自然人住所的积极冲突,是指一个人同时具有两个或两个以上的住所。对此,实践中各国作法一般有:

①如果当事人所具有的两个或两个以上的住所中有一个是内国住所,一般以当事人在内国的住所为其住所,也即以内国法为其住所地法。

②如果当事人所具有的两个或两个以上的住所均为外国住所,而且住所是同时取得的,一般以与当事人有最密切联系者为其住所,但也有国家以当事人有居所之住所为其住所的。如果各住所属异时取得,一般以当事人最后取得的住所为其住所。

(2) 自然人住所的消极冲突的解决

自然人住所的消极冲突,是指一个人无任何法律意义上的住所。对此,各国在实践中主要采取三种解决方法:

①以当事人的居所或惯常居所代替其住所,即以当事人的居所地法或惯常居所地法代替其住所地法。

②以当事人曾有过的最后住所为其住所,如无最后住所,则以其居所或惯常居所代替其住所。

③如当事人既无居所也无惯常居所,一般以当事人的现在地法作为住所地法。

我国《民法典》第 25 条规定:自然人以户籍登记或者其他有效身份登记记载的居所为住所;经常居所与住所不一致的,经常居所视为住所。

2. 自然人的居所

自然人的居所,是指一个人在一定时间内居住的处所。在法律意义上,居所和住所有所不同,住所是一个人以永久居住的意思而居住的处所,而居所的成立不要求当事人具有永久居住的意思。居所有临时居所和经常居所之分。居所特别是经常居所作为属人法的连结点或者补充连结点受到广泛的关注,已成为同住所、国籍并列的一种连结点。我国《涉外民事关系法律适用法》也已将经常居所作为主要的属人法连结点,该法第 20 条规定:"依照本法适用经常居所地法律,自然人经常居所地不明的,适用其现在居所地法律。"《涉外民事关系法律适用法司法解释(一)》第 15 条规定:自然人在涉外民事关系产生或者变更、终止

时已经连续居住一年以上且作为其生活中心的地方，人民法院可以认定为涉外民事关系法律适用法规定的自然人的经常居所地，但就医、劳务派遣、公务等情形除外。

历年试题

2018 年试卷二考生回忆版：定居在上海的法国人甲和中国人乙女结婚，不孕，遂让乙女的堂妹丙（中国人，定居上海）代孕，生下一子丁交给甲乙抚养，丁取得了法国国籍。后乙死亡，甲与新加坡女子戊再婚，并一起带丁回法国定居，一年多以后，丙请求确认和丁的母子关系，甲戊不许，引发争议诉至人民法院，根据相关法律和司法解释，下列哪些选项是正确的？

A. 丙与丁的人身关系适用法国法

B. 丙与丁的人身关系适用中国法或法国法中有利于保护弱方利益的法律

C. 戊与丁的母子关系适用法国法

D. 戊与丁的母子关系适用中国法、新加坡法或法国法中有利于保护弱方利益的法律

答案：BC。父母子女人身、财产关系，适用共同经常居所地法律；没有共同经常居所地的，适用一方当事人经常居所地法律或者国籍国法律中有利于保护弱者权益的法律。题中，丙的国籍和经常居所地均为中国。《涉外民事关系法律适用法解释（一）》第 15 条规定：自然人在涉外民事关系产生或者变更、终止时已经连续居住一年以上且作为其生活中心的地方，人民法院可以认定为涉外民事关系法律适用法规定的自然人的经常居所地，但就医、劳务派遣、公务等情形除外。据此并结合题意可以判断，丁的国籍和经常居所地均在法国。故丙丁没有共同经常居所地，两者之间的母子关系应适用中国法或法国法中有利于保护弱方利益的法律。因此，A 项错误，B 项正确。题中阐述“甲与新加坡女子戊再婚，并一起带丁回法国定居，一年多以后”，可以表明戊与丁目前的共同经常居所地是法国。因此，二者之间的人身关系适用法国法。故 C 项正确，D 项错误。

强化模拟题

甲国籍人罗某与家人久居乙国，其原始住所在甲国。罗某在乙国和丙国均有生意和住所，不时去丙国照看生意，并与在丙国居住的父母小住。近年来，由于罗某在中国的生意越来越好，因而长期居住于北京某饭店包租的 578 号房间。现涉及丙国的纠纷在中国法院审理，关于罗某住所的认定，下列选项正确的是（　　）。

A. 应以长期居住地北京某饭店 578 号房间为其住所

B. 应以乙国的住所为其住所

C. 因涉及丙国的纠纷，应以丙国的住所为其住所

D. 应以甲国的原始住所为其住所

答案：C。

第二节　法　　人

考点一：法人国籍的确定

1. 各国一般做法

对于如何确定一个法人的国籍，主要有如下几种不同的主张：

（1）法人成员国籍主义或称资本控制主义，即根据法人资本控制者的国籍来确定法人的国籍；

（2）设立地主义，或称成立地主义或登记地主义；

（3）住所地主义；

（4）准据法主义；

（5）法人设立地和法人住所地并用主义。

2. 我国相关规定

我国《公司法》第 192 条规定：本法所称外国公司是指依照外国法律在中国境外设立的公司。由此可见，我国公司法是以登记成立地来确定外国公司的国籍的。

历年试题

2020 年试卷二考生回忆版：沃伦公司在甲国注册成立，后被乙国林特公司全额收购，主要办事机构随之搬到乙国。由于经营亏损，被中国启迪公司全额收购，主要办事机构仍在乙国。下列正确的是？

A. 由于在甲国注册，沃伦公司国籍始终为甲国

B. 沃伦公司国籍应根据林特公司和启迪公司的收购协议确定

C. 由于主要办事机构在乙国，沃伦公司国籍为乙国

D. 沃伦公司国籍为中国

答案：A。我国在法人国籍确定上采取“设立地主义”，即根据法人注册地确定法人国籍。由于沃伦公司在甲国注册，国籍始终为甲国，A 选项说法正确，BCD 说法均错误。

考点二：法人住所和法人营业所的确定

1. 法人住所的确定

（1）各国一般做法

许多国家主张以法人的住所地法作为法人的属人法。但对法人的住所有不同理解：

①主事务所所在地说，或称管理中心所在地说；

②营业中心所在地说；

③章程指定住所说；

④主要办事机构所在地说。

(2)我国相关规定

我国《民法典》第 63 条规定:法人以它的主要办事机构所在地为住所。我国《公司法》第 10 条规定:公司以其主要办事机构所在地为住所。

2. 法人营业所的确定

法人的营业所,即法人从事经营活动的场所。法人的营业所所在地可能同法人的住所所在地一致,但也可能不一致。在司法实践中,一个法人可能有两个或两个以上的营业所,它也可能没有营业所,从而导致营业所的积极冲突或消极冲突。

我国《涉外民事关系法律适用法》避开使用法人国籍和法人住所概念,采用登记地、主营业地和经常居住地等连结点取而代之。其第 14 条规定,法人及其分支机构的民事权利能力、民事行为能力、组织机构、股东权利义务等事项,适用登记地法律。法人的主营业地与登记地不一致的,可以适用主营业地法律。法人的经常居所地,为其主营业地。《涉外民事关系法律适用法司法解释(一)》第 16 条规定:人民法院应当将法人的设立登记地认定为涉外民事关系法律适用法规定的法人的登记地。

考点三:外国法人的认可

外国法人的认可是指内国对外国法人的法律人格的认许。外国法人一经内国认可,即表明该外国法人所具有的权利能力和行为能力在该内国得到确认,有资格并可以有效地在该内国从事民商事活动。外国法人在内国法律上是否被认可是各国的内政事项。

外国法人认可的方式分为国际立法认可(通过条约规定认可的条件)和国内立法认可两种。

国内立法认可包括三种方式:

(1)一般认可,即内国对于外国法人,不问其属于何国,一般都加以认可。

(2)概括认可,即内国对属于某一外国之特定的法人概括地加以认可。

(3)特别认可,即内国对外国法人通过特别登记或批准程序加以认可。我国一般属于此种。

第三章 法律冲突、冲突规范和准据法

第一节 法 律 冲 突

考点:国际民商事法律冲突

从广义上讲,法律冲突是指调整同一社会关系或解决同一问题的不同法律制度由于各自内容的差异和位阶的高低而导致相互在效力上的抵触。法律冲突的主要类型包括:(1)公法冲突和私法冲突;(2)空间法律冲突、时际法律冲突和人际法律冲突;(3)平面冲突和垂直冲突。

国际私法上所讲的法律冲突,就是国际民商事法律冲突,即同一民商事关系因所涉各国民商事法律规定不同而发生的法律适用上的冲突,属于跨国的、空间的、私法的、平面的冲突。

国际民商事法律冲突的解决方法:

(1)冲突法解决方法

运用冲突规范来指定应适用的法律的方法,即通过制定国内或国际的冲突规范来确定各种不同性质的国际民商事法律关系应适用何种法律,从而解决国际民商事法律冲突。冲突法解决方法可分为国内冲突法解决方法和国际冲突法解决方法。

(2)实体法解决方法

实体法解决方法通过制定国内或国际的民商事实体规范来直接确定当事人的权利与义务,调整国际民商事法律关系,以避免或消除国际民商事法律冲突的方法。国际统一实体法解决方法可分为国际条约解决方法和国际惯例解决方法。理论上,由于从根本上起到了避免和消除民商事法律冲突的作用,国际统一实体法解决方法优于冲突法解决方法。

第二节 冲 突 规 范

考点一:冲突规范的概念、特征与结构

1. 冲突规范的概念

冲突规范是由国内法或国际条约规定的,指明某种国际民商事法律关系应适用何种法律的规范。

2. 冲突规范的特征

(1)冲突规范是法律适用规范;

(2)冲突规范不是实体规范而是间接规范;

(3)冲突规范是结构独特的法律规范。

3. 冲突规范的结构

冲突规范由三部分构成:

(1)"范围"或"连接对象",是指冲突规范所要调整的民商事法律关系或所要解决的法律问题,通过冲突规范的"范围"可以判断该规范适用于调整哪一类民商事法律关系。

(2)"系属"或"冲突原则",它规定冲突规范中"范围"所应适用的法律。

(3)"关联词",指从语法结构上把"范围"和"系属"联系起来的词。冲突规范的连结点也称为连结因素,是指冲突规范借以确定某一法律关系应适用什么法律的根据。根据冲突规范对法律的选择,实际上也是一种对连结点的确定。

连结点可分为静态的连结点和动态的连结点。静态的连结点就是固定不变的连结点，主要指不动产所在地以及涉及过去的行为或事件的连结点，如婚姻举行地、合同缔结地、法人登记地、侵权发生地。动态的连结点就是可变的连结点，主要有国籍、住所、居所、动产所在地等。

冲突规范的一些系属在长期的实践过程中逐渐固定化起来，形成系属公式。最常见的系属公式有属人法、物之所在地法、行为地法、当事人合意选择的法律、法院地法、旗国法，最密切联系地法等。

强化模拟题

1. 下列选项中属于动态连结点的是（　　）。

A. 不动产所在地　　B. 合同缔结地

C. 侵权行为地　　D. 住所

答案：D。静态连结点指固定不变的连结点，主要指不动产所在地以及涉及过去的行为或事件的连结点，因此本题中的A、B、C项都属于静态连结点。动态连结点是可变的连结点，主要有国籍、住所、居所、动产所在地等，本题中只有D项符合题目要求。

2. 各国在不动产与动产的划分上，一般适用的系属公式是（　　）。

A. 法院地法

B. 当事人属人法

C. 物之所在地法

D. 法院地法或物之所在地法

答案：C。物之所在地法主要用来解决所有权和其他物权关系方面的法律问题，各国通常也将不动产与动产的划分归入其范围，故C项为正确选项。法院地法主要用于解决诉讼程序以及某些实体方面的法律问题，属人法则解决人的能力、身份等法律问题。

考点二：冲突规范的类型

1. 单边冲突规范

单边冲突规范，是指直接规定适用某一特定国家法律的冲突规范。它既可以明确规定适用内国法，也可以直接规定只适用某一特定的外国法。

2. 双边冲突规范

双边冲突规范是指冲突规范的系属并不直接规定适用内国法还是外国法，而只是规定一个可推定的系属，再根据这个系属并结合民商事法律关系的具体情况去推定应适用某法律的冲突规范。

3. 重叠适用的冲突规范

重叠适用的冲突规范是指其有两个或两个以上的系属，并且依据这些系属所确定的法律应同时适用于某种民商事法律关系的冲突规范。

4. 选择适用的冲突规范

选择适用的冲突规范是指其系属有两个或两个以上，但只选择其中之一来调整民商事法律关系的冲突规范。由于允许选择的方式和条件不同，这种规范又可以被分为两类：

（1）无条件选择适用的冲突规范。在此种规范中，各系属所提供的可供选择的法律具有同等地位，并无优先秩序之分，受理案件的法院可以自由地选择其中一种法律予以适用。例如，“法律行为的方式适用行为完成地的法律，也可以适用调整行为效力的法律”即是。

（2）有条件选择适用的冲突规范。在此种规范中，各系属所提供的可供选择的法律具有优先秩序之分，受理案件的法院应先适用某种法律，只有在符合特定条件的情况下才可以适用其中另一种法律。

强化模拟题

1. 下列冲突规范哪些属于单边冲突规范？

A. 在中华人民共和国境内履行的中外合资经营企业合同、中外合作经营企业合同、中外合作勘探开发自然资源合同，适用中华人民共和国法律

B. 亲子间的法律关系，依父之本国法；如无父时，依母之本国法

C. 合营企业合同的订立、效力、解释、执行及其争议的解决，均应适用中国的法律

D. 不动产的所有权、租赁、使用等，均适用不动产所在地法

答案：AC。B项为有条件的选择性冲突规范，D项为双边冲突规范。

2. “侵权行为的损害赔偿适用侵权行为地法律”和“离婚的理由应适用夫妻的本国法和法院地法”分别属于哪种冲突规范？

A. 单边、双边　　B. 双边、重叠适用

C. 双边、选择适用　　D. 单边、选择适用

答案：B。

第三节　准　据　法

考点：区际法律冲突与准据法的确定

1. 准据法的概念

准据法是指经冲突规范指定援用来具体确定民商事法律关系当事人的权利与义务的特定的实体法律。

准据法具有以下特点：

（1）准据法必须是通过冲突规范所指定的法律；

（2）准据法是能够具体确定国际民商事法律关系的当事人的权利与义务的实体法；

（3）准据法是依据冲突规范中的系属，并结合有

关国际民商事案件的具体情况而确定的法律。

2. 区际法律冲突

一个国家内部不同地区的法律制度之间的冲突，为区际法律冲突。

《涉外民事关系法律适用法》第6条规定：涉外民事关系适用外国法律，该国不同区域实施不同法律的，适用与该涉外民事关系有最密切联系区域的法律。

本条是中国立法对区际法律冲突的解决问题所作的首次明确规定。应注意，在涉外民事关系适用外国法律时，如果该国不同区域实施不同法律，则处理方法是直接适用与该涉外民事关系有最密切联系区域的法律。

历年试题

2011年试卷一第39题：中国某法院受理一涉外民事案件后，依案情确定应当适用甲国法。但在查找甲国法时发现甲国不同州实施不同的法律。关于本案，法院应当采取下列哪一作法?

A. 根据意思自治原则，由当事人协议决定适用甲国哪个州的法律

B. 直接适用甲国与该涉外民事关系有最密切联系的州法律

C. 首先适用甲国区际冲突法确定准据法，如甲国没有区际冲突法，适用中国法律

D. 首先适用甲国区际冲突法确定准据法，如甲国没有区际冲突法，适用与案件有最密切联系的州法律

答案：B。《涉外民事关系法律适用法》第6条。

强化模拟题

1. 关于冲突规范和准据法，下列哪一判断是错误的?

A. 冲突规范与实体规范相似

B. 当事人的属人法包括当事人的本国法和住所地法

C. 当事人的本国法指的是当事人国籍所属国的法律

D. 准据法是经冲突规范指引、能够具体确定国际民商事法律关系当事人权利义务的实体法

答案：A。冲突规范是一种间接规范，实体规范是一种直接规范，冲突规范与实体规范是不同的，A选项错误。属人法是最常见的系属公式之一，即以当事人的国籍、住所或惯常居所作为连结点的系属。当事人的本国法就是指当事人的国籍国法。故BC选项正确。所谓准据法，是指经冲突规范指定援用来具体确定民商事法律关系当事人的权利与义务的特定的实体法律。故D选项正确。

2. 在一个涉外民事案件中，我国某法院根据我国的冲突规则确定应适用外方当事人的本国法处理该争议，但该外国的不同地区实施着不同的法律。在此情况下，下列哪一选项是正确的?

A. 应以该国首都所在地的法律为外方当事人的本国法

B. 应以外方当事人的住所地法代替其本国法

C. 应直接以与该民事关系有最密切联系的法律为外国当事人的本国法

D. 应先依据该国的区际冲突规则加以确定；如该国法律未作规定，再以与该民事关系有最密切联系的法律为外国当事人的本国法

答案：C。

第四章　适用冲突规范的制度

第一节　定　　性

考点：定性的界定及依据

1. 定性的定义

定性又称识别或归类，是指在适用冲突规范时，依照某一法律观念对有关的事实或问题进行分析，将其归入一定的法律范畴，并对有关的冲突规范的范围或对象进行解释，从而确定何种冲突规范适用何种事实或问题的过程。

二级定性是指在准据法确定之后，依准据法再次进行定性。

由于不同国家的法律观念不同，对于冲突规范中“范围”和“系属”中表现的特定的法律事实和法律概念的理解可能会不同，从而需要进行定性。

定性是在适用冲突规范的过程中进行的，对冲突规范的“范围”进行定性有助于准确地选择合适的冲突规范，对“系属”进行定性则有利于正确适用准据法。

2. 定性的依据

在国际私法的理论和实践中，对依据什么法律进行定性问题有如下两种不同的主张：

(1)法院地法说：应依据法院地法进行定性。

(2)准据法说：用来解决争议的准据法也应是对争议事实的性质进行定性的依据。

在上述各种方法中，依法院地法进行定性在实践中被普遍接受。一国法院在处理国际民商事案件时，主要应该依据法院地法对有关的事实或问题进行定性，对自己的冲突规范加以解释；另外，必要时也应该适当考虑依据与有关案件有最密切联系的法律进行定性。

在《涉外民事关系法律适用法》生效前，我国一直没有关于定性问题的规定。《涉外民事关系法律适用法》第8条规定：涉外民事关系的定性，适用法

院地法。本条是中国法律关于定性问题的首次规定:依法院地法定性。

强化模拟题

希腊人西蒙在荷兰经营产业,后因意外事故在荷兰去世,其子女向希腊法院提起继承之诉,要求继承其在荷兰的产业。希腊冲突法规定动产继承依属人法,荷兰冲突法规定不动产继承依物之所在地法,两国冲突规范的规定内容相同。希腊法院在审理时查明,该产业属于动产还是不动产在荷兰和希腊界定不同,希腊法院依本国法将该产业归入动产,希腊法院对该产业的认定行为属于(　　)。

A. 二级定性　　B. 先决问题

C. 法律适用　　D. 定性

答案:D。定性是依据一定的法律概念,对待决案件的事实情况或有关问题进行定性或分类,把它归入特定的法律范畴,从而确定援用哪条冲突规范的认识过程,因此D项为正确答案。二级定性是英国学者提出的,是对"准据法界定和适用",是在定性之后的步骤。

第二节　反　　致

考点:反致的类型及中国法对反致的态度

1. 反致的类型

一般讲的反致是广义的反致,是一个总括性概念,包括直接反致、转致、间接反致、包含直接反致的转致、完全反致。

(1)直接反致(A→B)

直接反致,即狭义的反致,是指对某一案件,法院按照自己的冲突规范本应适用外国法,而该外国法的冲突规范却指定此种法律关系应适用法院地法,于是该法院最终适用了法院地法。

(2)转致(A→B→C)

转致是指对某一案件,甲国或甲地区法院根据本国或本地区的冲突规范指定应适用乙国或乙地区的法律,而乙国或乙地区的冲突规范指定应适用丙国或丙地区的法律,结果是甲国或甲地区的法院适用了丙国或丙地区的法律。

(3)间接反致

间接反致又称"大反致",指对某一国际民商事案件,甲国或甲地区的法院根据本国或本地区的冲突规范的指引应适用乙国或乙地区的法律,但依乙国或乙地区的冲突规范又应适用丙国或丙地区的法律,而依丙国或丙地区的冲突规范,本案又应适用甲国或甲地区的法律(法院地法),最后甲国或甲地区的法院适用了本国或本地区的实体法对该案件做了处理,即构成间接反致。

(4)包含直接反致的转致

包含直接反致的转致是指对某一案件,甲国或甲地区法院根据本国或本地区的冲突规范指定,应适用乙国或乙地区的法律,而乙国或乙地区的冲突规范指定,应适用丙国或丙地区的法律,但丙国或丙地区的冲突规范反向指定,应适用乙国或乙地区的法律,最后甲国或甲地区的法院适用乙国或乙地区的实体法律处理了案件。

(5)完全反致(双重反致)

完全反致是英国独特的反致理论。其基本含义是英国法院的法官在处理某一国际民商事案件时,如果依英国冲突法的规定,应当适用某外国法,而依该外国冲突法的规定应适用英国法。此时,如果该外国冲突法中有反致的规定(该外国承认反致),那么,根据该外国冲突法所指定的英国法应包括英国的实体法、冲突法在内的所有法律。此时英国法官假定自己在该外国,像该外国法官通常的做法那样审理该案:根据该外国的冲突法的指定适用英国法,又接受英国法的反致,最后决定适用该外国实体法来审理本案。

在这里主要掌握前四种反致类型。

2. 我国法律对反致的规定

我国法律对待反致的基本态度:不接受。《涉外民事关系法律适用法》第9条规定:涉外民事关系适用的外国法律,不包括该国的法律适用法。这规定都表明我国目前在通过《涉外民事关系法律适用法》中的冲突规范指引适用外国法时,只适用外国的实体法,不适用外国的冲突法,从而不可能发生反致。

强化模拟题

1. 具有丹麦国籍的路易斯在日本居住期间死亡,路易斯的亲属要求继承路易斯遗留在日本的不动产并诉讼到日本法院。日本法院按照本国的冲突规范本应适用路易斯的本国法,即丹麦法。但是丹麦冲突规范规定应适用不动产所在地法律,即日本法律。此时日本法院适用自己本国法律的行为属于(　　)。

A. 直接反致　　B. 间接反致

C. 转致　　D. 双重反致

答案:A。

2. 一位住所在奥地利的挪威公民在希腊去世并在中国留有遗产。根据法院地希腊的国际私法的规定,继承适用被继承人死亡时的本国法。而挪威国际私法规定,继承应由被继承人死亡时的住所地法支配。若希腊法院承认转致,则应适用(　　)。

A. 挪威法　　B. 奥地利法

C. 希腊法　　D. 中国法

答案:B。

第三节 外国法的查明和解释

考点：中国关于外国法的查明的规定

《涉外民事关系法律适用法》第10条规定：涉外民事关系适用的外国法律，由人民法院、仲裁机构或者行政机关查明。当事人选择适用外国法律的，应当提供该国法律。不能查明外国法律或者该国法律没有规定的，适用中华人民共和国法律。

《涉外民事关系法律适用法司法解释（一）》第17条规定：人民法院通过由当事人提供、已对中华人民共和国生效的国际条约规定的途径、中外法律专家提供等合理途径仍不能获得外国法律的，可以认定为不能查明外国法律。根据涉外民事关系法律适用法第10条第1款的规定，当事人应当提供外国法律，其在人民法院指定的合理期限内无正当理由未提供该外国法律的，可以认定为不能查明外国法律。第18条规定：人民法院应当听取各方当事人对应当适用的外国法律的内容及其理解与适用的意见，当事人对该外国法律的内容及其理解与适用均无异议的，人民法院可以予以确认；当事人有异议的，由人民法院审查认定。

历年试题

2021年试卷二考生回忆版：在甲乙两公司的涉外诉讼中，我国法院根据冲突规范认为应适用Y国法律，但对于具体规则不了解。甲公司申请法学专家段教授向法院提供Y国法律相关内容，乙公司对段教授的中立性保持质疑。根据我国相关法律，下列说法中正确的有哪些？

A. 甲公司应证明段教授的中立性

B. 段教授可书面提供Y国法律的报告，无须出庭

C. 法院可依职权另行委托其他专家查明Y国法

D. 段教授出庭所作陈述，可被视为甲公司的举证行为，具有证明力

答案：BC。

强化模拟题

1. 我国"协航"号轮与甲国"瑟皇"号轮在乙国领海发生碰撞。"协航"号轮返回中国后，"瑟皇"号轮的所有人在我国法院对"协航"号轮所属的船公司提起侵权损害赔偿之诉。在庭审过程中，双方均依据乙国法律提出请求或进行抗辩。根据这一事实，下列哪一选项是正确的？

A. 因双方均依据乙国法律提出请求或进行抗辩，故应由当事人负责证明乙国法律，法院无须查明

B. 法院应依职权查明乙国法律，双方当事人无须证明

C. 法院应依职权查明乙国法律，也可要求当事人证明乙国法律的内容

D. 应由双方当事人负责证明乙国法律，在其无法证明时，才由法院依职权查明

答案：C。

2. 中国公民王某在甲国逗留期间，驾车正常行驶时被该国某公司雇员驾驶的卡车撞翻，身受重伤。王某回国后，向该公司在中国的分支机构所在地法院起诉，要求该公司赔偿其损失。我国《涉外民事关系法律适用法》规定，侵权责任适用侵权行为地法。依此，关于如何查明应当适用的甲国法，下列哪些选项是正确的？

A. 可由中外法律专家向法院提供甲国有关交通肇事损害赔偿方面的法律规定

B. 只有我国驻甲国使领馆才能提供甲国有关交通肇事损害赔偿方面的法律规定

C. 王某自己可以向法院提供甲国有关交通肇事损害赔偿方面的法律规定

D. 经各种途径仍不能查明甲国有关法律时，法院应当依照公平原则裁判

答案：AC。这题的考点主要是国际私法中外国法的查明制度。

根据《涉外民事关系法律适用法》第10条的规定，法院经各种途径仍不能查明甲国有关法律时，应当适用中国法律，而不是适用一般性的公平原则。

第四节 公共秩序保留

考点：公共秩序保留的概念及中国关于公共秩序保留的规定

1. 公共秩序保留的概念及其实践

公共秩序又称为公共政策，是指一国国家和社会的重大利益或法律和道德的基本原则。通常，在一国依内国冲突规范的指定，应对某一国际民商事法律关系适用外国法时，如其适用将与自己的公共秩序相抵触，便可排除该外国法的适用。此外，凡基于公共秩序，认为自己的某些法律是具有直接适用于国际民商事法律关系的效力的，也排除外国法的适用。

2. 中国关于公共秩序保留的规定

《涉外民事关系法律适用法》第5条规定：外国法律的适用将损害中华人民共和国社会公共利益的，适用中华人民共和国法律。

强化模拟题

关于适用冲突规范的制度，下列说法，错误的是（　　）。

A. 对于适用内国冲突规范的错误，我国法律规定不允许上诉，而对于适用外国法律本身的错误，是否允许上诉依情况有所不同

B. 我国运用公共秩序保留排除外国法后，采取“适用法院地法”，即适用中国的实体法

C. “……适用外国法律或者国际惯例的，不得违背中华人民共和国的社会公共利益。”其中是指外国法适用的结果不得违背“中华人民共和国的社会公共利益”，而不包括外国法律内容本身的违背

D. 公共秩序是一个极为笼统、抽象、不确定的概念，因此应当将其适用限定在一定范围内，我国法律就仅在法律适用方面规定了公共秩序保留制度

答案：AD。我国对公共秩序保留的适用不仅规定在法律适用方面，而且规定在司法协助、外国判决及仲裁裁决的承认与执行等方面，故D项错误。

第五节　法律规避

考点：法律规避及中国关于法律规避的规定

1. 法律规避的概念与效力

法律规避是指涉外民事法律关系的当事人为利用某一冲突规范，故意制造某种连结点的客观事实，以避免本应适用的法律，从而使对自己有利的法律得以适用的一种逃法或脱法行为。

构成法律规避，必须具备下列要件：

(1)从行为主体上看，法律规避是当事人自己的行为造成的。

(2)从主观上讲，法律规避是当事人有目的、有意识造成的。

(3)从规避的对象上讲，被规避的法律必须是依冲突规范本应适用的强制性或禁止性法律。

(4)从行为方式上看，当事人是通过人为地制造或改变一个或几个连结点来达到目的。

(5)从客观结果上看，当事人的规避行为已经完成，如果按照当事人的愿望行事，就是适用对当事人有利的法律。

一般来说，在实践中，大多数国家都认为法律规避是非法的，不承认其效力。

2. 中国关于法律规避的规定

《涉外民事关系法律适用法》第4条规定：中华人民共和国法律对涉外民事关系有强制性规定的，直接适用该强制性规定。《涉外民事关系法律适用法司法解释(一)》第9条规定：当事人在合同中援引尚未对中华人民共和国生效的国际条约的，人民法院可以根据该国际条约的内容确定当事人之间的权利义务，但违反中华人民共和国社会公共利益或中华人民共和国法律、行政法规强制性规定的除外。第10条规定：有下列情形之一，涉及中华人民共和国社会公共利益、当事人不能通过约定排除适用、无需通过冲突规范指引而直接适用于涉外民事关系的法律、行政法规的规定，人民法院应当认定为涉外民事关系法律适用法第四条规定的强制性规定：(一)涉及劳动者权益保护的；(二)涉及食品或公共卫生安全的；(三)涉及环境安全的；(四)涉及外汇管制等金融安全的；(五)涉及反垄断、反倾销的；(六)应当认定为强制性规定的其他情形。第11条规定：一方当事人故意制造涉外民事关系的连结点，规避中华人民共和国法律、行政法规的强制性规定的，人民法院应认定为不发生适用外国法律的效力。

从《涉外民事关系法律适用法》第4条的规定可以看出，在我国，法律规避是指规避我国的强制性或禁止性的法律，而非任何法律；而且，当事人规避我国的强制性或禁止性法律的行为无效，不发生适用外国法的效力。至于对规避外国法律的行为如何处理，我国法律尚无明确的规定。

历年试题

2015年试卷一第35题：沙特某公司在华招聘一名中国籍雇员张某。为规避中国法律关于劳动者权益保护的强制性规定，劳动合同约定排他性地适用菲律宾法。后因劳动合同产生纠纷，张某向中国法院提起诉讼。关于该劳动合同的法律适用，下列哪一选项是正确的？

A. 适用沙特法

B. 因涉及劳动者权益保护，直接适用中国的强制性规定

C. 在沙特法、中国法与菲律宾法中选择适用对张某最有利的法律

D. 适用菲律宾法

答案：B。

强化模拟题

1. 下列关于法律规避的说法，正确的是(　　)。

A. 当事人可以通过改变侵权行为地的连结事实进行法律规避

B. 当事人可以通过改变国籍进行法律规避

C. 当事人可以通过改变婚姻缔结地进行法律规避

D. 当事人规避我国强制性、禁止性和任意性法律的行为，都将不发生任何效力

答案：B。法律规避是通过改变动态连结因素完成的，过去的行为均非动态连结点，侵权行为地、婚姻缔结地等过去的行为均属于静态连结点，当事人不能再改变。只有国籍是动态连结点，当事人可以通过改变国籍规避本应适用的属人法。因此，B正确，A和C错误。

当事人规避我国强制性和禁止性法律的行为，都将不发生任何效力，但没有包括规避任意性法律的情况。所以D项错误。

2. 根据我国相关法律规定,关于合同法律适用问题上的法律规避,下列哪些选项是正确的?

A. 当事人规避中国法律强制性规定的,应当驳回起诉

B. 当事人规避中国法律强制性规定的,不发生适用外国法律的效力

C. 如果当事人采用明示约定的方式,则其规避中国法律强制性规定的行为将为法院所认可

D. 当事人在合同关系中规避中国法律强制性规定的行为无效,该合同应适用中国法

答案:BD。

第五章　国际民商事关系的法律适用

第一节　权利能力、行为能力和时效

考点一:我国有关自然人行为能力的法律适用的相关规定

《涉外民事关系法律适用法》第 11 条规定:自然人的民事权利能力,适用经常居所地法律。第 12 条规定:自然人的民事行为能力,适用经常居所地法律。自然人从事民事活动,依照经常居所地法律为无民事行为能力,依照行为地法律为有民事行为能力的,适用行为地法律,但涉及婚姻家庭、继承的除外。第 13 条规定:宣告失踪或者宣告死亡,适用自然人经常居所地法律。第 15 条规定:人格权的内容,适用权利人经常居所地法律。《票据法》第 96 条规定:票据债务人的民事行为能力,适用其本国法律。票据债务人的民事行为能力,依照其本国法律为无民事行为能力或者为限制民事行为能力而依照行为地法律为完全民事行为能力的,适用行为地法律。

历年试题

2016 年试卷一第 35 题:经常居所同在上海的越南公民阮某与中国公民李某结伴乘新加坡籍客轮从新加坡到印度游玩。客轮在公海遇风暴沉没,两人失踪。现两人亲属在上海某法院起诉,请求宣告两人失踪。依中国法律规定,下列哪一选项是正确的?

A. 宣告两人失踪,均应适用中国法

B. 宣告阮某失踪,可适用中国法或越南法

C. 宣告李某失踪,可适用中国法或新加坡法

D. 宣告阮某与李某失踪,应分别适用越南法与中国法

答案:A。

2020 年试卷二考生回忆版:经常居所地在新加坡的日本人甲来中国旅游,发现长沙某某公司微信公众号用他的肖像,随即向长沙某法院起诉,请问以下适用哪国法律?

A. 微信公众号是中国产品,应适用中国法

B. 甲经常居所地在新加坡,应适用新加坡法

C. 甲是日本人,应适用日本法

D. 甲可以与某公司协商适用中国法

答案:B。《涉外民事关系法律适用法》第 15 条规定:“人格权的内容,适用权利人经常居所地法律。”本题中肖像权属于人格权,权利人甲的经常居所地在新加坡,应适用新加坡法,B 项说法正确。

2021 年试卷二考生回忆版:经常居所地同在广州的越南公民阮某和莱索托公民祁某去中国西北无人区探险时失踪。数年后两人亲属在广州某法院申请宣告死亡。关于本案的法律适用,下列选项正确的是哪项?

A. 都适用中国法

B. 若莱索托国法律无法查明,则应适用中国法确定能否对祁某宣告死亡

C. 应分别适用越南法和莱索托法

D. 同时适用中国法和各自的国籍国法

答案:A。

强化模拟题

1. 甲国公民汤姆 19 岁,1989 年在我国境内购买了一件民间工艺品,价值 1500 元,现汤姆以其本国法上 20 岁为成年才具有行为能力为由,要求解除合同。我国法院在审理此案时应如何处理?

A. 汤姆的行为无效,可以解除合同,买卖不成立

B. 汤姆的行为有效

C. 法院可以适用 1980 年《联合国国际货物销售合同公约》处理该案

D. 合同成立

答案:BD。根据《涉外民事关系法律适用法》第 12 条的规定,BD 正确。

2. 中国籍人李某 2008 年随父母定居甲国,甲国法律规定自然人具有完全民事行为能力的年龄为 21 周岁。2009 年 7 月李某 19 周岁,在其回国期间与国内某电脑软件公司签订了购买电脑软件的合同,合同分批履行。李某在部分履行合同后,以不符合甲国有关完全民事行为能力年龄法律规定为由,主张合同无效,某电脑软件公司即向我国法院起诉。依我国相关法律规定,下列哪一说法是正确的?

A. 应适用甲国法律认定李某不具有完全行为能力

B. 应适用中国法律认定李某在中国的行为具有完全行为能力

C. 李某已在甲国定居,在中国所为行为应适用定居国法律

D. 李某在甲国履行该合同的行为应适用甲国法律

答案:B。本题考查自然人行为能力的法律适用。《涉外民事关系法律适用法》第12条。

考点二:法人权利能力和行为能力的法律适用

解决法人权利能力和行为能力的法律冲突问题,国际上的通行作法是适用法人的属人法,即法人的国籍所属国法或住所地法。但实际上,外国法人在内国活动,其在内国的权利能力、行为能力的范围,受到本国法和内国法的双重限制和制约,即一般要重叠适用其本国法和内国法。

《涉外民事关系法律适用法》第14条规定:法人及其分支机构的民事权利能力、民事行为能力、组织机构、股东权利义务等事项,适用登记地法律。法人的主营业地与登记地不一致的,可以适用主营业地法律。法人的经常居所地,为其主营业地。

在确定法人的民事行为能力问题上,根据《涉外民事关系法律适用法》第14条的规定,有两个连结点:法人的登记地、法人的主营业地(法人的经常居所地)。

历年试题

2016年试卷一第77题:韩国公民金某在新加坡注册成立一家公司,主营业地设在香港地区。依中国法律规定,下列哪些选项是正确的?

A. 该公司为新加坡籍

B. 该公司拥有韩国与新加坡双重国籍

C. 该公司的股东权利义务适用中国内地法

D. 该公司的民事权利能力与行为能力可适用香港地区法或新加坡法

答案:AD。

2023年试卷二考生回忆版:中国人甲和外国人乙在开曼群岛注册登记开设了丙公司,主要营业地在上海,后来开了个股东会并作出了决议,甲认为该股东会决议侵犯了自己的权利,向我国法院起诉申请撤销该决议。下列说法正确的是?

A. 该案应当适用开曼群岛法

B. 该案当事人可以协议选择适用英国法

C. 该案的诉讼时效应当适用中国法

D. 该案可以适用中国法或开曼群岛法

答案:D。《涉外民事关系法律适用法》第7、14条,《最高人民法院关于适用〈涉外民事关系法律适用法〉若干问题的解释(一)》第4条。

第二节 物　　权

考点一:物之所在地法原则

物之所在地法即物权关系客体物所在地的法律,它是目前国际私法上用来解决物权关系法律冲突的一项基本原则。对于物权关系的法律适用,一般将动产物权和不动产物权区分开来。不动产物权适用不动产所在地法是各国普遍采用、基本没有争议的规则;但关于动产物权,有的主张适用物之所在地法,有的主张适用当事人住所地法,有的主张适用行为地法,有的主张适用支配转让行为的自体法。

通常情况下物之所在地法的适用范围及例外:

(1)从有关实践来看,通常情况下物之所在地法适用于:

①动产与不动产的区分;

②决定物权客体的范围;

③决定物权的种类和内容;

④决定物权的取得、转移、变更和消灭的方式及条件;

⑤决定物权的保护方法。

(2)由于某些物的特殊性或处于特殊状态,物之所在地法的适用有如下例外:

①运送中的物品的物权关系一般适用送达地法或发送地法。

②船舶、飞行器等运输工具的物权关系一般适用登记注册地法或船旗国法。

③外国法人终止或解散时有关物权关系一般适用法人属人法。

④遗产继承。遗产继承目前主要有单一制和区别制两种做法,采取单一制的国家有时根本不考虑遗产所在地法,采取区别制的国家对动产一般适用被继承人的属人法。

强化模拟题

下列选项中属于物之所在地法原则适用范围的有(　　)。

A. 物权客体的范围

B. 所有权的取得、转移、变更或消灭的方式和条件

C. 物权的种类及内容

D. 动产与不动产的区分及物权的保护方法

答案:ABCD。

考点二:我国法律的规定

《涉外民事关系法律适用法》(2010年10月28日第十一届全国人民代表大会常务委员会第十七次会议通过　2010年10月28日中华人民共和国主席令第36号公布　自2011年4月1日起施行)

第36条　不动产物权,适用不动产所在地法律。

第37条　当事人可以协议选择动产物权适用的法律。当事人没有选择的,适用法律事实发生时

动产所在地法律。

第 38 条　当事人可以协议选择运输中动产物权发生变更适用的法律。当事人没有选择的，适用运输目的地法律。

第 39 条　有价证券，适用有价证券权利实现地法律或者其他与该有价证券有最密切联系的法律。

第 40 条　权利质权，适用质权设立地法律。

《海商法》

第 270 条　船舶所有权的取得、转让和消灭，适用船旗国法律。

第 271 条　船舶抵押权适用船旗国法律。

船舶在光船租赁以前或者光船租赁期间，设立船舶抵押权的，适用原船舶登记国的法律。

第 272 条　船舶优先权，适用受理案件的法院所在地法律。

《民用航空法》

第 185 条　民用航空器所有权的取得、转让和消灭，适用民用航空器国籍登记国法律。

第 186 条　民用航空器抵押权适用民用航空器国籍登记国法律。

第 187 条　民用航空器优先权适用受理案件的法院所在地法律。

命题题眼

上述法条对物权的法律适用作了具体详细的规定，是重要考点。《海商法》第 270～272 条、《民用航空法》第 185～187 条与《涉外民事关系法律适用法》规定之间是特别法与一般法的关系，在船舶、民用航空器物权的法律适用上，适用《海商法》《民用航空法》的相关规定。

历年试题

2018 年试卷二考生回忆版：经常居住在天津的德国公民托马斯家中失窃，名画丢失，该画后被中国公民李伟在韩国艺术品市场购得，得知李伟将画带回中国并委托拍卖公司在天津拍卖后，托马斯欲通过诉讼途径索回该画作。根据我国《涉外民事关系法律适用法》，关于本案下列哪一说法是正确的？

A. 托马斯的诉讼行为能力应适用德国法来判断

B. 关于该画作的物权问题，当事双方应当在与案件有实际联系的德国法、中国法以及韩国法中进行选择

C. 关于该画作的物权问题，当事双方不能就准据法的选择达成一致时，应适用韩国法

D. 关于该画作的物权问题，当事双方不能就准据法的选择达成一致时，应适用法院地法中国法

答案：C。根据《涉外民事关系法律适用法》第 12 条的规定，本案中，托马斯的经常居住地在中国，所以其诉讼行为能力应该适用中国法来判断，故 A 错误。

根据《涉外民事关系法律适用法》第 37 条的规定，B 项“当事双方应当在与案件有实际联系的德国法、中国法以及韩国法中进行选择”的说法错误。本题的关键在于托马斯与窃贼的物权问题，还是与李伟的物权问题。“得知李伟将画带回中国并委托拍卖公司在天津拍卖后，托马斯欲通过诉讼途径索回该画作”表明，本案的被告是李伟，本案中的物权问题指的是托马斯与李伟的物权问题，李伟取得名画物权的法律事实是在“韩国艺术品市场购得”。因此，本案中托马斯和李伟可以选择要适用的法律，如果两者没有选择的，适用法律事实发生时动产所在地法律，即韩国法。故 C 项正确，D 项错误。

2021 年试卷二考生回忆版：荷兰甲公司将一批货物卖给中国乙公司，买卖合同订立时，该批货物载于由荷兰鹿特丹开往大连的韩国靖远号远洋货船上。乙公司就该批货物的所有权纠纷诉至某法院，关于变更所有权，根据我国法律正确的是：

A. 应适用中国法或荷兰法

B. 若双方协议约定适用瑞士法应从其约定

C. 若双方没有约定适用韩国法

D. 可以在中国法或者荷兰法中择一适用

答案：B。《涉外民事关系法律适用法》第 38 条规定，当事人可以协议选择运输中动产物权发生变更适用的法律。当事人没有选择的，适用运输目的地法律。本题中买卖合同订立时，该批货物载于由荷兰鹿特丹开往大连的韩国靖远号远洋货船上，根据我国《涉外民事关系法律适用法》第 38 条，法院在处理该批货物的所有权纠纷时，应当首先尊重当事人的意思自治，如果当事人没有意思自治，则应适用运输目的地法律。本题中的运输目的地为中国，应适用中国法，所以 ACD 错误，B 正确。

第三节　债　　权

考点一：合同的法律适用的理论

合同的法律适用是指合同的法律选择或合同准据法的确定。

1. 确定合同准据法的两组基本概念

（1）分割论与单一论。单一论主张对于不同性质的合同应不分类型，统一确定其准据法，对于同一合同应就整个合同适用同一法律；分割论主张，对于不同性质的合同应适用不同的准据法，对于同一合同应就合同的不同方面适用不同的法律。

（2）主观论与客观论。主观论主张合同当事人有权选择适用于合同的法律，客观论则主张合同的准据法应根据合同与某一国家有最密切联系的客观

标志来确定。

2. 确定合同准据法的通常方法

(1)当事人意思自治原则。

(2)最密切联系说。

(3)客观标志说。某一合同准据法应当是在客观上最适合支配该合同的法律,如合同签订地、合同履行地、当事人住所地、船旗国。

(4)特征性履行方法。是指涉外合同当事人未选择合同应适用的法律时,根据合同的特殊性质基于"特征性履行行为"而确定合同准据法的理论。特征性履行又称特征性给付,是指双务合同中代表合同本质特征的当事人履行合同的行为,如买卖合同中卖方交付货物的行为,即属特征性履行,而买方支付货款的行为属金钱给付,这种行为仅仅体现了双务合同的共性,不能反映买卖合同的本质特征,因而属于非特征性履行。按照特征性履行方法,合同准据法应为担负特征性履行义务的当事人的住所地法,或惯常居所地法,或营业所所在地法。

(5)合同自体法。一般是指涉外合同当事人明示选择的法律。该理论主张在当事人未作明示选择,而且也无法推知当事人的意图时,应适用与该涉外合同有最密切、最真实的联系的法律。

强化模拟题

德国甲公司向澳大利亚乙公司购买一批木材,双方签订了一份国际买卖合同,但是,合同中并没有准据法选择条款。现甲公司以乙公司没有按期交付木材为由而在乙公司营业所所在地的澳大利亚法院提起诉讼,澳大利亚法院依照特征性履行理论确定合同的准据法。那么,本案件应适用的准据法是(   )。

A. 德国法

B. 澳大利亚法

C. 德国法或澳大利亚法

D. 1980 年《联合国国际货物销售合同公约》

答案:B。

考点二:我国关于涉外合同法律适用的规定

《涉外民事关系法律适用法》

第 41 条　当事人可以协议选择合同适用的法律。当事人没有选择的,适用履行义务最能体现该合同特征的一方当事人经常居所地法律或者其他与该合同有最密切联系的法律。

第 42 条　消费者合同,适用消费者经常居所地法律;消费者选择适用商品、服务提供地法律或者经营者在消费者经常居所地没有从事相关经营活动的,适用商品、服务提供地法律。

第 43 条　劳动合同,适用劳动者工作地法律;难以确定劳动者工作地的,适用用人单位主营业地法律。劳务派遣,可以适用劳务派出地法律。

《涉外民事关系法律适用法司法解释(一)》

第 6 条　中华人民共和国法律没有明确规定当事人可以选择涉外民事关系适用的法律,当事人选择适用法律的,人民法院应认定该选择无效。

第 7 条　一方当事人以双方协议选择的法律与系争的涉外民事关系没有实际联系为由主张选择无效的,人民法院不予支持。

第 8 条　当事人在一审法庭辩论终结前协议选择或者变更选择适用的法律的,人民法院应予准许。

各方当事人援引相同国家的法律且未提出法律适用异议的,人民法院可以认定当事人已经就涉外民事关系适用的法律做出了选择。

历年试题

2017 年试卷一第 79 题:中国甲公司与英国乙公司签订一份商事合同,约定合同纠纷适用英国法。合同纠纷发生 4 年后,乙公司将甲公司诉至某人民法院。英国关于合同纠纷的诉讼时效为 6 年。关于本案的法律适用,下列哪些选项是正确的?

A. 本案的诉讼时效应适用中国法

B. 本案的实体问题应适用英国法

C. 本案的诉讼时效与实体问题均应适用英国法

D. 本案的诉讼时效应适用中国法,实体问题应适用英国法

答案:BC。

2018 年试卷二考生回忆版:主营业地在广州的法国某公司雇佣了一个韩国人金某,金某的工作内容为巡回于东亚从事产品售后服务工作。后金某提出辞职,公司不允许并向广州法院起诉了金某。下列说法正确的是:

A. 如果金某是韩国来中国的留学生,则公安机关应对法国公司进行罚款处理

B. 关于该劳动合同的纠纷双方可以在一审庭审辩论终结前协商一致选择韩国法为准据法

C. 该劳动合同纠纷应该适用法国法

D. 对于该案件我国法院无管辖权,应裁定驳回法国公司的起诉

答案:A。本题综合了国际公法中的外国人就业、国际私法中的劳动合同法律适用和涉外民事诉讼的管辖等三个知识点。

根据《外国人入境出境管理条例》第 22 条、《出境入境管理法》第 43、80 条,如果金某是韩国来中国的留学生,则属于非法就业,公安机关应对法国公司进行罚款处理,A 项正确。

《涉外民事关系法律适用法》第43条规定:劳动合同,适用劳动者工作地法律;难以确定劳动者工作地的,适用用人单位主营业地法律。劳务派遣,可以适用劳务派出地法律。题中,金某的工作内容为巡回于东亚从事产品售后服务工作,属于难以确定劳动者工作地的情况,故应适用用人单位主营业地法律,即中国法,B、C项错误。我国法律没有明确规定当事人可以选择涉外民事关系适用的法律,当事人选择适用法律的,人民法院应认定该选择无效。即只有法律明确规定当事人可以选择法律时,当事人才能选择处理其争议的法律。因为本案并非一般合同,故当事人不能选择法律,因此B项说法也无从谈起。

题中"主营业地在广州的法国某公司雇佣了一个韩国人金某,金某的工作内容为巡回于东亚从事产品售后服务工作"的事实表明,该合同是在中国领域签订或者履行的,根据《民事诉讼法》第276条规定,合同签订地法院或合同履行地法院可以行使管辖权。D项错误。

2021年试卷二考生回忆版:中国甲公司和英国乙公司签订商事合同,约定适用英国法,现因合同履行纠纷诉至某人民法院。根据我国法律和司法实践,下列哪一项说法是正确的?

A. 因英国存在多法域,该纠纷适用伦敦所在地英格兰法

B. 一审法庭辩论期间,甲公司和乙公司约定纠纷的诉讼时效适用中国法,应当从其约定

C. 一审法庭辩论期间,甲公司和乙公司约定合同适用法律变更为苏格兰法,法院可以准许

D. 该纠纷的诉讼时效适用我国的《民法典》

答案:C。

强化模拟题

1. 一营业地在湖北的中国甲公司与营业地在纽约的德国乙公司签订了一项购买机床的合同,由乙公司将机床卖给甲公司。后来甲公司由于机床性能问题,在广州起诉乙公司,武汉市中级人民法院受理此案后,在适用的法律上应该依据下列哪些原则?

A. 如双方在合同中选择了适用的法律,则适用其选择的法律

B. 如双方未选择适用的法律,则适用德国法律

C. 如双方未选择适用的法律,则适用国际惯例

D. 如双方未选择适用的法律,则适用与案件有最密切联系地的法律

答案:AD。《涉外民事关系法律适用法》第41条。

2. 中国某航空公司从甲国公司融资租赁一架飞机。双方合同约定适用甲国法律,由乙国银行提供贷款,由住所位于丙国的丙国公司担保。合同以英文作成,但贷款合同和保证合同对法律适用均没有约定。履行中发生争议,诉诸中国法院。依我国相关法律规定,下列哪一选项是正确的?

A. 飞机融资租赁合同应适用甲国法律

B. 飞机融资租赁合同应适用承租人住所地法律

C. 贷款合同应认为当事人默示选择适用英国法

D. 保证合同应适用中国某航空公司的住所地法

答案:A。

3. 甲国贸易公司航次承租乙国籍货轮"锦绣"号将一批货物从甲国运往中国,运输合同载有适用甲国法律的条款。"锦绣"号停靠丙国某港时与丁国籍轮"金象"号相撞,有关货损和碰撞案在中国法院审理。关于该案的法律适用,下列哪些选项是正确的?

A. 有关航次租船运输合同的争议应适用与合同有最密切联系的法律

B. 有关航次租船运输合同的争议应适用甲国法律

C. 因为"锦绣"号与"金象"号的国籍不同,两轮的碰撞纠纷应适用法院地法解决

D."锦绣"号与"金象"号的碰撞应适用丙国法律

答案:BD。

考点三:侵权行为的法律适用

1. 对侵权行为的法律适用的一般做法

(1)适用侵权行为地法,但有的国家以加害行为地作为侵权行为地,有的国家把损害发生地作为侵权行为地,还有的国家认为两者均为侵权行为地。

(2)选择适用侵权行为地法和当事人共同属人法。

(3)重叠适用侵权行为地法和法院地法。

(4)选择适用侵权行为地法、法院地法和当事人共同属人法。

2. 自20世纪中期以来,侵权行为的法律适用出现了如下新发展

(1)侵权行为自体法与最密切联系原则的产生;

(2)当事人意思自治开始进入侵权法领域;

(3)对受害人有利的法律有时影响侵权行为的法律适用。

另外,现在各国一般对一些特殊的侵权行为,如交通事故、产品责任、不正当竞争、海上侵权等,单独解决其法律选择问题。

3. 中国关于侵权行为法律适用的规定

《涉外民事关系法律适用法》

第44条　侵权责任,适用侵权行为地法律,但当事人有共同经常居所地的,适用共同经常居所地法律。侵权行为发生后,当事人协议选择适用法律的,按照其协议。

第45条　产品责任，适用被侵权人经常居所地法律；被侵权人选择适用侵权人主营业地法律、损害发生地法律的，或者侵权人在被侵权人经常居所地没有从事相关经营活动的，适用侵权人主营业地法律或者损害发生地法律。

第46条　通过网络或者采用其他方式侵害姓名权、肖像权、名誉权、隐私权等人格权的，适用被侵权人经常居所地法律。

历年试题

2017年试卷一第35题：经常居所在广州的西班牙公民贝克，在服务器位于西班牙的某网络论坛上发帖诽谤经常居所在新加坡的中国公民王某。现王某将贝克诉至广州某法院，要求其承担侵害名誉权的责任。关于该纠纷的法律适用，下列哪一选项是正确的？

A. 侵权人是西班牙公民，应适用西班牙法

B. 被侵权人的经常居所在新加坡，应适用新加坡法

C. 被侵权人是中国公民，应适用中国法

D. 论坛服务器在西班牙，应适用西班牙法

答案：B。

2020年试卷二考生回忆版：甲国马戏团的狗在中国丢了，被乙捕获并卖给了常居中国的甲国人作为宠物狗，现在马戏团索要未果，在中国法院提起了诉讼，下列选项说法正确的是：

A. 因为丢弃、捕获和买卖行为都在中国，所以适用中国法

B. 因为两个都是甲国人，所以适用甲国法

C. 因为两个都是甲国人，所以法院应当不予管辖

D. 马戏团和甲国人可以协议适用甲国法和中国法以外的法律进行裁决，法院应当准许

答案：AD。根据《涉外民事关系法律适用法》第44条的规定，因为丢弃、捕获和买卖行为都在中国，所以适用侵权行为地中国法，A项说法正确。双方当事人都是甲国人，但其中一方当事人常居中国，双方共同居所并不是甲国，所以不能适用甲国法，B项说法错误。侵权行为发生后，当事人协议选择适用法律的，按照其协议。马戏团和甲国人可以协议选择适用甲国法和中国法以外的法律进行裁决，法院应当准许。D项说法正确。

《民事诉讼法》第276条规定："因合同纠纷或者其他财产权益纠纷，对在中华人民共和国领域内没有住所的被告提起的诉讼，如果合同在中华人民共和国领域内签订或者履行，或者诉讼标的物在中华人民共和国领域内，或者被告在中华人民共和国领域内有可供扣押的财产，或者被告在中华人民共和国领域内设有代表机构，可以由合同签订地、合同履行地、诉讼标的物所在地、可供扣押财产所在地、侵权行为地或者代表机构住所地人民法院管辖。"因此，虽然当事人都是甲国人，但侵权行为地在中国，所以中国法院有权管辖，C项说法错误。

2021年试卷二考生回忆版：中国人张某在韩国首尔出差时在金达公司购买了一盒"野生高丽参"，回国后经鉴定该高丽参系人工养殖，遂引发纠纷。经查，金达公司在中国既无住所，也未从事过相关经营活动，但在大连有可供扣押的房产。根据我国相关的法律规定，下列说法正确的有哪些？

A. 本纠纷应在韩国法和中国法中适用对张某有利的法律

B. 如张某在大连起诉，我国法院有管辖权

C. 本纠纷应适用韩国法

D. 如张某在大连起诉，我国法院能否管辖取决于金达公司的意思表示

答案：BC。

2021年试卷二考生回忆版：甲公司在德国汉堡登记注册，主营业地在波兰华沙，在新加坡有一分公司。新加坡分公司与中国乙公司签订授权在中国独家经销的合同。甲公司得知后诉至中国某法院，主张其新加坡分公司和中国乙公司签订的合同无效。关于本案，下列哪项判断是正确的？

A. 甲公司的经常居所地是波兰华沙

B. 甲公司是波兰籍公司

C. 若新加坡分公司和中国乙公司的合同未选择法律，该合同应适用新加坡法

D. 若新加坡分公司和中国乙公司的合同未选择法律，该合同应适用波兰法

答案：A。

2022年试卷二考生回忆版：中国上海甲公司与南非公民约翰签订劳动合同，后甲公司与莫桑比克乙公司签订劳务派遣合同，将约翰从上海派遣到莫桑比克做非全日制工。后因劳务派遣合同发生纠纷诉至我国某法院，下列关于法律适用的哪项判断是正确的？

A. 因约翰工作地是莫桑比克，劳务派遣合同纠纷应当适用莫桑比克法

B. 因约翰是南非公民，劳务派遣合同纠纷应当适用南非法

C. 因中国上海是劳务派出地，劳务派遣合同纠纷可以适用中国法

D. 约翰有权委托某南非驻沪领事以领事身份担任诉讼代理人，但在诉讼中该领事不享有特权与豁免

答案：C。根据《涉外民事关系法律适用法》第43条的规定，ABC选项之中，只有C选项正确。

《最高人民法院关于适用〈中华人民共和国民事诉讼法〉的解释》第526条规定："涉外民事诉讼中的外籍

当事人，可以委托本国人为诉讼代理人，也可以委托本国律师以非律师身份担任诉讼代理人；外国驻华使领馆官员，受本国公民的委托，可以以个人名义担任诉讼代理人，但在诉讼中不享有外交或者领事特权和豁免。”故D选项的“以领事身份担任诉讼代理人”的表述错误。

强化模拟题

1. A国在华留学生甲与B国在华留学生乙颇有积怨（两人在华均没有经常居所地）。乙在暑假期间回国度假，在此期间致函甲在华就读的学校，称甲在暑假期间因车祸在A国丧生。暑假过后，甲返回学校，发现他已被注销学籍，并查明是因乙上述行为所致，甲遂向中国法院对乙提起诉讼。中国法院对案件的处理应适用何国法律？

A. 中国法　　B. A国法或B国法

C. 中国法或A国法　　D. 中国法或B国法

答案：D。

2. 甲国人特里长期居于乙国，丙国人王某长期居于中国，两人在北京经营相互竞争的同种产品。特里不时在互联网上发布不利于王某的消息，王某在中国法院起诉特里侵犯其名誉权、肖像权和姓名权。关于该案的法律适用，根据我国相关法律规定，下列哪些选项是错误的？

A. 名誉权的内容应适用中国法律，因为权利人的经常居住地在中国

B. 肖像权的侵害适用甲国法律，因为侵权人是甲国人

C. 姓名权的侵害适用乙国法律，因为侵权人的经常居所地在乙国

D. 网络侵权应当适用丙国法律，因为被侵权人是丙国人

答案：BCD。《涉外民事关系法律适用法》第15条规定，人格权的内容，适用权利人经常居所地法律。

考点四：不当得利、无因管理的法律适用

《涉外民事关系法律适用法》

第47条　不当得利、无因管理，适用当事人协议选择适用的法律。当事人没有选择的，适用当事人共同经常居所地法律；没有共同经常居所地的，适用不当得利、无因管理发生地法律。

历年试题

2021年试卷二考生回忆版：经常居所地在巴黎的法国人玛丽在广州工作，2020年圣诞节玛丽回国后，其饲养的宠物猫从阳台跃入邻居李某家，被李某收留和饲养。玛丽回广州后，李某还猫并要求支付饲养费用，玛丽拒绝。李某向中国某法院起诉，下列关于法律适用的判断正确的是哪项？

A. 若李某和玛丽未选择法律，法院应在中国法和法国法中择一适用

B. 若李某和玛丽协议选择德国法，法院应支持

C. 应适用中国法

D. 李某和玛丽只能在中国法和法国法中选择其中之一适用

答案：C。

2022年试卷二考生回忆版：张某在法国巴黎留学，中国明星李某经常居所地在德国柏林。张某偷拍李某很多照片并上传到中国某网站，李某在中国某法院起诉张某侵犯其隐私权。下列表述中正确的是？

A. 张某和李某可在一审法庭辩论终结前合意选择法国法

B. 若依德国法类似案件应适用被侵权人国籍国法，法院应适用中国法

C. 本案的诉讼时效问题应适用中国法

D. 本案应适用的法律可由中国受理案件的法院查明

答案：D。根据《涉外民事关系法律适用法》第46条的规定，A选项错误。

根据《涉外民事关系法律适用法》第9条的规定，侵犯人格权纠纷应适用被侵权人经常居所地法即德国法的实体法，B选项的表述错误。

根据《涉外民事关系法律适用法》第7条的规定，本案中“相关涉外民事关系”即侵犯人格权的纠纷适用德国法，故诉讼时效也应适用德国法，C选项错误。

根据《涉外民事关系法律适用法》第10条的规定，本案应适用的德国法并非当事人所选择，故可由中国受理案件的法院查明，D选项的表述正确。

第四节　商事关系

考点一：我国涉外票据关系法律适用的规定

根据我国《票据法》第94条的规定，涉外票据是指“出票、背书、承兑、保证、付款等行为中既有发生在中国境内又有发生在中国境外的票据”。

1. 票据当事人能力

《票据法》第96条：票据债务人的民事行为能力，适用其本国法律。票据债务人的民事行为能力，依照其本国法律为无民事行为能力或者为限制民事行为能力而依照行为地法律为完全民事行为能力的，适用行为地法律。

2. 票据行为方式

《票据法》第97条：汇票、本票出票时的记载事项，适用出票地法律。支票出票时的记载事项，适用出票地法律，经当事人协议，也可以适用付款地法律。

《票据法》第98条:票据的背书、承兑、付款和保证行为,适用行为地法律。

3. 票据追索权行使期限

《票据法》第99条:票据追索权的行使期限,适用出票地法律。

4. 持票人责任

《票据法》第100条:票据的提示期限、有关拒绝证明的方式、出具拒绝证明的期限,适用付款地法律。

5. 票据丧失时权利保全程序

《票据法》第101条:票据丧失时,失票人请求保全票据权利的程序,适用付款地法律。

历年试题

2017年试卷一第36题:中国公民李某在柏林签发一张转账支票给德国甲公司用于支付货款,付款人为中国乙银行北京分行;甲公司在柏林将支票背书转让给中国丙公司,丙公司在北京向乙银行请求付款时被拒。关于该支票的法律适用,依中国法律规定,下列哪一选项是正确的?

A. 如李某依中国法为限制民事行为能力人,依德国法为完全民事行为能力人,应适用德国法

B. 甲公司对该支票的背书行为,应适用中国法

C. 丙公司向甲公司行使票据追索权的期限,应适用中国法

D. 如丙公司不慎将该支票丢失,其请求保全票据权利的程序,应适用德国法

答案:A。

2022年试卷二考生回忆版:德国甲公司在上海向越南乙公司出具汇票,汇票付款人为德国甲公司在上海的分支机构。越南乙公司在河内将汇票背书转让给了越南丙公司,丙公司财务将汇票丢失,被经常居所地在广州的李先生拾得。现中国某法院受理有关该汇票的纠纷,下列哪些判断是正确的?

A. 乙公司对该汇票的背书行为,应适用中国法

B. 丙公司对乙公司行使汇票追索权的期限,应适用中国法

C. 丙公司请求保全汇票权利的程序,应适用越南法

D. 李先生拾得汇票是否构成不当得利的问题,应适用越南法

答案:B。中国《票据法》第98条规定:"票据的背书、承兑、付款和保证行为,适用行为地法律。"本题中背书地点为越南河内,故背书行为应适用越南法,A选项错误。

《票据法》第99条规定:"票据追索权的行使期限,适用出票地法律。"本题中出票地为中国上海,故汇票追索权的期限应适用中国法,B选项正确。

《票据法》第101条规定:"票据丧失时,失票人请求保全票据权利的程序,适用付款地法律。"本题中付款人为德国甲公司在上海的分支机构,故请求保全汇票权利的程序,应适用中国法,C选项错误。

李先生拾得汇票是否构成不当得利的问题,属于识别或定性问题,中国《涉外民事关系法律适用法》第8条规定:"涉外民事关系的定性,适用法院地法律。"因此,D选项的问题作为识别问题应适用法院地法(即中国法),该选项的表述错误。

强化模拟题

1. 中国公民张某在中国签发一张支票,委托中国驻希腊某金融机构为付款人,在德国有住所的持票人美国公民哈里斯在巴黎要求该金融机构付款时,双方因票据的记载事项发生争议并引起诉讼,根据我国《票据法》的规定,该案可以适用的法律有(　　)。

A. 中国法

B. 德国法

C. 美国法或法院地法

D. 经过当事人协商,可以适用美国法

答案:A。

2. 甲国人罗得向希姆借了一笔款。罗得在乙国给希姆开具一张5万美元的支票,其记载的付款人是罗得开立账户的丙国银行。后丙国银行拒绝向持有支票的希姆付款。因甲国战乱,希姆和罗得移居中国经商并有了住所,希姆遂在中国某法院起诉罗得,要求其支付五万美元。关于此案的法律适用,下列哪一选项是正确的?

A. 该支票的追索应适用当事人选择的法律

B. 该支票追索权的行使期限应适用甲国法律

C. 该支票的记载事项适用乙国法律

D. 该支票记载的付款人是丙国银行,罗得的行为能力应适用丙国法

答案:C。

考点二:我国关于海事关系法律适用的规定

《海商法》

第269条　合同当事人可以选择合同适用的法律,法律另有规定的除外。合同当事人没有选择的,适用与合同有最密切联系的国家的法律。

第270条　船舶所有权的取得、转让和消灭,适用船旗国法律。

第271条　船舶抵押权适用船旗国法律。

船舶在光船租赁以前或者光船租赁期间,设立船舶抵押权的,适用原船舶登记国的法律。

第272条　船舶优先权,适用受理案件的法院所在地法律。

第 273 条　船舶碰撞的损害赔偿，适用侵权行为地法律。

船舶在公海上发生碰撞的损害赔偿，适用受理案件的法院所在地法律。

同一国籍的船舶，不论碰撞发生于何地，碰撞船舶之间的损害赔偿适用船旗国法律。

第 274 条　共同海损理算，适用理算地法律。

第 275 条　海事赔偿责任限制，适用受理案件的法院所在地法律。

历年试题

2017 年试卷一第 37 题：中国甲公司将其旗下的东方号货轮光船租赁给韩国乙公司，为便于使用，东方号的登记国由中国变更为巴拿马。现东方号与另一艘巴拿马籍货轮在某海域相撞，并被诉至中国某海事法院。关于本案的法律适用，下列哪一选项是正确的？

A. 两船碰撞的损害赔偿应适用中国法

B. 如两船在公海碰撞，损害赔偿应适用《联合国海洋法公约》

C. 如两船在中国领海碰撞，损害赔偿应适用中国法

D. 如经乙公司同意，甲公司在租赁期间将东方号抵押给韩国丙公司，该抵押权应适用中国法

答案：D。

2022 年试卷二考生回忆版：甲国籍船长约翰驾驶船舶“跃海号”（悬挂甲国国旗）在公海航行期间，故意撞击一艘在同一海域的中国渔船“前进号”，导致中国渔船渔民严重伤亡，跃海号在中国海南某港口停靠，约翰上岸就医，受害方在中国某法院对“跃海号”和约翰提起了诉讼。已知甲国和中国都是《联合国海洋法公约》缔约国。下列说法正确的是？

A. 本案所涉的刑事诉讼可由中国法院管辖

B. 本案所涉的刑事诉讼应由国际海洋法法庭管辖

C. 本案所涉的民事诉讼赔偿适用《联合国海洋法公约法》

D. 本案中“前进号”对“跃海号”的民事赔偿之诉适用中国法

答案：AD。甲国籍船长约翰在公海故意撞击一艘中国渔船，导致中国渔船渔民严重伤亡，根据中国《刑法》构成严重犯罪，中国法院对该案享有管辖权，A 选项正确。

根据《海洋法公约》的规定，国际海洋法法庭并不受理刑事诉讼案件，B 选项错误。

《海洋法公约》并未就涉及海洋侵权纠纷的民事赔偿问题作出规定，故 C 选项的表述错误。

中国《海商法》第 273 条规定：“船舶碰撞的损害赔偿，适用侵权行为地法律。船舶在公海上发生碰撞的损害赔偿，适用受理案件的法院所在地法律。同一国籍的船舶，不论碰撞发生在何地，碰撞船舶之间的损害赔偿适用船旗国法律。”本案受理案件的法院所在地在中国，故应适用中国法，D 选项正确。

强化模拟题

1. 2014 年 12 月，挪威某公司在天津海事法院起诉，依其对中国跃进公司租用的货轮“金刚”享有的货款抵押权求偿。经法院调查，“金刚”是跃进公司从西班牙某公司以光船租赁的形式租用的一艘在巴拿马登记并悬挂巴拿马国旗的船舶。天津海事法院在处理此案时，应适用（　　）来处理“金刚”的抵押权问题。

A. 挪威法律　　B. 中国法律

C. 巴拿马法律　　D. 西班牙法律

答案：C。《海商法》第 271 条。

2. 中国甲公司与希腊乙公司签订了进口一批仪器的国际货物买卖合同，合同约定有关合同的一切争议适用希腊法。此批货物由韩国籍货轮“长今”号承运，并投保了一切险。“长今”号在印度洋公海航行时与巴拿马籍货轮“特雷”号相撞。“长今”号船长为了避免该轮沉没采取了自愿搁浅的措施。“长今”号在救助人的帮助下进入了避难港，经修理继续航行到达中国目的港。但在途中曾突遇特大暴风雨，使部分仪器湿损。上述各方当事人如发生诉讼，下列关于法律适用问题的选项，哪些是正确的？

A. 如果该船舶碰撞案在中国法院审理，应适用中国法

B. 如果该船舶碰撞案在中国法院审理，应适用侵权行为地法

C. 如果有关该国际货物买卖合同的争议在中国法院审理，应适用中国法

D. 如果有关该国际货物买卖合同的争议在中国法院审理，应适用希腊法

答案：AD。

考点三：我国关于民用航空关系法律适用的规定

《民用航空法》

第 185 条　民用航空器所有权的取得、转让和消灭，适用民用航空器国籍登记国法律。

第 186 条　民用航空器抵押权适用民用航空器国籍登记国法律。

第 187 条　民用航空器优先权适用受理案件的法院所在地法律。

第 188 条　民用航空运输合同当事人可以选择合同适用的法律，但是法律另有规定的除外；合同当事人没有选择的，适用与合同有最密切联系的国家

的法律。

第189条　民用航空器对地面第三人的损害赔偿，适用侵权行为地法律。

民用航空器在公海上空对水面第三人的损害赔偿，适用受理案件的法院所在地法律。

强化模拟题

根据我国《民用航空法》的规定，下列法律关系中适用民用航空器国籍登记国法律的是(　　)。

A. 关于民用航空器的所有权的取得、转让和消灭

B. 关于民用航空器的抵押权

C. 关于民用航空器的优先权

D. 关于民用航空器对地面第三人的损害赔偿责任

答案：AB。《民用航空法》第185～189条的规定。

考点四：代理的法律适用

《涉外民事关系法律适用法》第16条规定，代理适用代理行为地法律，但被代理人与代理人的民事关系，适用代理关系发生地法律。当事人可以协议选择委托代理适用的法律。

历年试题

2022年试卷二考生回忆版：中国甲公司想收购M国乙公司，与M国丙律所驻北京代表处签订代理协议，委托M国律所在当地核实乙公司信息，并依核实后的信息完成了对M国乙公司的收购。后甲公司发现M国律所提交的核实资料有问题，遂向中国某法院对M国律所提起诉讼，若各方当事人没有就法律适用达成协议，下列哪些判断是正确的？

A. 甲公司和M国律所之间的民事关系应适用中国法

B. M国律所代理核实乙公司信息的行为是否有效应适用M国法律

C. 中国法院可向M国律所驻北京代表处送达本案司法文书

D. M国律所可委托本所的M国律师以律师身份在中国法院应诉

答案：BC。根据《涉外民事关系法律适用法》第16条的规定，甲公司和M国律所之间的民事关系属于被代理人与代理人之间的关系，双方可以选择所适用的法律，未选择则应适用代理关系发生地法律，A选项的表述过于绝对，错误。

M国律所代理核实乙公司信息的行为是否有效属于代理的外部关系，适用代理行为地法M国法，B选项的表述正确。

根据《民事诉讼法》第283条的规定，人民法院对在中华人民共和国领域内没有住所的当事人送达诉讼文书时，可以向受送达人在中华人民共和国领域内设立的代表机构或者有权接受送达的分支机构、业务代办人送达，故C选项正确。

《民事诉讼法》第274条规定："外国人、无国籍人、外国企业和组织在人民法院起诉、应诉，需要委托律师代理诉讼的，必须委托中国的律师。"故D选项错误。

考点五：信托的法律适用

《涉外民事关系法律适用法》第17条规定，当事人可以协议选择信托适用的法律。当事人没有选择的，适用信托财产所在地法律或者信托关系发生地法律。

历年试题

2017年试卷一第77题：新加坡公民王颖与顺捷国际信托公司在北京签订协议，将其在中国的财产交由该公司管理，并指定受益人为其幼子李力。在管理信托财产的过程中，王颖与顺捷公司发生纠纷，并诉至某人民法院。关于该信托纠纷的法律适用，下列哪些选项是正确的？

A. 双方可协议选择适用瑞士法

B. 双方可协议选择适用新加坡法

C. 如双方未选择法律，法院应适用中国法

D. 如双方未选择法律，法院应在中国法与新加坡法中选择适用有利于保护李力利益的法律

答案：ABC。

第五节　家　　庭

考点一：涉外结婚、夫妻关系、离婚的法律适用

1. 涉外结婚的法律适用

《涉外民事关系法律适用法》第21条规定，结婚条件，适用当事人共同经常居所地法律；没有共同经常居所地的，适用共同国籍国法律；没有共同国籍，在一方当事人经常居所地或者国籍国缔结婚姻的，适用婚姻缔结地法律。第22条规定，结婚手续，符合婚姻缔结地法律、一方当事人经常居所地法律或者国籍国法律的，均为有效。

2. 夫妻关系的法律适用

《涉外民事关系法律适用法》第23条规定，夫妻人身关系，适用共同经常居所地法律；没有共同经常居所地的，适用共同国籍国法律。第24条规定，夫妻财产关系，当事人可以协议选择适用一方当事人经常居所地法律、国籍国法律或者主要财产所在地法律。当事人没有选择的，适用共同经常居所地法律；没有共同经常居所地的，适用共同国籍国法律。

3. 涉外离婚的法律适用

《涉外民事关系法律适用法》第26条规定，协议离婚，当事人可以协议选择适用一方当事人经常居

所地法律或者国籍国法律。当事人没有选择的，适用共同经常居所地法律；没有共同经常居所地的，适用共同国籍国法律；没有共同国籍的，适用办理离婚手续机构所在地法律。第27条规定，诉讼离婚，适用法院地法律。

历年试题

2017年试卷一第78题：中国公民王某将甲国公民米勒诉至某人民法院，请求判决两人离婚、分割夫妻财产并将幼子的监护权判决给她。王某与米勒的经常居所及主要财产均在上海，其幼子为甲国籍。关于本案的法律适用，下列哪些选项是正确的？

A. 离婚事项，应适用中国法

B. 夫妻财产的分割，王某与米勒可选择适用中国法或甲国法

C. 监护权事项，在甲国法与中国法中选择适用有利于保护幼子利益的法律

D. 夫妻财产的分割与监护权事项均应适用中国法

答案：ABC。

2021年试卷二考生回忆版：埃及人甲与印度人乙的经常居所和主要财产都在上海，现二人在上海某人民法院起诉离婚并要求分割夫妻共同财产。根据中国相关法律规定，下列选项中正确的是哪项？

A. 甲乙之子在上海出生，其子出生时不具有中国国籍

B. 只要该诉讼尚未了结，甲乙二人就不得离境

C. 诉讼离婚及夫妻财产分割事项均应适用中国法

D. 甲乙可就夫妻财产分割事项协议选择新加坡法

答案：A。

2022年试卷二考生回忆版：经常居所在深圳的张丽和经常居所在中国香港的李明婚前约定离婚财产分割适用香港地区法律（婚前约定的是李明将其持有的香港股票分一半给张丽）。现张丽在深圳某法院诉讼离婚并请求分割夫妻共同财产，深圳法院判决离婚且均分李明在香港的股票。下列说法正确的是？

A. 离婚应适用中国内地法

B. 因为诉讼离婚适用法院地法，故夫妻财产分割应适用中国内地法

C. 张丽可以向香港高等法院申请认可与执行深圳法院判决的全部或部分

D. 香港高等法院应根据深圳法院的判决，命令李明向张丽转让其50%的香港股票

答案：A。根据《涉外民事关系法律适用法》第27条的规定，本案中张丽在深圳某法院诉讼离婚，法院地在中国，故A选项正确。

根据《涉外民事关系法律适用法》第24条的规定，关于夫妻财产分割应适用中国内地法的表述过于绝对，B选项错误。

根据《关于内地与香港特别行政区法院相互认可和执行婚姻家庭民事案件判决的安排》的规定，内地婚姻家庭民事案件判决如果到香港申请认可与执行，应向香港区域法院而非高等法院提出，故C、D选项错误。

强化模拟题

1. 中国人甲与法国人乙在瑞士结婚并定居在瑞士。婚后因感情不和，甲回到中国提起离婚诉讼。依据《涉外民事关系法律适用法》，关于该案涉及的离婚以及因离婚而引起的财产分割的法律适用问题，下列哪些选项是正确的？

A. 该婚姻的有效性应适用法国法律

B. 该案涉及的离婚条件适用中国法律

C. 财产分割动产适用瑞士法，不动产适用不动产所在地法

D. 涉及该案的财产分割应适用中国法律

答案：BD。《涉外民事关系法律适用法》第27条。

2. 根据我国有关法律规定，关于涉外民事关系的法律适用，下列哪些领域采用当事人意思自治原则？

A. 合同　　B. 侵权

C. 不动产物权　　D. 诉讼离婚

答案：AB。《涉外民事关系法律适用法》第27、36、41、44条。

考点二：涉外离婚案件的管辖权

1. 根据《民事诉讼法》第21条、第22条的规定，原被告一方在我国有住所或居所的，我国法院就有管辖权。

2. (1)在国内结婚并定居国外的华侨，如定居国法院以离婚诉讼须由婚姻缔结地法院管辖为由不予受理，当事人向人民法院提出离婚诉讼的，由婚姻缔结地或一方在国内的最后居所地人民法院管辖。

(2)在国外结婚并定居国外的华侨，如定居国法院以离婚诉讼须由国籍所属国法院管辖为由不予受理，当事人向人民法院提出离婚诉讼的，由一方原住所地或在国内的最后住所地人民法院管辖。

(3)中国公民一方定居国外，一方居住在国内，不论哪一方向人民法院提起离婚诉讼，国内一方住所地人民法院都有管辖权。如国外一方在居住国法院起诉，国内一方向人民法院起诉的，受诉人民法院有管辖权。

(4)中国公民双方在国外但未定居，一方向人民

法院起诉离婚的,应由原告或者被告原住所地人民法院管辖。

历年试题

2018 年试卷二考生回忆版:因中国与新加坡不承认同性婚姻,经常居所同在新疆的新加坡男性公民毛毛与中国男性公民萌主到伦敦结婚。后因感情不和,毛毛与萌主欲解除婚姻关系引发争议,上诉到中国某法院,并要求分割财产。关于该案,根据中国相关法律,下列哪些选项是正确的?

A. 两人在伦敦结婚的行为,属于国际私法上的法律规避

B. 因伦敦是婚姻缔结地,两人的婚姻条件应适用英国法

C. 二人的财产分割应根据夫妻财产关系法律适用规则

D. 因新疆是两人共同经常居所地,两人的结婚条件应适用中国法

答案:AD。本案中"因中国和新加坡不承认同性婚姻",故毛毛和萌主到伦敦结婚的行为符合法律规避行为的构成要件,故 A 正确。

《涉外民事关系法律适用法》第 21 条规定:"结婚条件,适用当事人共同经常居所地法律;没有共同经常居所地的,适用共同国籍国法律;没有共同国籍,在一方当事人经常居所地或者国籍国缔结婚姻的,适用婚姻缔结地法律。"这里的结婚条件应理解为结婚的实质条件,而非形式条件。从适用"当事人共同经常居所地法律"到"共同国籍国法律",再到"婚姻缔结地法律",是有条件选择的关系。本案双方当事人有共同经常居住地新疆,结婚条件应该适用共同居住地的中国法,故 B 错误,D 正确。

《涉外民事关系法律适用法》第 24 条规定:"夫妻财产关系,当事人可以协议选择适用一方当事人经常居所地法律、国籍国法律或者主要财产所在地法律。当事人没有选择的,适用共同经常居所地法律;没有共同经常居所地的,适用共同国籍国法律。"夫妻财产分割的前提在于婚姻关系的有效性,但是因为中国不承认同性婚姻,故本案不发生适用英国法的效力,毛毛和萌主的婚姻无效。既然婚姻无效,也就直接导致夫妻财产分割无从谈起。故 C 项错误。

强化模拟题

定居甲国的华侨王某与李某在甲国结婚,后王某在甲国起诉与李某离婚时被该国法院以当事人均具有中国国籍为由拒绝受理。王某转而在我国法院诉请离婚。根据我国现行司法解释,有关此案的管辖与适用法律,下列哪些选项是正确的?

A. 王某原住所地法院有管辖权

B. 因两人定居国外且在国外结婚,我国法院不应受理

C. 李某在国内的最后住所地法院有管辖权

D. 如中国法院管辖,认定其婚姻是否有效应适用甲国法律

答案:ACD。

考点三:父母子女关系的法律适用

《涉外民事关系法律适用法》第 25 条规定,父母子女人身、财产关系,适用共同经常居所地法律;没有共同经常居所地的,适用一方当事人经常居所地法律或者国籍国法律中有利于保护弱者权益的法律。

我国《涉外民事关系法律适用法》第 28 条规定,收养的条件和手续,适用收养人和被收养人经常居所地法律。收养的效力,适用收养时收养人经常居所地法律。收养关系的解除,适用收养时被收养人经常居所地法律或者法院地法律。

我国《涉外民事关系法律适用法》第 30 条规定,监护,适用一方当事人经常居所地法律或者国籍国法律中有利于保护被监护人权益的法律。

考点四:涉外收养的法律适用

对收养成立的形式要件,大都主张适用收养成立地法,也有人主张适用与解决收养实质要件相同的准据法。但对收养成立的实质要件,有适用法院地法、收养人属人法、收养发生地法等不同的主张。

强化模拟题

1. 某甲国公民经常居住地在甲国,在中国收养了长期居住于北京的中国儿童,并将其带回甲国生活。根据中国关于收养关系法律适用的规定,下列哪一选项是正确的?

A. 收养的条件和手续应同时符合甲国法和中国法

B. 收养的条件和手续符合中国法即可

C. 收养效力纠纷诉至中国法院的,应适用中国法

D. 收养关系解除的纠纷诉至中国法院的,应适用甲国法

答案:A。

2. 经常居住于英国的法国籍夫妇甲和乙,想来华共同收养某儿童。对此,下列哪一说法是正确的?

A. 甲、乙必须共同来华办理收养手续

B. 甲、乙应与送养人订立书面收养协议

C. 收养的条件应重叠适用中国法和法国法

D. 若发生收养效力纠纷,应适用中国法

答案:B。

考点五:关于扶养的法律适用

我国《涉外民事关系法律适用法》第29条规定,扶养,适用一方当事人经常居所地法律、国籍国法律或者主要财产所在地法律中有利于保护被扶养人权益的法律。

《涉外民事关系法律适用法》第29条是对扶养的法律适用的规定:适用有利于保护被扶养人权益的法律,在一方当事人经常居所地法律、国籍国法律或者主要财产所在地法律中具体判断。应注意,扶养包括父母子女相互之间的扶养、夫妻相互之间的扶养以及其他有扶养关系的人之间的扶养,即包括我们通常所说的扶养、抚养以及赡养。

强化模拟题

中国籍公民张某10年前送儿子到丹麦学习,其子毕业后在丹麦工作、娶妻生子,最后取得了丹麦国籍,此后再也不理睬父亲。张某年迈,想得到儿子的赡养,要求人民法院给予支持。下列选项中正确的是(　　)。

A. 我国没有关于赡养的法律适用规范立法,故应驳回张某的起诉

B. 我国没有关于赡养的法律适用规范立法,故此案应适用我国法律

C. 该案可能适用丹麦法

D. 该案可能适用中国法

答案:CD。《涉外民事关系法律适用法》第29条。

第六节　继　　承

考点一:法定继承的法律适用

法定继承是指继承人的范围、继承顺序和遗产的分配由法律予以规定的继承方式。概括说来,适用于法定继承的冲突规则不外乎被继承人的本国法、被继承人的住所地法和遗产所在地法。

根据是否将遗产中的动产和不动产区别开来分别确定法定继承的准据法,人们将法定继承的法律适用分为区别制和同一制。区别制,也称分割制,就是将遗产区分为动产和不动产,分别确定继承的准据法,即动产适用被继承人的属人法,不动产适用物之所在地法。同一制,也称单一制,是指不管遗产是动产还是不动产,继承关系作为一个整体适用同一冲突规范所指定的准据法,通常为被继承人的属人法(本国法或住所地法)。

《涉外民事关系法律适用法》第31条规定,法定继承,适用被继承人死亡时经常居所地法律,但不动产法定继承,适用不动产所在地法律。

历年试题

2016年试卷一第78题:经常居所在上海的瑞士公民怀特未留遗嘱死亡,怀特在上海银行存有100万元人民币,在苏黎世银行存有10万欧元,且在上海与巴黎各有一套房产。现其继承人因遗产分割纠纷诉至上海某法院。依中国法律规定,下列哪些选项是正确的?

A. 100万元人民币存款应适用中国法

B. 10万欧元存款应适用中国法

C. 上海的房产应适用中国法

D. 巴黎的房产应适用法国法

答案:ABCD。

2023年试卷二考生回忆版:经常居住地在上海的中国人孙倩和德国人汉森结婚,收养了越南女童阮灵,三年后汉森因病去世,留下100万元存款,未留遗嘱,对于该案所涉的遗产继承及收养关系等方面的争议,孙倩在中国法院提起诉讼。下列说法中正确的是?

A. 如果孙倩诉请解除收养关系,则应适用中国法、德国法、越南法中最有利于保护阮灵利益的法律

B. 本案中汉森留下的存款之继承纠纷应当适用德国法

C. 本案中收养的效力问题应当适用中国法

D. 如果孙倩诉请解除收养关系,则应当适用中国法

答案:C。《涉外民事关系法律适用法》第28、31条。

强化模拟题

1. 甲某系已取得美国国籍且在纽约有住所的华人,2006年2月甲回中国探亲期间病故于上海,未留遗嘱。甲在上海遗有一幢别墅和200万元人民币的存款,在纽约留下一幢住房、两家商店及若干存款和汽车、珠宝等。甲某在纽约没有亲属,其在上海的亲属向人民法院提出财产继承请求。中国法院根据中国的法律规定,应适用什么法律审理这一案件?

A. 中国法

B. 纽约州法

C. 动产适用纽约州法,不动产适用不动产所在地法

D. 纽约州财产适用纽约州法,中国财产适用中国法

答案:C。注意动产和不动产分别适用不同的法律。

2. 侨居甲国的中国公民田某在乙国旅行时遇车祸身亡。其生前在丙国某银行寄存有价值10万美元的股票、珠宝一批,在中国遗留有价值200万元人民币的房产一处。田某在中国的父母要求继承这批股票和珠宝。我国与甲乙丙三国均无有关遗产继承的特别协议。依我国法律,前述股票和珠宝的继承应适用哪一国的法律?

A. 中国法　　　　B. 甲国法

C. 乙国法　　　　　　D. 丙国法

答案:B。《涉外民事关系法律适用法》第 31 条。

考点二:遗嘱继承的法律适用

关于遗嘱内容和效力的法律适用,通常有以下几种主张:

(1)适用立遗嘱人立遗嘱时或死亡时的本国法;

(2)适用立遗嘱人立遗嘱时或死亡时的住所地法;

(3)有关动产的遗嘱适用被继承人的属人法,有关不动产的遗嘱则适用物之所在地法;

(4)适用遗产所在地法;

(5)适用被继承人选择的法律。

我国《涉外民事关系法律适用法》第 32 条规定,遗嘱方式,符合遗嘱人立遗嘱时或者死亡时经常居所地法律、国籍国法律或者遗嘱行为地法律的,遗嘱均为成立。第 33 条规定,遗嘱效力,适用遗嘱人立遗嘱时或者死亡时经常居所地法律或者国籍国法律。

历年试题

2020 年试卷二考生回忆版:甲国公民汤姆经常居住地在我国上海,他在上海去世,去世前利用我国海星播放器录下了他的遗嘱,后因遗嘱继承问题诉至杭州市法院,下列哪一说法是正确的选择?

A. 汤姆的遗嘱纠纷应适用中国法

B. 汤姆的遗嘱纠纷可适用中国法和甲国法

C. 如汤姆在订立遗嘱时甲国规定不允许本国国民使用海星播放器则遗嘱无效

D. 汤姆的遗嘱不发生法律效力

答案:B。《涉外民事关系法律适用法》第 33 条规定:"遗嘱效力,适用遗嘱人立遗嘱时或者死亡时经常居所地法律或者国籍国法律。"本题中,汤姆是甲国公民,经常居住地在我国,在上海去世,因此,甲国为汤姆的国籍国,我国为汤姆死亡时经常居住地,其遗嘱效力纠纷可适用中国法或甲国法。B 项说法正确。A 项说法错误。

根据《涉外民事关系法律适用法》第 32 条的规定,即使汤姆在订立遗嘱时甲国规定不允许本国国民使用海星播放器,如根据中国法该遗嘱方式有效,该遗嘱仍具有法律效力,C 项说法错误。该遗嘱的效力还需依中国法具体判定,D 项说法错误。

考点三:遗产管理的法律适用

我国《涉外民事关系法律适用法》第 34 条规定,遗产管理等事项,适用遗产所在地法律。

考点四:无人继承财产及其归属问题的法律适用

无人继承财产是指继承尽管已经开始,但在法定期限内,没有人接受继承或受领遗赠。解决无人继承财产归属问题的冲突规则有两种:一是适用被继承人的属人法,这为主张继承取得的国家所采用;二是适用财产所在地法,这为主张先占取得的国家所采用。

我国《涉外民事关系法律适用法》第 35 条规定,无人继承遗产的归属,适用被继承人死亡时遗产所在地法律。《民法典》第 1160 条规定,无人继承又无人受遗赠的遗产,归国家所有;死者生前是集体所有制组织成员的,归所在集体所有制组织所有。

强化模拟题

杜鲁门原是希腊人,后取得德国国籍,在比利时有经常居所地,他在我国境内死亡并在我国遗留了一笔动产,该人无继承人,也无遗嘱,该动产(　　)。

A. 归我国国家所有

B. 归德国国家所有

C. 归希腊国家所有

D. 归比利时国家所有

答案:A。根据《涉外民事关系法律适用法》第 35 条和《民法典》第 1160 条,A 正确。

第七节　知识产权

考点:《涉外民事关系法律适用法》中关于知识产权的规定

第 48 条　知识产权的归属和内容,适用被请求保护地法律。

第 49 条　当事人可以协议选择知识产权转让和许可使用适用的法律。当事人没有选择的,适用本法对合同的有关规定。

第 50 条　知识产权的侵权责任,适用被请求保护地法律,当事人也可以在侵权行为发生后协议选择适用法院地法律。

历年试题

2016 年试卷一第 79 题:韩国甲公司为其产品在中韩两国注册了商标。中国乙公司擅自使用该商标生产了大量仿冒产品并销售至中韩两国。现甲公司将乙公司诉至中国某法院,要求其承担商标侵权责任。关于乙公司在中韩两国侵权责任的法律适用,依中国法律规定,下列哪些选项是正确的?

A. 双方可协议选择适用中国法

B. 均应适用中国法

C. 双方可协议选择适用韩国法

D. 如双方无法达成一致，则应分别适用中国法与韩国法

答案：AD。

第六章 国际民商事争议的解决

第一节 国际民商事争议概述

考点：国际民商事争议的解决方式

国际民商事争议是指国际民商事交往中，各方当事人之间在权利义务方面所发生的各种纠纷。

根据争议是否通过裁判解决，国际民商事争议解决方式可分为非裁判性的解决方式（包括和解或协商、调解）和裁判性的解决方式（包括仲裁和诉讼）。

根据争议的解决是否有第三人介入，国际民商事争议解决方式可分为当事人自行解决争议的方式（如和解或协商）和第三人参与解决争议的方式（包括调解、仲裁和诉讼等）。

通常使用的争议解决方式主要有和解、调解、仲裁和诉讼等。

诉讼以外的解决争议的各种方式又被称为“替代争议解决方式”。替代争议解决方式一般是以当事人自愿为基础，主要包括和解、协商、调解、仲裁、无约束力仲裁、调解仲裁、小型审判、借用法官、私人法官、附属法院的仲裁以及简易陪审团审判等。

第二节 国际商事仲裁

考点一：仲裁的类型和机构

仲裁的类型包括国际仲裁、国内仲裁和国际商事仲裁等。根据其组织形式的不同，国际商事仲裁机构可分为临时仲裁庭和常设仲裁机构两种。

我国的常设涉外仲裁机构有中国国际经济贸易仲裁委员会和中国海事仲裁委员会。

考点二：我国关于国际商事仲裁中“涉外”“商事”的确定

国际商事仲裁是含有国际因素或涉外因素的仲裁，是解决国际、跨国或涉外的商事争议的仲裁，有时也称为国际经济贸易仲裁、涉外仲裁、国际仲裁或跨国仲裁。

1. 关于“涉外仲裁”，在我国，凡仲裁协议的一方或双方当事人为外国人、无国籍人或外国企业或实体；或者仲裁协议订立时双方当事人的住所或营业地位于不同的国家；或者即使位于相同的国家，但仲裁地位于该国之外；或者仲裁协议中涉及的商事法律关系的设立、变更或终止的法律事实发生在国外；或者争议标的位于国外等，都应视为涉外仲裁。实践中，中国仲裁机构对涉及我国香港特别行政区、澳门特别行政区和台湾地区的仲裁案件，比照涉外案件处理。

2. 关于“商事”的界定，我国最高人民法院1987年《关于执行我国加入的〈承认与执行外国仲裁裁决公约〉的通知》第2条规定：“根据我国加入该公约时所作的商事保留声明，我国仅对按照我国法律属于契约性和非契约性商事法律关系所引起的争议适用公约。所谓‘契约性和非契约性商事法律关系’，具体的是指由于合同、侵权或者根据有关法律规定而产生的经济上的权利义务关系，例如货物买卖、财产租赁、工程承包、加工承揽、技术转让、合资经营、合作经营、勘探开发自然资源、保险、信贷、劳务、代理、咨询服务和海上、民用航空、铁路、公路的客货运输以及产品责任、环境污染、海上事故和所有权争议等，但不包括外国投资者与东道国政府之间的争端。”

考点三：仲裁协议

1. 仲裁协议的类型包括仲裁条款、仲裁协议书或仲裁特别约定。根据我国《仲裁法》第16条第2款的规定，仲裁协议应当具备下列内容：

（1）请求仲裁的意思表示；

（2）仲裁事项；

（3）选定的仲裁委员会。

2. 根据我国《仲裁法》第17条的规定，仲裁协议有下列情形之一的无效：

（1）约定的仲裁事项超出法律规定的仲裁范围；

（2）无民事行为能力人或限制民事行为能力人订立的仲裁协议；

（3）一方采取胁迫手段，迫使对方订立仲裁协议。

《仲裁法》第18条规定，仲裁协议对仲裁事项或者仲裁委员会没有约定或者约定不明确的，当事人可以补充协议；达不成补充协议的，仲裁协议无效。

3. 仲裁协议效力认定的主体

根据我国《仲裁法》第20条第1款的规定，当事人对仲裁协议的效力有异议的，可以请求仲裁委员会作出决定或者请求人民法院作出裁定。一方请求仲裁委员会作出决定，另一方请求人民法院作出裁定的，由人民法院裁定。根据最高人民法院1998年10月21日《关于确认仲裁协议效力几个问题的批复》的规定，如果仲裁机构先于人民法院接受申请并

已就管辖权异议作出决定,人民法院不再受理当事人的申请。如果仲裁机构接受申请后尚未作出决定,人民法院应予受理,同时通知仲裁机构终止仲裁。当事人对仲裁协议的效力有异议的,应当在仲裁庭首次开庭前提出。

《仲裁法解释》第12条第2~3款规定,申请确认涉外仲裁协议效力的案件,由仲裁协议约定的仲裁机构所在地、仲裁协议签订地、申请人或者被申请人住所地的中级人民法院管辖。涉及海事海商纠纷仲裁协议效力的案件,由仲裁协议约定的仲裁机构所在地、仲裁协议签订地、申请人或者被申请人住所地的海事法院管辖;上述地点没有海事法院的,由就近的海事法院管辖。

《仲裁法解释》第16条规定,对涉外仲裁协议的效力审查,适用当事人约定的法律;当事人没有约定适用的法律但约定了仲裁地的,适用仲裁地法律;没有约定适用的法律也没有约定仲裁地或者仲裁地约定不明的,适用法院地法律。

《涉外民事关系法律适用法司法解释(一)》第14条规定:当事人没有选择涉外仲裁协议适用的法律,也没有约定仲裁机构或者仲裁地,或者约定不明的,人民法院可以适用中华人民共和国法律认定该仲裁协议的效力。

历年试题

2021年试卷二考生回忆版:日本甲公司与中国乙公司将商事合同纠纷提交中国国际经济贸易仲裁委员会仲裁。根据我国法律和司法实践,下列哪些选项是正确的?

A. 两公司可约定仲裁地在新加坡

B. 如两公司未约定仲裁协议适用的法律,则应适用合同纠纷应适用的法律

C. 两公司可约定合同和仲裁协议分别适用瑞士法和中国法

D. 如仲裁庭在日本仲裁,应适用日本冲突规范确定应适用的实体法

答案:ACD。

2023年试卷二考生回忆版:甲公司是在上海注册的美国独资企业,乙公司是香港特别行政区注册的企业,双方签订了买卖合同,约定该合同适用德国合同法,并约定该合同如有争议,则由总部位于巴黎的国际商事仲裁院在香港仲裁。双方在合同履行过程中果然发生了争议,则下列说法中正确的是?

A. 如果甲公司提起仲裁,则认定仲裁协议是否有效可以适用法国法

B. 如果甲公司提起仲裁,则认定仲裁协议是否有效可以适用香港法

C. 如果甲公司提起仲裁,则认定仲裁协议是否有效应适用该合同的准据法为德国法

D. 如果甲公司提起仲裁,则认定仲裁协议是否有效应适用美国法

答案:AB。《涉外民事关系法律适用法》第18条。《最高人民法院关于审理仲裁司法审查案件若干问题的规定》第13条规定:"当事人协议选择确认涉外仲裁协议效力适用的法律,应当作出明确的意思表示,仅约定合同适用的法律,不能作为确认合同中仲裁条款效力适用的法律。"因此,虽然本案中当事人约定了合同的准据法为德国法,但该约定并不能作为确认合同中仲裁条款效力适用的法律,故C选项错误。

强化模拟题

1. 中国A公司与德国B公司因双方合同中仲裁条款的效力问题在我国涉诉。双方在合同中约定仲裁机构为位于巴黎的国际商会仲裁院,仲裁地为斯德哥尔摩,但对该仲裁条款应适用的法律未作约定。依我国现行司法解释,我国法院审查该仲裁条款效力时,应适用下列哪国的法律?

A. 瑞典的法律　　B. 法国的法律

C. 中国的法律　　D. 德国的法律

答案:A。

2. 某国甲公司与中国乙公司订立买卖合同,概括性地约定有关争议由"中国贸仲"仲裁,也可以向法院起诉。后双方因违约责任产生争议。关于该争议的解决,依我国相关法律规定,下列哪一选项是正确的?

A. 违约责任不属于可仲裁的范围

B. 应认定合同已确定了仲裁机构

C. 仲裁协议因约定不明而在任何情况下无效

D. 如某国甲公司不服仲裁机构对仲裁协议效力作出的决定,向我国法院申请确认协议效力,我国法院可以受理

答案:B。

考点四:涉外仲裁裁决的承认与执行

1. 涉外仲裁裁决的撤销

对于中国的涉外仲裁裁决,当事人可以按照仲裁法第59条,在收到裁决书之日起6个月内,向仲裁机构所在地的中级人民法院申请撤销。根据仲裁法第70条,当事人提出证据证明涉外仲裁裁决有下列情形之一的,经人民法院组成合议庭审查核实,裁定撤销:(1)当事人在合同中没有订有仲裁条款或者事后没有达成书面仲裁协议的;(2)被申请人没有得到指定仲裁员或者进行仲裁程序的通知,或者由于其他不属于被申请人负责的原因未能陈述意见的;(3)仲裁庭的组成或者仲裁程序与仲裁规则不符的;

(4)裁决的事项不属于仲裁协议的范围或者仲裁机构无权仲裁的。换言之,如果当事人能够证明涉外仲裁裁决存在前述任何一种情况,法院应裁定撤销该裁决;反之,法院应驳回当事人的申请。

值得注意的是:(1)中国法院只能撤销本国的仲裁裁决,不能撤销外国的仲裁裁决。(2)申请撤销仲裁裁决,是胜诉方和败诉方都可行使的权利。这一点,和国际通行的实践是一致的。(3)在决定撤销涉外仲裁裁决之前,人民法院认为可以由仲裁庭重新裁决的,通知仲裁庭在一定期限内重新仲裁,并裁定中止撤销程序。如果仲裁庭拒绝重新仲裁,人民法院应当恢复撤销程序。(4)对于人民法院撤销仲裁裁决或驳回当事人申请的裁定,依照最高人民法院的有关司法解释,当事人无权提出上诉及申诉,人民检察院也不能提起抗诉。(5)人民法院受理当事人撤销仲裁裁决的申请后,另一方当事人申请执行同一仲裁裁决的,受理执行申请的人民法院应当在受理后裁定中止执行。

一项涉外仲裁裁决被人民法院撤销后,当事人可以依据重新达成的仲裁协议申请仲裁,也可以直接向有管辖权的法院起诉。

2. 承认与执行外国仲裁裁决的国际公约

在国际联盟主持下制定于1923年的《仲裁条款议定书》,1927年的《关于执行外国仲裁裁决的公约》和在联合国主持下1958年于纽约签订的《承认及执行外国仲裁裁决公约》(又称《纽约公约》)是国际上有关国际商事仲裁的重要公约。其中1958年《纽约公约》实际上已取代了前两个公约,成为目前国际上关于承认与执行外国仲裁裁决的最主要的公约。我国于1986年加入了该公约,该公约已于1987年4月22日对我国生效。

1958年《纽约公约》主要有如下规定:

(1)缔约国相互承认仲裁裁决具有约束力,并应依照承认与执行地的程序规则予以执行,执行时不应在实质上比承认与执行本国的仲裁裁决规定更繁琐的条件或更高昂的费用。

(2)承认与执行外国仲裁裁决的条件。按照公约第5条第1款的规定,凡外国仲裁裁决有下列情形之一时,被请求承认与执行的国家的主管机关可依被执行人的申请,拒绝承认与执行:①签订仲裁协议的当事人,根据对他们适用的法律,当时是处于某种无行为能力的情况下;或者根据仲裁协议所选定的准据法,或在未选定准据法时依据裁决地法,该仲裁协议无效;②被执行人未接到关于指派仲裁员或关于仲裁程序的适当通知,或者由于其他情况未能在案件中进行申辩;③裁决所处理的事项不是当事人交付仲裁的事项,或者不包括在仲裁协议规定之内,或者超出了仲裁协议的范围;④仲裁庭的组成或仲裁程序与当事人之间的协议不符,或者当事人之间没有这种协议时,与仲裁地所在国法律不符;⑤裁决尚未发生法律效力,或者裁决已经由作出裁决的国家或根据其法律作出裁决的国家的主管机关撤销或停止执行。

按照公约第5条第2款的规定,如果被请求承认与执行地国的主管机关依职权主动查明有下列情形之一时,也可以拒绝承认与执行:①依照执行地国的法律,争议事项不可以用仲裁的方式加以解决(例如,我国仲裁法第3条规定婚姻、收养、监护、扶养、继承纠纷以及依法应当由行政机关处理的行政争议不能用仲裁的方式加以解决);②承认与执行该裁决违反承认与执行地国的公共政策。

3. 中国仲裁机构仲裁裁决在外国的承认与执行

我国仲裁机构的仲裁裁决需要在外国承认与执行的,可分为两种情况:(1)如果该外国为1958年《纽约公约》成员国,则当事人应根据公约规定的程序和条件,直接向该外国有管辖权的法院提出请求承认与执行的申请,然后由该国法院对裁决进行审查,作出是否承认与执行的裁定。(2)如果该外国为非《纽约公约》的成员国,则当事人应当直接向有管辖权的外国法院申请承认与执行,由该国法院根据有关司法协助条约或其本国法律裁定是否承认与执行。

4. 外国仲裁裁决在我国的承认与执行

根据民事诉讼法第364条的规定,外国仲裁机构作出的仲裁裁决需要我国法院承认与执行的,应当由当事人直接向被执行人住所地或者财产所在地的中级人民法院申请,人民法院应当依照中华人民共和国缔结或者参加的国际条约,或者按照互惠原则办理。

由于我国已加入1958年《纽约公约》,因此对于在另一缔约国领土内作出的仲裁裁决应适用公约的有关规定。在适用公约的规定时,应注意我国作了两项保留:(1)互惠保留,即我国只对在另一缔约国领土内作出的裁决适用该公约。我国民事诉讼法与公约有不同规定的,按公约的规定办理。(2)商事保留,即我国仅对那些按照我国法律属于契约性或非契约性商事法律关系所引起的争议所作的裁决适用公约的规定。对于符合上述两个条件的外国仲裁裁决,当事人可直接向我国有管辖权的法院申请承认与执行。

对于非缔约国领土内作出的仲裁裁决，需要我国法院承认与执行的，按照互惠原则办理。我国有管辖权的法院收到当事人的申请后，应按照我国缔结或参加的国际条约或民事诉讼法的有关规定进行审查，裁定是否承认与执行该裁决，如果认为符合承认与执行的条件，应当裁定承认其效力，并按照民事诉讼法规定的程序执行。

当事人依照1958年《纽约公约》规定的条件申请承认与执行外国仲裁裁决的，受理申请的人民法院决定予以承认与执行的，应在受理申请之日起2个月内作出裁定，如无特殊情况，应在裁定后6个月内执行完毕；决定不予承认和执行的，需按1995年8月28日《最高人民法院关于人民法院处理与涉外仲裁及外国仲裁事项有关问题的通知》的有关规定，在裁定不予执行或者拒绝承认和执行之前，必须报请本辖区所属高级人民法院进行审查；如果高级人民法院同意不予执行或者拒绝承认和执行，应将其审查意见报最高人民法院。待最高人民法院答复后，方可裁定不予执行或者拒绝承认和执行。该审查意见应在受理申请之日起2个月内上报最高人民法院。

历年试题

2020年试卷二考生回忆版：中国某公司与墨西哥某公司签订合同，约定适用瑞士法，由北京仲裁委在新加坡仲裁。下列选项正确的是：

A. 仲裁条款若在新加坡法有效，中国法无效，应适用新加坡法

B. 若对仲裁规则有异议，应适用瑞士法

C. 若作出裁决需向被执行人所在地或财产所在地中院申请执行

D. 北京仲裁委无法在新加坡仲裁，本条款无效

答案：A。《最高人民法院关于适用〈中华人民共和国仲裁法〉若干问题的解释》第16条规定："对涉外仲裁协议的效力审查，适用当事人约定的法律；当事人没有约定适用的法律但约定了仲裁地的，适用仲裁地法律；没有约定适用的法律也没有约定仲裁地或者仲裁地约定不明的，适用法院地法律。"中国法院在其司法实践中将主合同适用法律与仲裁条款适用法律做区分。如果合同当事人未特别说明主合同适用法律同样适用于仲裁条款，则中国法院将认定当事人没有就仲裁条款适用法律进行约定。本题中当事人并没有针对仲裁条款适用的法律特别约定，但约定仲裁地在新加坡，因此应适用新加坡法。A项说法正确。

对于仲裁规则的法律适用没有明确的法律规定，但仲裁规则一般均适用于指定仲裁机构，有些仲裁机构也允许当事人自行选择或者约定仲裁规则。对仲裁规则的实体内容有异议，一般由指定仲裁机构解释。B项说法错误。

《仲裁法》第72条规定："涉外仲裁委员会作出的发生法律效力的仲裁裁决，当事人请求执行的，如果被执行人或者其财产不在中华人民共和国领域内，应当由当事人直接向有管辖权的外国法院申请承认和执行。"《最高人民法院关于适用〈中华人民共和国仲裁法〉若干问题的解释》第29条规定："当事人申请执行仲裁裁决案件，由被执行人住所地或者被执行的财产所在地的中级人民法院管辖。"因此，裁决做出后，如果被执行人或财产在我国境内，可向我国法院申请执行，如果被执行人或者其财产不在我国境内，则向有管辖权的外国法院申请执行。C项说法不全面，不当选。

一般而言，仲裁均允许当事人自行约定仲裁地点。北京仲裁委员会仲裁规则规定，除非当事人另有约定，北京仲裁委员会所在地为仲裁地。因此如果当事人约定仲裁地在新加坡，北京仲裁委则在新加坡仲裁，D项说法错误。

强化模拟题

中国甲公司和德国乙公司因国际货物买卖发生纠纷，根据双方的仲裁协议，由中国国际经济贸易仲裁委员会作出了甲公司败诉的裁决。就该裁决的执行问题，下列说法中，正确的是（　　）。

A. 乙公司可以向甲公司住所地或财产所在地的中级人民法院申请强制执行

B. 乙公司向法院申请强制执行该仲裁裁决，而甲公司申请撤销该裁决的，有管辖权的法院应当裁定中止执行，但甲公司应该提供担保

C. 法院如果查实作出该裁决的仲裁庭的组成和仲裁程序与其仲裁规则不一致的，应当裁定不予执行

D. 如果法院以裁决的事项不属于仲裁协议的范围为由，裁定不予执行该仲裁裁决的，当事人只能向法院起诉，不得再进行仲裁

答案：ABC。

第三节　国际民事诉讼

考点一：外国人在中国的民事诉讼地位

1. 给予外国人以对等为条件的国民待遇原则

2. 关于当事人的民事诉讼权利能力与诉讼行为能力

我国对此无明文规定，一般认为，当事人的民事诉讼权利能力应依法院地法，至于当事人是否具有民事诉讼行为能力的问题，则应由当事人的属人法决定，但即使根据其属人法无民事诉讼行为能力，如

果依法院地所在国的法律却有民事诉讼行为能力时，应当认定为有民事诉讼行为能力，即此时应依法院地法。

3. 诉讼代理

根据我国《民事诉讼法》及其有关司法解释，外国人在我国法院参与诉讼时，可以亲自进行，也有权通过一定程序委托我国的律师或我国其他公民代为进行。

涉外民事诉讼中的当事人，还可以委托其本国人为诉讼代理人，也可以委托本国律师以非律师身份担任诉讼代理人。另外，外国当事人还可以委托其本国驻华使领馆官员以个人名义担任诉讼代理人。

关于涉外民事诉讼代理授权委托书的认证手续，我国《民事诉讼法》第275条规定，如果在我国境内无住所的外国人委托我国律师或其他人代理诉讼，委托书是从我国境外寄交或者托交的，应当经过所在地国公证机关证明，并经我国驻该国使领馆认证，或者履行我国与该所在国订立的有关条约中规定的证明手续后，才具有效力。

4. 司法豁免

根据《民事诉讼法》第272条的规定，对享有外交特权与豁免的外国人、外国组织或者国际组织提起的民事诉讼，应当依照我国有关法律和我国缔结或参加的国际条约的规定办理。

5. 诉讼语言文字

我国法院在审理国际民事案件时，使用我国通用的语言文字，当事人要求翻译的可以提供，但费用由当事人自己负担。

历年试题

2015年试卷一第39题：英国人施密特因合同纠纷在中国法院涉诉。关于该民事诉讼，下列哪一选项是正确的？

A. 施密特可以向人民法院提交英文书面材料，无需提供中文翻译件

B. 施密特可以委托任意一位英国出庭律师以公民代理的形式代理诉讼

C. 如施密特不在中国境内，英国驻华大使馆可以授权本馆官员为施密特聘请中国律师代理诉讼

D. 如经调解双方当事人达成协议，人民法院已制发调解书，但施密特要求发给判决书，应予拒绝

答案：C。

强化模拟题

秦某出生于美国，具有美国国籍，现年10岁。秦某的父亲是华裔美国人，母亲是中国人。3年前，秦某的父母在美国离异后，秦某的母亲携秦某回国定居，秦某的母亲在公安机关办理了常住户口登记，也为秦某办理了在中国长期居留的证件。后秦某的父亲委托中国律师在中国某人民法院提起诉讼，请求取得对其子的监护权。秦某的父亲从美国寄交委托中国律师的授权委托书，应该办理下列何种手续？

A. 经美国公证机关证明，并经中华人民共和国驻美国使领馆认证

B. 经中华人民共和国驻美国使领馆认证

C. 履行中华人民共和国与美国订立的有关条约中规定的证明手续

D. 经中华人民共和国外交部有关部门认证

答案：AC。A、C项符合《民事诉讼法》第275条的规定。B项错在缺少公证机关的证明步骤，D项错在认证机关。

考点二：国际民事案件管辖权

1. 确定国际民事案件管辖权的原则

确定国际民事案件管辖权的原则包括属地管辖原则、属人管辖原则、协议管辖原则（又称为合意管辖原则）、专属管辖原则、平行管辖原则（又称为选择管辖原则，是指一国国家在主张自己对某些案件有管辖权的同时，并不否认其他国家法院对这些案件行使管辖权）等。

一般来说，各国主要是依据属地或属人原则，同时采用平行管辖、专属管辖和协议管辖等原则。

2. 我国《民事诉讼法》有关涉外民事案件管辖权的规定

（1）普通地域管辖

普通地域管辖即原告就被告，涉外民事案件中的被告住所地在我国，或者被告的住所地与经常居住地不一致时，其经常居住地在我国领域内，我国法院都有管辖权。

自然人的住所地指户籍所在地，经常居住地指公民离开其住所至起诉时连续居住1年以上的地方。法人的住所地指法人的主要营业地或者主要办事机构所在地。但对于不在我国领域内居住的人提起的有关身份关系的诉讼，可以由原告住所地或经常居住地的我国法院管辖。

（2）特别地域管辖

根据《民事诉讼法》第276条规定，因涉外民事纠纷，对在中华人民共和国领域内没有住所的被告提起除身份关系以外的诉讼，如果合同签订地、合同履行地、诉讼标的物所在地、可供扣押财产所在地、侵权行为地、代表机构住所地位于中华人民共和国领域内的，可以由合同签订地、合同履行地、诉讼标

的物所在地、可供扣押财产所在地、侵权行为地、代表机构住所地人民法院管辖。除前款规定外，涉外民事纠纷与中华人民共和国存在其他适当联系的，可以由人民法院管辖。

(3)专属管辖

我国《民事诉讼法》对专属管辖的规定：

①因不动产提起的诉讼，由不动产所在地人民法院管辖。

②因港口作业中发生的纠纷，由港口所在地人民法院管辖。

③因继承遗产纠纷提起的诉讼，由被继承人死亡时的住所地或者主要遗产所在地人民法院管辖。

④因在我国履行的中外合资经营企业合同、中外合作经营企业合同、中外合作勘探开发自然资源合同发生的纠纷提起的诉讼，我国法院有专属管辖权。

⑤因在中华人民共和国领域内设立的法人或者其他组织的设立、解散、清算，以及该法人或者其他组织作出的决议的效力等纠纷提起的诉讼，由人民法院专属管辖。

⑥因与在中华人民共和国领域内审查授予的知识产权的有效性有关的纠纷提起的诉讼，由人民法院专属管辖。

(4)协议管辖

根据《民事诉讼法》第277条规定，涉外民事纠纷的当事人书面协议选择人民法院管辖的，可以由人民法院管辖。

(5)默示接受管辖或推定管辖

涉外民事诉讼的被告对人民法院管辖不提出异议，并应诉答辩的，视为承认该人民法院为有管辖权的法院。

(6)集中管辖

根据最高人民法院《关于涉外民商事案件管辖若干问题的规定》的规定，高级人民法院根据本辖区的实际情况，认为确有必要的，经报最高人民法院批准，可以指定一个或数个基层人民法院、中级人民法院分别对第一审涉外民商事案件实行跨区域集中管辖。高级人民法院应及时向社会公布该基层人民法院、中级人民法院相应的管辖区域。

(7)遵守国际条约的规定

如果我国法律规定与所参加的有关民事诉讼管辖权的条约规定有不同的，除我国声明保留的条款外，应优先适用公约的规定。

历年试题

2016年试卷一第38题：俄罗斯公民萨沙来华与中国公民韩某签订一份设备买卖合同。后因履约纠纷韩某将萨沙诉至中国某法院。经查，萨沙在中国境内没有可供扣押的财产，亦无居所；该套设备位于中国境内。关于本案的管辖权与法律适用，依中国法律规定，下列哪一选项是正确的？

A. 中国法院没有管辖权

B. 韩某可在该套设备所在地或合同签订地法院起诉

C. 韩某只能在其住所地法院起诉

D. 萨沙与韩某只能选择适用中国法或俄罗斯法

答案：B。

2018年试卷二考生回忆版：德国彩虹公司与中国杭州的晓晨公司在杭州签署了一个中外合作经营企业合同，后在中国履行协议期间发生纠纷。关于该纠纷的相关判断，以下说法正确的有：

A. 双方可以选择德国的法律作为该合同的准据法

B. 双方可以在合同中约定该合同纠纷由德国法院进行管辖

C. 双方可以约定该案件在瑞典的斯德哥尔摩仲裁院进行仲裁

D. 双方可以约定该案件在荷兰海牙的国际仲裁院进行仲裁

答案：C。《民法典》第467条第2款规定："在中华人民共和国境内履行的中外合资经营企业合同、中外合作经营企业合同、中外合作勘探开发自然资源合同，适用中华人民共和国法律。"注意：这三类合同要同时满足至少两个条件，才应该适用中国法：(1)主体是"一中一外"，都是外方当事人则不是必须适用中国法；(2)合同在中国境内履行，如果合同在境外履行，则不是必须适用中国法。题中案情满足以上两个条件，故该合同纠纷应适用中国法。A项错误。

根据《民事诉讼法》第279条的规定，本案双方若采取诉讼方式解决纠纷，我国法院有专属管辖权，即只能向我国法院起诉。同时，我国《民事诉讼法》明确承认协议管辖，即合同或其他财产权益纠纷的当事人可以书面协议选择被告住所地、合同履行地、合同签订地、原告住所地、标的物所在地等与争议有实际联系的地点的法院管辖，但不得违反我国《民事诉讼法》对级别管辖和专属管辖的规定。因此，B项错误。根据以上关于专属管辖的规定，如果当事人选择以诉讼的方式解决争议，则当事人不得以书面协议排除我国法院的专属管辖权，但如果当事人选择以仲裁的方式解决争议，则其仲裁协议具有排除我国法院专属管辖权的法律效力。即专属管辖是指排除外国法院，并不排除仲裁。因此，C项正确。

海牙常设仲裁法院，也称海牙仲裁法院，是依据1900年第二届海牙和平会议的建议于1910年建立的国际争端仲裁机构，仲裁异于诉讼和审判，仲裁需要双方自愿。它与联合国在海牙的国际法院无关，与国际法院不同，常设仲裁法院并不是一个国家之间的法庭。争议双方可以请求该院对其进行仲裁、调解或者仅仅是调查事实。该院不仅接受来自国家间的申请，同时也接受国家与私人团体或者个人之间的冲突解决申请。但不处理私人团体或者个人之间的商事争议。故D项错误。

强化模拟题

依照我国现行法律规定及司法解释，下列哪项判断是正确的？

A. 对于在我国境内没有住所的外国被告提起涉外侵权诉讼，只有该侵权行为实施地在我国境内时，其所属辖区的中级人民法院才可以对该侵权诉讼行使管辖权

B. 我国法院可以根据当事人选择我国法院的书面协议对涉外民事诉讼行使管辖权

C. 对原本无权管辖的涉外民事诉讼，只要该诉讼的被告前来出庭应诉，我国法院就可以对其行使管辖权

D. 因在中国履行中外合资经营企业合同发生的纠纷，当事人只能向中国法院提起诉讼

答案：B。

考点三：我国最高人民法院设立的国际商事法庭

《最高人民法院关于设立国际商事法庭若干问题的规定》

第1条　最高人民法院设立国际商事法庭。国际商事法庭是最高人民法院的常设审判机构。

第2条　国际商事法庭受理下列案件：

（一）当事人依照民事诉讼法第三十四条的规定协议选择最高人民法院管辖且标的额为人民币3亿元以上的第一审国际商事案件；

（二）高级人民法院对其所管辖的第一审国际商事案件，认为需要由最高人民法院审理并获准许的；

（三）在全国有重大影响的第一审国际商事案件；

（四）依照本规定第十四条申请仲裁保全、申请撤销或者执行国际商事仲裁裁决的；

（五）最高人民法院认为应当由国际商事法庭审理的其他国际商事案件。

第3条　具有下列情形之一的商事案件，可以认定为本规定所称的国际商事案件：

（一）当事人一方或者双方是外国人、无国籍人、外国企业或者组织的；

（二）当事人一方或者双方的经常居所地在中华人民共和国领域外的；

（三）标的物在中华人民共和国领域外的；

（四）产生、变更或者消灭商事关系的法律事实发生在中华人民共和国领域外的。

第4条　国际商事法庭法官由最高人民法院在具有丰富审判工作经验，熟悉国际条约、国际惯例以及国际贸易投资实务，能够同时熟练运用中文和英文作为工作语言的资深法官中选任。

第5条　国际商事法庭审理案件，由三名或者三名以上法官组成合议庭。

合议庭评议案件，实行少数服从多数的原则。少数意见可以在裁判文书中载明。

第6条　国际商事法庭作出的保全裁定，可以指定下级人民法院执行。

第7条　国际商事法庭审理案件，依照《中华人民共和国涉外民事关系法律适用法》的规定确定争议适用的实体法律。

当事人依照法律规定选择适用法律的，应当适用当事人选择的法律。

第8条　国际商事法庭审理案件应当适用域外法律时，可以通过下列途径查明：

（一）由当事人提供；

（二）由中外法律专家提供；

（三）由法律查明服务机构提供；

（四）由国际商事专家委员提供；

（五）由与我国订立司法协助协定的缔约对方的中央机关提供；

（六）由我国驻该国使领馆提供；

（七）由该国驻我国使馆提供；

（八）其他合理途径。

通过上述途径提供的域外法律资料以及专家意见，应当依照法律规定在法庭上出示，并充分听取各方当事人的意见。

第9条　当事人向国际商事法庭提交的证据材料系在中华人民共和国领域外形成的，不论是否已办理公证、认证或者其他证明手续，均应当在法庭上质证。

当事人提交的证据材料系英文且经对方当事人同意的，可以不提交中文翻译件。

第10条　国际商事法庭调查收集证据以及组织质证，可以采用视听传输技术及其他信息网络方式。

第11条　最高人民法院组建国际商事专家委员会，并选定符合条件的国际商事调解机构、国际商事仲裁机构与国际商事法庭共同构建调解、仲裁、诉讼有机衔接的纠纷解决平台，形成“一站式”国际商事纠纷解决机制。

国际商事法庭支持当事人通过调解、仲裁、诉讼

有机衔接的纠纷解决平台，选择其认为适宜的方式解决国际商事纠纷。

第12条　国际商事法庭在受理案件后七日内，经当事人同意，可以委托国际商事专家委员会成员或者国际商事调解机构调解。

第13条　经国际商事专家委员会成员或者国际商事调解机构主持调解，当事人达成调解协议的，国际商事法庭可以依照法律规定制发调解书；当事人要求发给判决书的，可以依协议的内容制作判决书送达当事人。

第14条　当事人协议选择本规定第十一条第一款规定的国际商事仲裁机构仲裁的，可以在申请仲裁前或者仲裁程序开始后，向国际商事法庭申请证据、财产或者行为保全。

当事人向国际商事法庭申请撤销或者执行本规定第十一条第一款规定的国际商事仲裁机构作出的仲裁裁决的，国际商事法庭依照民事诉讼法等相关法律规定进行审查。

第15条　国际商事法庭作出的判决、裁定，是发生法律效力的判决、裁定。

国际商事法庭作出的调解书，经双方当事人签收后，即具有与判决同等的法律效力。

第16条　当事人对国际商事法庭作出的已经发生法律效力的判决、裁定和调解书，可以依照民事诉讼法的规定向最高人民法院本部申请再审。

最高人民法院本部受理前款规定的申请再审案件以及再审案件，均应当另行组成合议庭。

第17条　国际商事法庭作出的发生法律效力的判决、裁定和调解书，当事人可以向国际商事法庭申请执行。

第18条　国际商事法庭通过电子诉讼服务平台、审判流程信息公开平台以及其他诉讼服务平台为诉讼参与人提供诉讼便利，并支持通过网络方式立案、缴费、阅卷、证据交换、送达、开庭等。

第19条　本规定自2018年7月1日起施行。

历年试题

2020年试卷二考生回忆版：德国英海公司与韩国致远公司协议将合同纠纷提交中国国际商事法庭管辖。依中国法律规定及司法实践，下列哪一选项是正确的？

A. 因为国际商事法庭是最高院的内属机构，所以不能由当事人协议管辖

B. 国际商事法院应当先委托商事专家委员会调解

C. 如果案件与中国无密切实际联系，则中国法院无管辖权

D. 为使判决书无异议，合议庭少数意见不应写入笔录

答案：C。《最高人民法院关于设立国际商事法庭若干问题的规定》（本题中以下简称《规定》）（法释〔2018〕11号）第2条第1款规定："国际商事法庭受理下列案件：（一）当事人依照民事诉讼法第三十四条的规定协议选择最高人民法院管辖且标的额为人民币3亿元以上的第一审国际商事案件"，因此国际商事法庭可以由当事人协议管辖，A项说法错误。

《规定》第12条规定："国际商事法庭在受理案件后七日内，经当事人同意，可以委托国际商事专家委员会成员或者国际商事调解机构调解。"商事专家委员会调解是可以选择，而不是必经程序，B项说法错误。

《规定》第2条规定："国际商事法庭受理下列案件：（一）当事人依照民事诉讼法第三十四条的规定协议选择最高人民法院管辖且标的额为人民币3亿元以上的第一审国际商事案件；（二）高级人民法院对其所管辖的第一审国际商事案件，认为需要由最高人民法院审理并获准许的；（三）在全国有重大影响的第一审国际商事案件；（四）依照本规定第十四条申请仲裁保全、申请撤销或者执行国际商事仲裁裁决的；（五）最高人民法院认为应当由国际商事法庭审理的其他国际商事案件。"《民事诉讼法》第34条规定："合同或者其他财产权益纠纷的当事人可以书面协议选择被告住所地、合同履行地、合同签订地、原告住所地、标的物所在地等与争议有实际联系的地点的人民法院管辖，但不得违反本法对级别管辖和专属管辖的规定。"由以上规定可见，如果案件与中国无密切实际联系，中国法院无管辖权，C项说法正确。

根据《规定》第5条的规定，合议庭少数意见可写入裁判文书，D项说法错误。

考点四：国际民事诉讼的期间、诉讼保全和诉讼时效

1. 期间

在国际民事诉讼中，由于涉及国外的当事人需要在国外完成一定的诉讼行为，诉讼期间一般需要较长时间，各国民事诉讼法规定的国际民事诉讼期间通常比国内民事诉讼期间要长。

我国《民事诉讼法》规定，被告在我国领域内没有住所的，法院应当将起诉状副本送达被告，并通知被告在收到起诉状副本后30天内提出答辩状。被告申请延期的，是否准许，由法院决定。

另外，在我国领域内没有住所的当事人的上诉期、被上诉人的答辩期也都是30天，并且经法院准许还可以延长。而且，法院审理涉外案件的期间不受国内案件审理期间的限制。

2. 诉讼保全

根据民事诉讼法的规定，涉外民事诉讼与非涉外民事诉讼的保全制度相同，根据《民事诉讼法》的规定，人民法院对于可能因当事人一方的行为或者其他原因，使判决难以执行或者造成当事人其他损害的案件，根据对方当事人的申请，可以裁定对其财产进行保全、责令其作出一定行为或者禁止其作出一定行为；当事人没有提出申请的，人民法院在必要时也可以裁定采取保全措施。申请人在人民法院采取保全措施后30天内不依法提起诉讼或者申请仲裁的，人民法院应当解除保全。

3. 诉讼时效

对于涉外民事诉讼时效的准据法，目前各国的趋势是规定诉讼时效适用该诉讼请求的准据法。

考点五：国际司法协助

1. 国际司法协助概述

国际司法协助请求的提出一般通过以下几个途径：外交途径、使领馆途径、法院途径、中心机关途径（又称为中央机关途径）。

我国先后参加了《承认及执行外国仲裁裁决公约》《关于向国外送达民事或商事诉讼文书和非诉讼文书公约》《关于从国外调取民事或商事证据的公约》。

（1）关于我国涉外司法协助的范围

根据《民事诉讼法》第293条至第304条的规定，关于司法协助的范围，我国法院和外国法院可以在我国缔结或参加的国际条约或互惠的基础上，相互请求进行司法协助，包括送达文书、调查取证、承认与执行外国法院判决和外国仲裁裁决以及进行其他诉讼行为。但外国法院请求协助的事项有损我国的主权、安全或社会公共利益的，我国法院不予执行。

（2）提出司法协助请求的途径

关于司法协助请求提出的途径，应当根据我国缔结或参加的国际条约所规定的途径进行；没有条约关系的，通过外交途径进行。此外，外国驻我国使领馆可以向其本国公民送达文书和调查取证，但不得违反我国法律，并不得采取强制措施。未经我国主管机关的准许，任何其他外国机关或个人不得在我国领域内送达文书和调查取证。

（3）提供司法协助的程序

关于提供司法协助的程序，我国法院提供司法协助，依我国法律规定的程序进行，外国法院请求采用特殊方式进行的，也可以按照其请求的特殊方式进行，但请求采用的方式不得违反我国的法律。

2. 域外送达

域外送达是指一国法院根据国际条约或本国法律或按照互惠原则将诉讼文书和非诉讼文书送交给居住在国外的当事人或其他诉讼参与人的行为。

根据我国《民事诉讼法》第283条的规定，我国法院对于在我国领域内没有住所的当事人送达文书可以采用下列方式：

（1）依照受送达人所在国与中华人民共和国缔结或者共同参加的国际条约中规定的方式送达；

（2）通过外交途径送达；

（3）对具有中华人民共和国国籍的受送达人，可以委托中华人民共和国驻受送达人所在国的使领馆代为送达；

（4）向受送达人在本案中委托的诉讼代理人送达；

（5）向受送达人在中华人民共和国领域内设立的独资企业、代表机构、分支机构或者有权接受送达的业务代办人送达；

（6）受送达人为外国人、无国籍人，其在中华人民共和国领域内设立的法人或者其他组织担任法定代表人或者主要负责人，且与该法人或者其他组织为共同被告的，向该法人或者其他组织送达；

（7）受送达人为外国法人或者其他组织，其法定代表人或者主要负责人在中华人民共和国领域内的，向其法定代表人或者主要负责人送达；

（8）受送达人所在国的法律允许邮寄送达的，可以邮寄送达，自邮寄之日起满三个月，送达回证没有退回，但根据各种情况足以认定已经送达的，期间届满之日视为送达；

（9）采用能够确认受送达人收悉的电子方式送达，但是受送达人所在国法律禁止的除外；

（10）以受送达人同意的其他方式送达，但是受送达人所在国法律禁止的除外；

（11）不能用上述方式送达的，公告送达，自发出公告之日起，经过六十日，即视为送达。

3. 域外取证

域外取证是指基于国际条约或互惠原则，被请求国协助请求国调查案情，获得或收集证据的活动。域外取证方式主要包括：

（1）代为取证；

（2）领事取证：采取此种取证方式不得违反当地的法律，也不得采取强制措施；

（3）特派员取证：我国原则上不允许外国特派员

在我国境内取证，但在特殊情况下可特许外国特派员在我国境内取证；

(4)当事人或诉讼代理人自行取证。

根据我国有关规定，未经我国主管机关准许，任何外国当事人或其诉讼代理人都不得在我国境内自行取证。

4. 外国法院判决的承认与执行

关于承认与执行外国法院判决的程序，各国在实践中主要有三种不同的做法：

(1)经形式上的审查发给执行令的程序。我国采取此种程序。

(2)经实质性审查后发给执行令的程序。

(3)重新起诉程序。

我国人民法院和外国法院作出的判决、裁定，要在对方国家得到承认与执行，可以由当事人直接向有管辖权的法院提出(在我国为被执行人住所地或财产所在地的中级人民法院)，也可以由法院按照条约的规定或者互惠原则请求对方国家的法院承认与执行。

对于向我国法院申请承认与执行的外国判决或裁定，无论是由当事人直接申请还是由外国法院请求，我国法院都必须依照我国与该国缔结或参加的国际条约的规定，或者互惠原则进行审查。经审查，如果外国判决、裁定不违反我国法律的基本原则，或者不危害我国国家主权、安全和社会公共利益的，裁定承认其效力，需要执行的，发出执行令。

历年试题

2016年试卷一第39题：蒙古公民高娃因民事纠纷在蒙古某法院涉诉。因高娃在北京居住，该蒙古法院欲通过蒙古驻华使馆将传票送达高娃，并向其调查取证。依中国法律规定，下列哪一选项是正确的?

A. 蒙古驻华使馆可向高娃送达传票

B. 蒙古驻华使馆不得向高娃调查取证

C. 只有经中国外交部同意后，蒙古驻华使馆才能向高娃送达传票

D. 蒙古驻华使馆可向高娃调查取证并在必要时采取强制措施

答案：A。

强化模拟题

1. 下列关于“中国关于外国法院判决的承认与执行”的规定，正确的是(　　)。

A. 外国法院判决的承认与执行只能按照条约的规定予以承认与执行

B. 请求承认与执行的判决或裁定必须是已经发生法律效力的判决或裁定

C. 对于向我国法院申请承认与执行的外国判决或裁定，我国法院应依据我国与该国缔结或参加的国际条约的规定，或者互惠原则进行审查

D. 经审查，如果外国判决、裁定不违反我国法律的基本原则，或者不危害我国国家主权、安全和社会公共利益，判决承认其效力，需要执行的，发出执行令

答案：BC。

2. 我国规定外国法院的判决需要在中国得到承认与执行，需要向我国法院提出申请，下面就申请方式的表述，正确的是(　　)。

A. 可以直接由当事人向我国有管辖权的中级人民法院提出申请

B. 分为当事人申请和外国法院申请两种方式，前提都是该外国同我国有共同参加的条约或互惠

C. 先由外国法院向我国外交机关提出申请，我国外交机关同意后再转至有管辖权的中级人民法院

D. 由当事人向我国有管辖权的中级人民法院提出申请，但其必须委托中国律师代理其申请

答案：A。

考点六：人民法院受理涉及特权与豁免的民事案件的有关问题

最高人民法院《关于人民法院受理涉及特权与豁免的民事案件有关问题的通知》(2007年5月22日)规定：凡以下列在中国享有特权与豁免的主体为被告、第三人向人民法院起诉的民事案件，人民法院应在决定受理之前，报请本辖区高级人民法院审查；高级人民法院同意受理的，应当将其审查意见报最高人民法院。在最高人民法院答复前，一律暂不受理。

(1)外国国家；

(2)外国驻中国使馆和使馆人员；

(3)外国驻中国领馆和领馆成员；

(4)途经中国的外国驻第三国的外交代表和与其共同生活的配偶及未成年子女；

(5)途经中国的外国驻第三国的领事官员和与其共同生活的配偶及未成年子女；

(6)持有中国外交签证或者持有外交护照(仅限互免签证的国家)来中国的外国官员；

(7)持有中国外交签证或者持有与中国互免签证国家外交护照的领事官员；

(8)来中国访问的外国国家元首、政府首脑、外交部长及其他具有同等身份的官员；

(9)来中国参加联合国及其专门机构召开的国际会议的外国代表；

(10)临时来中国的联合国及其专门机构的官员

和专家；

(11)联合国系统组织驻中国的代表机构和人员；

(12)其他在中国享有特权与豁免的主体。

考点七：中国关于承认与执行外国法院离婚判决的规定

根据1991年最高人民法院《关于中国公民申请承认外国法院离婚判决程序问题的规定》的规定(以下简称《规定》)，对中国关于承认与执行外国法院离婚判决的规定归纳如下：

1. 对与我国没有订立司法协助协议的外国法院作出的离婚判决，中国国籍的当事人可以根据该《规定》向人民法院申请承认该外国法院的判决。但外国法院离婚判决中的夫妻财产分割、生活费负担、子女抚养方面判决的承认执行，不适用该规定。

2. 申请由申请人住所地中级人民法院受理。申请人住所地与经常居住地不一致的，由经常居住地中级人民法院受理。申请人不在国内的，由申请人原国内住所地中级人民法院受理。

3. 经审查，外国法院的离婚判决具有下列情形之一的，不予承认：

(1)判决尚未发生法律效力；

(2)作出判决的外国法院对案件没有管辖权；

(3)判决是在被告缺席且未得到合法传唤的情况下作出的；

(4)该当事人之间的离婚案件，我国法院正在审理或已作出判决，或者第三国法院对该当事人之间作出的离婚案件判决已为我国法院所承认；

(5)判决违反我国法律的基本原则或者危害我国国家主权、安全和社会公共利益。

强化模拟题

中国自然人王先生与李小姐系大学同学，1996年在北京结婚后1年，二人先后分别赴美国加利福尼亚州和新泽西州留学，分居2年后，王先生在美国加州提起离婚诉讼，加州法院判决二人解除婚姻关系，2001年王先生回国后向北京某法院提出申请，要求我国法院承认美国加州法院的离婚判决。下列哪些可以作为我国法院承认美国加州法院判决的必要条件？

A. 美国与我国存在承认对方判决的国际条约或互惠关系

B. 美国加州作出的判决已经发生法律效力

C. 不违反中华人民共和国法律的基本原则或者国家主权、安全、社会公共利益

D. 王先生与李小姐感情确已破裂

答案：BC。

第七章　区际法律问题

第一节　区际法律冲突与区际冲突法

考点：区际法律冲突的解决途径

区际冲突法是指用于解决一个主权国家内部具有独特法律制度的不同地区之间的民商事法律冲突的法律适用法。一个具有独特法律制度的地区称为法域。显然，区际冲突法的渊源只能是国内法。

1. 区际冲突法解决途径：(1)制定全国统一的区际冲突法。(2)各法域分别制定各自的区际冲突法。(3)类推适用国际私法解决区际法律冲突。(4)对区际法律冲突和国际法律冲突不加区分，适用与解决国际法律冲突基本相同的规则解决区际法律冲突。

2. 统一实体法解决途径。

3. 我国区际法律冲突的解决：在中国内地，对于涉港澳台民商事案件，都参照国际私法来处理。

第二节　区际司法协助

考点一：内地与香港特别行政区之间的送达

1. 双方委托送达司法文书，均须通过内地各高级人民法院和香港特别行政区高等法院进行。最高人民法院司法文书可以直接委托香港特别行政区高等法院送达。

2. 送达司法文书，应当依照受委托方所在地法律规定的程序进行。不论司法文书中确定的出庭日期或者期限是否已过，受委托方均应送达。受委托方最迟不得超过自收到委托书之日起2个月送达。

3. 委托送达司法文书费用互免。但委托方在委托书中请求以特定送达方式送达所产生的费用，由委托方负担。

历年试题

2011年试卷一第79题：香港特别行政区甲公司与内地乙公司发生投资纠纷，乙公司诉诸某中级人民法院。陈某是甲公司法定代表人，张某是甲公司的诉讼代理人。关于该案的文书送达及法律适用，下列哪些选项是正确的？

A. 如陈某在内地，受案法院必须通过上一级人民法院向其送达

B. 如甲公司在授权委托书中明确表明张某无权代为接收有关司法文书，则不能向其送达

C. 如甲公司在内地设有代表机构的，受案人民法院可直接向该代表机构送达

D. 同时采用公告送达和其他多种方式送达的，应当根据最先实现送达的方式确定送达日期

答案：BC。

考点二：内地与澳门特别行政区之间的送达

《最高人民法院关于内地与澳门特别行政区法院就民商事案件相互委托送达司法文书和调取证据的安排》（2001年8月7日最高人民法院审判委员会第1186次会议通过，根据2019年12月30日最高人民法院审判委员会第1790次会议《关于修改〈关于内地与澳门特别行政区法院就民商事案件相互委托送达司法文书和调取证据的安排〉的决定》修正）

一、一般规定

第1条　内地人民法院与澳门特别行政区法院就民商事案件（在内地包括劳动争议案件，在澳门特别行政区包括民事劳工案件）相互委托送达司法文书和调取证据，均适用本安排。

第2条　双方相互委托送达司法文书和调取证据，通过各高级人民法院和澳门特别行政区终审法院进行。最高人民法院与澳门特别行政区终审法院可以直接相互委托送达和调取证据。

经与澳门特别行政区终审法院协商，最高人民法院可以授权部分中级人民法院、基层人民法院与澳门特别行政区终审法院相互委托送达和调取证据。

第3条　双方相互委托送达司法文书和调取证据，通过内地与澳门司法协助网络平台以电子方式转递；不能通过司法协助网络平台以电子方式转递的，采用邮寄方式。

通过司法协助网络平台以电子方式转递的司法文书、证据材料等文件，应当确保其完整性、真实性和不可修改性。

通过司法协助网络平台以电子方式转递的司法文书、证据材料等文件与原件具有同等效力。

第4条　各高级人民法院和澳门特别行政区终审法院收到对方法院的委托书后，应当立即将委托书及所附司法文书和相关文件转送根据其本辖区法律规定有权完成该受托事项的法院。

受委托方法院发现委托事项存在材料不齐全、信息不完整等问题，影响其完成受托事项的，应当及时通知委托方法院补充材料或者作出说明。

经授权的中级人民法院、基层人民法院收到澳门特别行政区终审法院委托书后，认为不属于本院管辖的，应当报请高级人民法院处理。

第5条　委托书应当以中文文本提出。所附司法文书及其他相关文件没有中文文本的，应当提供中文译本。

第6条　委托方法院应当在合理的期限内提出委托请求，以保证受委托方法院收到委托书后，及时完成受托事项。

受委托方法院应当优先处理受托事项。完成受托事项的期限，送达文书最迟不得超过自收到委托书之日起两个月，调取证据最迟不得超过自收到委托书之日起三个月。

第7条　受委托方法院应当根据本辖区法律规定执行受托事项。委托方法院请求按照特殊方式执行委托事项的，受委托方法院认为不违反本辖区的法律规定的，可以按照特殊方式执行。

第8条　委托方法院无须支付受委托方法院在送达司法文书、调取证据时发生的费用、税项。但受委托方法院根据其本辖区法律规定，有权在调取证据时，要求委托方法院预付鉴定人、证人、翻译人员的费用，以及因采用委托方法院在委托书中请求以特殊方式送达司法文书、调取证据所产生的费用。

第9条　受委托方法院收到委托书后，不得以其本辖区法律规定对委托方法院审理的该民商事案件享有专属管辖权或者不承认对该请求事项提起诉讼的权利为由，不予执行受托事项。

受委托方法院在执行受托事项时，发现该事项不属于法院职权范围，或者内地人民法院认为在内地执行该受托事项将违反其基本法律原则或社会公共利益，或者澳门特别行政区法院认为在澳门特别行政区执行该受托事项将违反其基本法律原则或公共秩序的，可以不予执行，但应当及时向委托方法院书面说明不予执行的原因。

二、司法文书的送达

第10条　委托方法院请求送达司法文书，须出具盖有其印章或者法官签名的委托书，并在委托书中说明委托机关的名称、受送达人的姓名或者名称、详细地址以及案件性质。委托方法院请求按特殊方式送达或者有特别注意的事项的，应当在委托书中注明。

第11条　采取邮寄方式委托的，委托书及所附司法文书和其他相关文件一式两份，受送达人为两人以上的，每人一式两份。

第12条　完成司法文书送达事项后，内地人民法院应当出具送达回证；澳门特别行政区法院应当出具送达证明书。出具的送达回证和送达证明书，应当注明送达的方法、地点和日期以及司法文书接收人的身份，并加盖法院印章。

受委托方法院无法送达的，应当在送达回证或

者送达证明书上注明妨碍送达的原因、拒收事由和日期,并及时书面回复委托方法院。

第 13 条　不论委托方法院司法文书中确定的出庭日期或者期限是否已过,受委托方法院均应当送达。

第 14 条　受委托方法院对委托方法院委托送达的司法文书和所附相关文件的内容和后果不负法律责任。

第 15 条　本安排中的司法文书在内地包括:起诉状副本、上诉状副本、反诉状副本、答辩状副本、授权委托书、传票、判决书、调解书、裁定书、支付令、决定书、通知书、证明书、送达回证以及其他司法文书和所附相关文件;在澳门特别行政区包括:起诉状复本、答辩状复本、反诉状复本、上诉状复本、陈述书、申辩书、声明异议书、反驳书、申请书、撤诉书、认诺书、和解书、财产目录、财产分割表、和解建议书、债权人协议书、传唤书、通知书、法官批示、命令状、法庭许可令状、判决书、合议庭裁判书、送达证明书以及其他司法文书和所附相关文件。

考点三:人民法院向住所地在台湾地区的当事人送达民事诉讼文书

1. 直接送达。

2. 向诉讼代理人送达。但受送达人在授权委托书中明确表明其诉讼代理人无权代为接收的除外。

3. 受送达人有指定代收人的,向代收人送达。

4. 向其代表机构或者经受送达人明确授权接受送达的分支机构、业务代办人送达。

5. 受送达人在台湾地区的地址明确的,可以邮寄送达。

6. 有明确的传真号码、电子信箱地址的,可以通过传真、电子邮件方式送达。

7. 按照两岸认可的其他途径送达。

8. 采用上述方式不能送达或者台湾地区的当事人下落不明的,公告送达。

采用前四种方式送达的,由受送达人、诉讼代理人或者有权接受送达的人在送达回证上签收或者盖章,即为送达;拒绝签收或者盖章的,可依法留置送达。

考点四:人民法院代为送达台湾地区法院的民事诉讼文书

1. 人民法院代为送达台湾地区法院的民事诉讼文书应当有后者的委托函。在收到台湾地区有关法院的委托函后,经审查符合条件的,应在收到委托函之日起两个月内完成送达。

2. 民事诉讼文书中确定的出庭日期或者其他期限逾期的,受委托的人民法院亦应予送达。

3. 人民法院按照委托函中的受送达人姓名或者名称、地址不能送达的,应当附函写明情况,将未完成送达的委托材料依原途径退回。完成送达的送达回证也按照原途径退回。

4. 受委托的人民法院对台湾地区有关法院委托送达的民事诉讼文书的内容和后果不负法律责任。

考点五:内地与香港特别行政区之间就民商事案件相互委托提取证据

《最高人民法院关于内地与香港特别行政区法院就民商事案件相互委托提取证据的安排》

根据《中华人民共和国香港特别行政区基本法》第九十五条的规定,最高人民法院与香港特别行政区经协商,就民商事案件相互委托提取证据问题作出如下安排:

第 1 条　内地人民法院与香港特别行政区法院就民商事案件相互委托提取证据,适用本安排。

第 2 条　双方相互委托提取证据,须通过各自指定的联络机关进行。其中,内地指定各高级人民法院为联络机关;香港特别行政区指定香港特别行政区政府政务司司长办公室辖下行政署为联络机关。

最高人民法院可以直接通过香港特别行政区指定的联络机关委托提取证据。

第 3 条　受委托方的联络机关收到对方的委托书后,应当及时将委托书及所附相关材料转送相关法院或者其他机关办理,或者自行办理。

如果受委托方认为委托材料不符合本辖区相关法律规定,影响其完成受托事项,应当及时通知委托方修改、补充。委托方应当按照受委托方的要求予以修改、补充,或者重新出具委托书。

如果受委托方认为受托事项不属于本安排规定的委托事项范围,可以予以退回并说明原因。

第 4 条　委托书及所附相关材料应当以中文文本提出。没有中文文本的,应当提供中文译本。

第 5 条　委托方获得的证据材料只能用于委托书所述的相关诉讼。

第 6 条　内地人民法院根据本安排委托香港特别行政区法院提取证据的,请求协助的范围包括:

(一)讯问证人;

(二)取得文件;

(三)检查、拍摄、保存、保管或扣留财产;

(四)取得财产样品或对财产进行试验;

（五）对人进行身体检验。

香港特别行政区法院根据本安排委托内地人民法院提取证据的，请求协助的范围包括：

（一）取得当事人的陈述及证人证言；

（二）提供书证、物证、视听资料及电子数据；

（三）勘验、鉴定。

第7条　受委托方应当根据本辖区法律规定安排取证。

委托方请求按照特殊方式提取证据的，如果受委托方认为不违反本辖区的法律规定，可以按照委托方请求的方式执行。

如果委托方请求其司法人员、有关当事人及其诉讼代理人（法律代表）在受委托方取证时到场，以及参与录取证言的程序，受委托方可以按照其辖区内相关法律规定予以考虑批准。批准同意的，受委托方应当将取证时间、地点通知委托方联络机关。

第8条　内地人民法院委托香港特别行政区法院提取证据，应当提供加盖最高人民法院或者高级人民法院印章的委托书。香港特别行政区法院委托内地人民法院提取证据，应当提供加盖香港特别行政区高等法院印章的委托书。

委托书或者所附相关材料应当写明：

（一）出具委托书的法院名称和审理相关案件的法院名称；

（二）与委托事项有关的当事人或者证人的姓名或者名称、地址及其他一切有助于联络及辨别其身份的信息；

（三）要求提供的协助详情，包括但不限于：与委托事项有关的案件基本情况（包括案情摘要、涉及诉讼的性质及正在进行的审理程序等）；需向当事人或者证人取得的指明文件、物品及询（讯）问的事项或问题清单；需要委托提取有关证据的原因等；必要时，需陈明有关证据对诉讼的重要性及用来证实的事实及论点等；

（四）是否需要采用特殊方式提取证据以及具体要求；

（五）委托方的联络人及其联络信息；

（六）有助执行委托事项的其他一切信息。

第9条　受委托方因执行受托事项产生的一般性开支，由受委托方承担。

受委托方因执行受托事项产生的翻译费用、专家费用、鉴定费用、应委托方要求的特殊方式取证所产生的额外费用等非一般性开支，由委托方承担。

如果受委托方认为执行受托事项或会引起非一般性开支，应先与委托方协商，以决定是否继续执行受托事项。

第10条　受委托方应当尽量自收到委托书之日起六个月内完成受托事项。受委托方完成受托事项后，应当及时书面回复委托方。

如果受委托方未能按委托方的请求完成受托事项，或者只能部分完成受托事项，应当向委托方书面说明原因，并按委托方指示及时退回委托书所附全部或者部分材料。

如果证人根据受委托方的法律规定，拒绝提供证言时，受委托方应当以书面通知委托方，并按委托方指示退回委托书所附全部材料。

第11条　本安排在执行过程中遇有问题，或者本安排需要修改，应当通过最高人民法院与香港特别行政区政府协商解决。

第12条　本安排在内地由最高人民法院发布司法解释和香港特别行政区完成有关内部程序后，由双方公布生效日期。

本安排适用于受委托方在本安排生效后收到的委托事项，但不影响双方根据现行法律考虑及执行在本安排生效前收到的委托事项。

考点六：中国内地与澳门特别行政区之间的调查取证

《最高人民法院关于内地与澳门特别行政区法院就民商事案件相互委托送达司法文书和调取证据的安排》

三、调取证据

第16条　委托方法院请求调取的证据只能是用于与诉讼有关的证据。

第17条　双方相互委托代为调取证据的委托书应当写明：

（一）委托法院的名称；

（二）当事人及其诉讼代理人的姓名、地址和其他一切有助于辨别其身份的情况；

（三）委托调取证据的原因，以及委托调取证据的具体事项；

（四）被调查人的姓名、地址和其他一切有助于辨别其身份的情况，以及需要向其提出的问题；

（五）调取证据需采用的特殊方式；

（六）有助于执行该委托的其他一切情况。

第18条　代为调取证据的范围包括：代为询问当事人、证人和鉴定人，代为进行鉴定和司法勘验，调取其他与诉讼有关的证据。

第19条　委托方法院提出要求的，受委托方法院应当将取证的时间、地点通知委托方法院，以便有关当事人及其诉讼代理人能够出席。

第20条　受委托方法院在执行委托调取证据时，根据委托方法院的请求，可以允许委托方法院派司法人员出席。必要时，经受委托方允许，委托方法院的司法人员可以向证人、鉴定人等发问。

第21条　受委托方法院完成委托调取证据的事项后，应当向委托方法院书面说明。

未能按委托方法院的请求全部或者部分完成调取证据事项的，受委托方法院应当向委托方法院书面说明妨碍调取证据的原因，采取邮寄方式委托的，应及时退回委托书及所附文件。

当事人、证人根据受委托方的法律规定，拒绝作证或者推辞提供证言的，受委托方法院应当书面通知委托方法院，采取邮寄方式委托的，应及时退回委托书及所附文件。

第22条　受委托方法院可以根据委托方法院的请求，并经证人、鉴定人同意，协助安排其辖区的证人、鉴定人到对方辖区出庭作证。

证人、鉴定人在委托方地域内逗留期间，不得因在其离开受委托方地域之前，在委托方境内所实施的行为或者针对他所作的裁决而被刑事起诉、羁押，不得为履行刑罚或者其他处罚而被剥夺财产或者扣留身份证件，不得以任何方式对其人身自由加以限制。

证人、鉴定人完成所需诉讼行为，且可自由离开委托方地域后，在委托方境内逗留超过七天，或者已离开委托方地域又自行返回时，前款规定的豁免即行终止。

证人、鉴定人到委托方法院出庭而导致的费用及补偿，由委托方法院预付。

本条规定的出庭作证人员，在澳门特别行政区还包括当事人。

第23条　受委托方法院可以根据委托方法院的请求，并经证人、鉴定人同意，协助安排其辖区的证人、鉴定人通过视频、音频作证。

第24条　受委托方法院取证时，被调查的当事人、证人、鉴定人等的代理人可以出席。

历年试题

2013年试卷一第79题：内地某中级法院审理一起涉及澳门特别行政区企业的商事案件，需委托澳门特别行政区法院进行司法协助。关于该司法协助事项，下列哪些表述是正确的？

A. 该案件司法文书送达的委托，应通过该中级法院所属高级法院转交澳门特别行政区终审法院

B. 澳门特别行政区终审法院有权要求该中级法院就其中文委托书提供葡萄牙语译本

C. 该中级法院可以请求澳门特别行政区法院协助调取与该案件有关的证据

D. 在受委托方法院执行委托调取证据时，该中级法院司法人员经过受委托方允许可以出席并直接向证人提问

答案：CD。《最高人民法院关于内地与澳门特别行政区法院就民商事案件相互委托送达司法文书和调取证据的安排》第2、5、20条。

考点七：《最高人民法院关于认可和执行台湾地区法院民事判决的规定》

为保障海峡两岸当事人的合法权益，更好地适应海峡两岸关系和平发展的新形势，根据民事诉讼法等有关法律，总结人民法院涉台审判工作经验，就认可和执行台湾地区法院民事判决，制定本规定。

第1条　台湾地区法院民事判决的当事人可以根据本规定，作为申请人向人民法院申请认可和执行台湾地区有关法院民事判决。

第2条　本规定所称台湾地区法院民事判决，包括台湾地区法院作出的生效民事判决、裁定、和解笔录、调解笔录、支付命令等。

申请认可台湾地区法院在刑事案件中作出的有关民事损害赔偿的生效判决、裁定、和解笔录的，适用本规定。

申请认可由台湾地区乡镇市调解委员会等出具并经台湾地区法院核定，与台湾地区法院生效民事判决具有同等效力的调解文书的，参照适用本规定。

第3条　申请人同时提出认可和执行台湾地区法院民事判决申请的，人民法院先按照认可程序进行审查，裁定认可后，由人民法院执行机构执行。

申请人直接申请执行的，人民法院应当告知其一并提交认可申请；坚持不申请认可的，裁定驳回其申请。

第4条　申请认可台湾地区法院民事判决的案件，由申请人住所地、经常居住地或者被申请人住所地、经常居住地、财产所在地中级人民法院或者专门人民法院受理。

申请人向两个以上有管辖权的人民法院申请认可的，由最先立案的人民法院管辖。

申请人向被申请人财产所在地人民法院申请认可的，应当提供财产存在的相关证据。

第5条　对申请认可台湾地区法院民事判决的案件，人民法院应当组成合议庭进行审查。

第6条　申请人委托他人代理申请认可台湾地区法院民事判决的，应当向人民法院提交由委托人

签名或者盖章的授权委托书。

台湾地区、香港特别行政区、澳门特别行政区或者外国当事人签名或者盖章的授权委托书应当履行相关的公证、认证或者其他证明手续，但授权委托书在人民法院法官的见证下签署或者经中国大陆公证机关公证证明是在中国大陆签署的除外。

第7条　申请人申请认可台湾地区法院民事判决，应当提交申请书，并附有台湾地区有关法院民事判决文书和民事判决确定证明书的正本或者经证明无误的副本。台湾地区法院民事判决为缺席判决的，申请人应当同时提交台湾地区法院已经合法传唤当事人的证明文件，但判决已经对此予以明确说明的除外。

申请书应当记明以下事项：

（一）申请人和被申请人姓名、性别、年龄、职业、身份证件号码、住址（申请人或者被申请人为法人或者其他组织的，应当记明法人或者其他组织的名称、地址、法定代表人或者主要负责人姓名、职务）和通讯方式；

（二）请求和理由；

（三）申请认可的判决的执行情况；

（四）其他需要说明的情况。

第8条　对于符合本规定第四条和第七条规定条件的申请，人民法院应当在收到申请后七日内立案，并通知申请人和被申请人，同时将申请书送达被申请人；不符合本规定第四条和第七条规定条件的，应当在七日内裁定不予受理，同时说明不予受理的理由；申请人对裁定不服的，可以提起上诉。

第9条　申请人申请认可台湾地区法院民事判决，应当提供相关证明文件，以证明该判决真实并且已经生效。

申请人可以申请人民法院通过海峡两岸调查取证司法互助途径查明台湾地区法院民事判决的真实性和是否生效以及当事人得到合法传唤的证明文件；人民法院认为必要时，也可以就有关事项依职权通过海峡两岸司法互助途径向台湾地区请求调查取证。

第10条　人民法院受理认可台湾地区法院民事判决的申请之前或者之后，可以按照民事诉讼法及相关司法解释的规定，根据申请人的申请，裁定采取保全措施。

第11条　人民法院受理认可台湾地区法院民事判决的申请后，当事人就同一争议起诉的，不予受理。

一方当事人向人民法院起诉后，另一方当事人向人民法院申请认可的，对于认可的申请不予受理。

第12条　案件虽经台湾地区有关法院判决，但当事人未申请认可，而是就同一争议向人民法院起诉的，应予受理。

第13条　人民法院受理认可台湾地区法院民事判决的申请后，作出裁定前，申请人请求撤回申请的，可以裁定准许。

第14条　人民法院受理认可台湾地区法院民事判决的申请后，应当在立案之日起六个月内审结。有特殊情况需要延长的，报请上一级人民法院批准。

通过海峡两岸司法互助途径送达文书和调查取证的期间，不计入审查期限。

第15条　台湾地区法院民事判决具有下列情形之一的，裁定不予认可：

（一）申请认可的民事判决，是在被申请人缺席又未经合法传唤或者在被申请人无诉讼行为能力又未得到适当代理的情况下作出的；

（二）案件系人民法院专属管辖的；

（三）案件双方当事人订有有效仲裁协议，且无放弃仲裁管辖情形的；

（四）案件系人民法院已作出判决或者中国大陆的仲裁庭已作出仲裁裁决的；

（五）香港特别行政区、澳门特别行政区或者外国的法院已就同一争议作出判决且已为人民法院所认可或者承认的；

（六）台湾地区、香港特别行政区、澳门特别行政区或者外国的仲裁庭已就同一争议作出仲裁裁决且已为人民法院所认可或者承认的。

认可该民事判决将违反一个中国原则等国家法律的基本原则或者损害社会公共利益的，人民法院应当裁定不予认可。

第16条　人民法院经审查能够确认台湾地区法院民事判决真实并且已经生效，而且不具有本规定第十五条所列情形的，裁定认可其效力；不能确认该民事判决的真实性或者已经生效的，裁定驳回申请人的申请。

裁定驳回申请的案件，申请人再次申请并符合受理条件的，人民法院应予受理。

第17条　经人民法院裁定认可的台湾地区法院民事判决，与人民法院作出的生效判决具有同等效力。

第18条　人民法院依据本规定第十五条和第十六条作出的裁定，一经送达即发生法律效力。

当事人对上述裁定不服的，可以自裁定送达之日起十日内向上一级人民法院申请复议。

第19条　对人民法院裁定不予认可的台湾地区法院民事判决，申请人再次提出申请的，人民法院不予受理，但申请人可以就同一争议向人民法院起诉。

第20条　申请人申请认可和执行台湾地区法院民事判决的期间，适用民事诉讼法第二百三十九条的规定，但申请认可台湾地区法院有关身份关系的判决除外。

申请人仅申请认可而未同时申请执行的，申请执行的期间自人民法院对认可申请作出的裁定生效之日起重新计算。

第21条　人民法院在办理申请认可和执行台湾地区法院民事判决案件中作出的法律文书，应当依法送达案件当事人。

第22条　申请认可和执行台湾地区法院民事判决，应当参照《诉讼费用交纳办法》的规定，交纳相关费用。

第23条　本规定自2015年7月1日起施行。《最高人民法院关于人民法院认可台湾地区有关法院民事判决的规定》（法释〔1998〕11号）、《最高人民法院关于当事人持台湾地区有关法院民事调解书或者有关机构出具或确认的调解协议书向人民法院申请认可人民法院应否受理的批复》（法释〔1999〕10号）、《最高人民法院关于当事人持台湾地区有关法院支付命令向人民法院申请认可人民法院应否受理的批复》（法释〔2001〕13号）和《最高人民法院关于人民法院认可台湾地区有关法院民事判决的补充规定》（法释〔2009〕4号）同时废止。

历年试题

2015年试卷一第79题：秦某与洪某在台北因合同纠纷涉诉，被告洪某败诉。现秦某向洪某财产所在地的大陆某中级人民法院申请认可该台湾地区的民事判决。关于该判决的认可，下列哪些选项是正确的？

A. 人民法院受理秦某申请后，应当在6个月内审结

B. 受理秦某的认可申请后，作出裁定前，秦某要求撤回申请的，人民法院应当允许

C. 如人民法院裁定不予认可该判决，秦某可以在裁定作出1年后再次提出申请

D. 人民法院受理申请后，如对该判决是否生效不能确定，应告知秦某提交作出判决的法院出具的证明文件

答案：ABD。

强化模拟题

台湾地区甲公司因合同纠纷起诉大陆乙公司，台湾地区法院判决乙公司败诉。乙公司在上海和北京均有财产，但未执行该判决。关于该判决的执行，下列哪一选项是正确的？

A. 甲公司向上海和北京的中级人民法院申请认可该判决的，由最先立案的中级人民法院管辖

B. 该判决效力低于人民法院作出的生效判决

C. 甲公司申请财产保全的，人民法院可以要求其提供有效的担保；不提供担保的，视情况决定是否准予财产保全

D. 甲公司申请认可该判决的，应当在判决效力确定后1年内提出

答案：A。

考点八：《内地与澳门特别行政区关于相互认可和执行民商事判决的安排》

1. 适用的范围：（1）适用于内地与澳门特别行政区民商事案件判决的相互认可和执行，亦适用于刑事案件中有关民事损害赔偿的判决、裁定，但不适用于行政案件。（2）“判决”，在内地包括：判决、裁定、决定、调解书、支付令；在澳门特别行政区包括：裁判、判决、确认和解的裁定、法官的决定或者批示。

2. 受理程序：（1）内地有权受理法院：被申请人住所地、经常居住地或者财产所在地的中级人民法院。两个或两个以上中级人民法院均有管辖权的，申请人应当选择向其中一个中级人民法院提出申请。（2）澳门有权受理法院：中级法院；有权执行的法院为初级法院。（3）被申请人在内地和澳门特别行政区均有可供执行财产的，申请人可以向一地法院提出执行申请。申请人向一地法院提出执行申请的同时，可以向另一地法院申请查封、扣押或者冻结被执行人的财产。

3. 裁定不予认可的情形：（1）根据被请求方的法律，判决所确认的事项属被请求方法院专属管辖；（2）在被请求方法院已存在相同诉讼，该诉讼先于待认可判决的诉讼提起，且被请求方法院具有管辖权；（3）被请求方法院已认可或者执行被请求方法院以外的法院或仲裁机构就相同诉讼作出的判决或仲裁裁决；（4）根据判决作出地的法律规定，败诉的当事人未得到合法传唤，或者无诉讼行为能力人未依法得到代理；（5）根据判决作出地的法律规定，申请认可和执行的判决尚未发生法律效力，或者因再审被裁定中止执行；（6）在内地认可和执行判决将违反内地法律的基本原则或者社会公共利益；在澳门特别行政区认可和执行判决将违反澳门特别行政区法律的基本原则或者公共秩序。

4. 救济程序：当事人对认可与否的裁定不服的，在内地可以向上一级人民法院提请复议，在澳门特别行政区可以根据其法律规定提起上诉；对执行中作出的裁定不服的，可以根据被请求方法律的规定，向上级法院寻求救济。

5. 裁定效力：经裁定予以认可的判决，与被请求方法院的判决具有同等效力；判决有给付内容的，当事人可以向该方有管辖权的法院申请执行。另外，被请求方法院不能对判决所确认的所有请求予以认可和执行时，可以认可和执行其中的部分请求。

历年试题

2023年试卷二考生回忆版：澳门居民某甲在澳门法院起诉了内地公民某乙并获得胜诉的判决，已知某乙在澳门和内地均有财产，某甲欲申请强制执行。下列说法中正确的是？

A. 某甲如果在内地申请认可和执行澳门法院的判决，则应在某乙住所地、经常居住地或者财产所在地的中级人民法院之中选择其一提出申请

B. 澳门法院在审理某甲提起的诉讼过程中如果委托内地有关法院送达司法文书，应通过内地与澳门司法协助网络平台以电子方式转递，不能通过司法协助网络平台以电子方式转递的，采用邮寄方式

C. 澳门法院在审理某甲提起的诉讼过程中如果需要调取内地的证据，应由澳门终审法院直接向某乙住所地、经常居住地或者财产所在地的中级人民法院提出委托，调取证据时发生任何费用均由内地人民法院承担

D. 某甲可以在澳门法院判决生效后同时在澳门和内地法院提出执行的申请

答案：AB。《最高人民法院关于内地与澳门特别行政区相互认可和执行民商事判决的安排》第4条第1款、第5条；《最高人民法院关于内地与澳门特别行政区法院就民商事案件相互委托送达司法文书和调取证据的安排》第3条第1款、第8条。

考点九：《关于内地与香港特别行政区法院相互认可和执行民商事案件判决的安排》

根据《中华人民共和国香港特别行政区基本法》第九十五条的规定，最高人民法院与香港特别行政区政府经协商，现就民商事案件判决的相互认可和执行问题作出如下安排：

第1条　内地与香港特别行政区法院民商事案件生效判决的相互认可和执行，适用本安排。

刑事案件中有关民事赔偿的生效判决的相互认可和执行，亦适用本安排。

第2条　本安排所称"民商事案件"是指依据内地和香港特别行政区法律均属于民商事性质的案件，不包括香港特别行政区法院审理的司法复核案件以及其他因行使行政权力直接引发的案件。

第3条　本安排暂不适用于就下列民商事案件作出的判决：

（一）内地人民法院审理的赡养、兄弟姐妹之间扶养、解除收养关系、成年人监护权、离婚后损害责任、同居关系析产案件，香港特别行政区法院审理的应否裁判分居的案件；

（二）继承案件、遗产管理或者分配的案件；

（三）内地人民法院审理的有关发明专利、实用新型专利侵权的案件，香港特别行政区法院审理的有关标准专利（包括原授专利）、短期专利侵权的案件，内地与香港特别行政区法院审理的有关确认标准必要专利许可费率的案件，以及有关本安排第五条未规定的知识产权案件；

（四）海洋环境污染、海事索赔责任限制、共同海损、紧急拖航和救助、船舶优先权、海上旅客运输案件；

（五）破产（清盘）案件；

（六）确定选民资格、宣告自然人失踪或者死亡、认定自然人限制或者无民事行为能力的案件；

（七）确认仲裁协议效力、撤销仲裁裁决案件；

（八）认可和执行其他国家和地区判决、仲裁裁决的案件。

第4条　本安排所称"判决"，在内地包括判决、裁定、调解书、支付令，不包括保全裁定；在香港特别行政区包括判决、命令、判令、讼费评定证明书，不包括禁诉令、临时济助命令。

本安排所称"生效判决"：

（一）在内地，是指第二审判决，依法不准上诉或者超过法定期限没有上诉的第一审判决，以及依照审判监督程序作出的上述判决；

（二）在香港特别行政区，是指终审法院、高等法院上诉法庭及原讼法庭、区域法院以及劳资审裁处、土地审裁处、小额钱债审裁处、竞争事务审裁处作出的已经发生法律效力的判决。

第5条　本安排所称"知识产权"是指《与贸易有关的知识产权协定》第一条第二款规定的知识产权，以及《中华人民共和国民法总则》第一百二十三条第二款第七项、香港《植物品种保护条例》规定的权利人就植物新品种享有的知识产权。

第6条　本安排所称"住所地"，当事人为自然人的，是指户籍所在地或者永久性居民身份所在地、

经常居住地；当事人为法人或者其他组织的，是指注册地或者登记地、主要办事机构所在地、主要营业地、主要管理地。

第7条　申请认可和执行本安排规定的判决：

（一）在内地，向申请人住所地或者被申请人住所地、财产所在地的中级人民法院提出；

（二）在香港特别行政区，向高等法院提出。

申请人应当向符合前款第一项规定的其中一个人民法院提出申请。向两个以上有管辖权的人民法院提出申请的，由最先立案的人民法院管辖。

第8条　申请认可和执行本安排规定的判决，应当提交下列材料：

（一）申请书；

（二）经作出生效判决的法院盖章的判决副本；

（三）作出生效判决的法院出具的证明书，证明该判决属于生效判决，判决有执行内容的，还应当证明在原审法院地可以执行；

（四）判决为缺席判决的，应当提交已经合法传唤当事人的证明文件，但判决已经对此予以明确说明或者缺席方提出认可和执行申请的除外；

（五）身份证明材料：

1. 申请人为自然人的，应当提交身份证件复印件；

2. 申请人为法人或者其他组织的，应当提交注册登记证书的复印件以及法定代表人或者主要负责人的身份证件复印件。

上述身份证明材料，在被请求方境外形成的，应当依据被请求方法律规定办理证明手续。

向内地人民法院提交的文件没有中文文本的，应当提交准确的中文译本。

第9条　申请书应当载明下列事项：

（一）当事人的基本情况：当事人为自然人的，包括姓名、住所、身份证件信息、通讯方式等；当事人为法人或者其他组织的，包括名称、住所及其法定代表人或者主要负责人的姓名、职务、住所、身份证件信息、通讯方式等；

（二）请求事项和理由；申请执行的，还需提供被申请人的财产状况和财产所在地；

（三）判决是否已在其他法院申请执行以及执行情况。

第10条　申请认可和执行判决的期间、程序和方式，应当依据被请求方法律的规定。

第11条　符合下列情形之一，且依据被请求方法律有关诉讼不属于被请求方法院专属管辖的，被请求方法院应当认定原审法院具有管辖权：

（一）原审法院受理案件时，被告住所地在该方境内；

（二）原审法院受理案件时，被告在该方境内设有代表机构、分支机构、办事处、营业所等不属于独立法人的机构，且诉讼请求是基于该机构的活动；

（三）因合同纠纷提起的诉讼，合同履行地在该方境内；

（四）因侵权行为提起的诉讼，侵权行为实施地在该方境内；

（五）合同纠纷或者其他财产权益纠纷的当事人以书面形式约定由原审法院地管辖，但各方当事人住所地均在被请求方境内的，原审法院地应系合同履行地、合同签订地、标的物所在地等与争议有实际联系地；

（六）当事人未对原审法院提出管辖权异议并应诉答辩，但各方当事人住所地均在被请求方境内的，原审法院地应系合同履行地、合同签订地、标的物所在地等与争议有实际联系地。

前款所称“书面形式”是指合同书、信件和数据电文（包括电报、电传、传真、电子数据交换和电子邮件）等可以有形地表现所载内容的形式。

知识产权侵权纠纷案件以及内地人民法院审理的《中华人民共和国反不正当竞争法》第六条规定的不正当竞争纠纷民事案件、香港特别行政区法院审理的假冒纠纷案件，侵权、不正当竞争、假冒行为实施地在原审法院地境内，且涉案知识产权权利、权益在该方境内依法应予保护的，才应当认定原审法院具有管辖权。

除第一款、第三款规定外，被请求方法院认为原审法院对于有关诉讼的管辖符合被请求方法律规定的，可以认定原审法院具有管辖权。

第12条　申请认可和执行的判决，被申请人提供证据证明有下列情形之一的，被请求方法院审查核实后，应当不予认可和执行：

（一）原审法院对有关诉讼的管辖不符合本安排第十一条规定的；

（二）依据原审法院地法律，被申请人未经合法传唤，或者虽经合法传唤但未获得合理的陈述、辩论机会的；

（三）判决是以欺诈方法取得的；

（四）被请求方法院受理相关诉讼后，原审法院又受理就同一争议提起的诉讼并作出判决的；

（五）被请求方法院已经就同一争议作出判决，或者已经认可其他国家和地区就同一争议作出的判决的；

（六）被请求方已经就同一争议作出仲裁裁决，或者已经认可其他国家和地区就同一争议作出的仲裁裁决的。

内地人民法院认为认可和执行香港特别行政区法院判决明显违反内地法律的基本原则或者社会公共利益，香港特别行政区法院认为认可和执行内地人民法院判决明显违反香港特别行政区法律的基本原则或者公共政策的，应当不予认可和执行。

第13条　申请认可和执行的判决，被申请人提供证据证明在原审法院进行的诉讼违反了当事人就同一争议订立的有效仲裁协议或者管辖协议的，被请求方法院审查核实后，可以不予认可和执行。

第14条　被请求方法院不能仅因判决的先决问题不属于本安排适用范围，而拒绝认可和执行该判决。

第15条　对于原审法院就知识产权有效性、是否成立或者存在作出的判项，不予认可和执行，但基于该判项作出的有关责任承担的判项符合本安排规定的，应当认可和执行。

第16条　相互认可和执行的判决内容包括金钱判项、非金钱判项。

判决包括惩罚性赔偿的，不予认可和执行惩罚性赔偿部分，但本安排第十七条规定的除外。

第17条　知识产权侵权纠纷案件以及内地人民法院审理的《中华人民共和国反不正当竞争法》第六条规定的不正当竞争纠纷民事案件、香港特别行政区法院审理的假冒纠纷案件，内地与香港特别行政区法院相互认可和执行判决的，限于根据原审法院地发生的侵权行为所确定的金钱判项，包括惩罚性赔偿部分。

有关商业秘密侵权纠纷案件判决的相互认可和执行，包括金钱判项（含惩罚性赔偿）、非金钱判项。

第18条　内地与香港特别行政区法院相互认可和执行的财产给付范围，包括判决确定的给付财产和相应的利息、诉讼费、迟延履行金、迟延履行利息，不包括税收、罚款。

前款所称“诉讼费”，在香港特别行政区是指讼费评定证明书核定或者命令支付的费用。

第19条　被请求方法院不能认可和执行判决全部判项的，可以认可和执行其中的部分判项。

第20条　对于香港特别行政区法院作出的判决，一方当事人已经提出上诉，内地人民法院审查核实后，中止认可和执行程序。经上诉，维持全部或者部分原判决的，恢复认可和执行程序；完全改变原判决的，终止认可和执行程序。

内地人民法院就已经作出的判决裁定再审的，香港特别行政区法院审查核实后，中止认可和执行程序。经再审，维持全部或者部分原判决的，恢复认可和执行程序；完全改变原判决的，终止认可和执行程序。

第21条　被申请人在内地和香港特别行政区均有可供执行财产的，申请人可以分别向两地法院申请执行。

应对方法院要求，两地法院应当相互提供本方执行判决的情况。

两地法院执行财产的总额不得超过判决确定的数额。

第22条　在审理民商事案件期间，当事人申请认可和执行另一地法院就同一争议作出的判决的，应当受理。受理后，有关诉讼应当中止，待就认可和执行的申请作出裁定或者命令后，再视情终止或者恢复诉讼。

第23条　审查认可和执行判决申请期间，当事人就同一争议提起诉讼的，不予受理；已经受理的，驳回起诉。

判决全部获得认可和执行后，当事人又就同一争议提起诉讼的，不予受理。

判决未获得或者未全部获得认可和执行的，申请人不得再次申请认可和执行，但可以就同一争议向被请求方法院提起诉讼。

第24条　申请认可和执行判决的，被请求方法院在受理申请之前或者之后，可以依据被请求方法律规定采取保全或者强制措施。

第25条　法院应当尽快审查认可和执行的申请，并作出裁定或者命令。

第26条　被请求方法院就认可和执行的申请作出裁定或者命令后，当事人不服的，在内地可以于裁定送达之日起十日内向上一级人民法院申请复议，在香港特别行政区可以依据其法律规定提出上诉。

第27条　申请认可和执行判决的，应当依据被请求方有关诉讼收费的法律和规定交纳费用。

第28条　本安排签署后，最高人民法院和香港特别行政区政府经协商，可以就第三条所列案件判决的认可和执行以及第四条所涉保全、临时济助的协助问题签署补充文件。

本安排在执行过程中遇有问题或者需要修改的，由最高人民法院和香港特别行政区政府协商解决。

第29条　本安排在最高人民法院发布司法解释和香港特别行政区完成有关程序后，由双方公布生效日期。

内地与香港特别行政区法院自本安排生效之日起作出的判决，适用本安排。

第30条　本安排生效之日，《关于内地与香港特别行政区法院相互认可和执行当事人协议管辖的民商事案件判决的安排》同时废止。

本安排生效前，当事人已签署《关于内地与香港特别行政区法院相互认可和执行当事人协议管辖的民商事案件判决的安排》所称"书面管辖协议"的，仍适用该安排。

第31条　本安排生效后，《关于内地与香港特别行政区法院相互认可和执行婚姻家庭民事案件判决的安排》继续施行。

本安排于二零一九年一月十八日在北京签署，一式两份。

考点十：《关于内地与香港特别行政区法院相互认可和执行婚姻家庭民事案件判决的安排》

根据《中华人民共和国香港特别行政区基本法》第九十五条的规定，最高人民法院与香港特别行政区政府经协商，现就婚姻家庭民事案件判决的认可和执行问题作出如下安排：

第1条　当事人向香港特别行政区法院申请认可和执行内地人民法院就婚姻家庭民事案件作出的生效判决，或者向内地人民法院申请认可和执行香港特别行政区法院就婚姻家庭民事案件作出的生效判决的，适用本安排。

当事人向香港特别行政区法院申请认可内地民政部门所发的离婚证，或者向内地人民法院申请认可依据《婚姻制度改革条例》（香港法例第178章）第Ⅴ部、第ⅤA部规定解除婚姻的协议书、备忘录的，参照适用本安排。

第2条　本安排所称生效判决：

（一）在内地，是指第二审判决，依法不准上诉或者超过法定期限没有上诉的第一审判决，以及依照审判监督程序作出的上述判决；

（二）在香港特别行政区，是指终审法院、高等法院上诉法庭及原讼法庭和区域法院作出的已经发生法律效力的判决，包括依据香港法律可以在生效后作出更改的命令。

前款所称判决，在内地包括判决、裁定、调解书，在香港特别行政区包括判决、命令、判令、讼费评定证明书、定额讼费证明书，但不包括双方依据其法律承认的其他国家和地区法院作出的判决。

第3条　本安排所称婚姻家庭民事案件：

（一）在内地是指：

1. 婚内夫妻财产分割纠纷案件；
2. 离婚纠纷案件；
3. 离婚后财产纠纷案件；
4. 婚姻无效纠纷案件；
5. 撤销婚姻纠纷案件；
6. 夫妻财产约定纠纷案件；
7. 同居关系子女抚养纠纷案件；
8. 亲子关系确认纠纷案件；
9. 抚养纠纷案件；
10. 扶养纠纷案件（限于夫妻之间扶养纠纷）；
11. 确认收养关系纠纷案件；
12. 监护权纠纷案件（限于未成年子女监护权纠纷）；
13. 探望权纠纷案件；
14. 申请人身安全保护令案件。

（二）在香港特别行政区是指：

依据香港法例第179章《婚姻诉讼条例》第Ⅲ部作出的离婚绝对判令；

依据香港法例第179章《婚姻诉讼条例》第Ⅳ部作出的婚姻无效绝对判令；

依据香港法例第192章《婚姻法律程序与财产条例》作出的在讼案待决期间提供赡养费令；

依据香港法例第13章《未成年人监护条例》、第16章《分居令及赡养令条例》、第192章《婚姻法律程序与财产条例》第Ⅱ部、第ⅡA部作出的赡养令；

依据香港法例第13章《未成年人监护条例》、第192章《婚姻法律程序与财产条例》第Ⅱ部、第ⅡA部作出的财产转让及出售财产令；

依据香港法例第182章《已婚者地位条例》作出的有关财产的命令；

依据香港法例第192章《婚姻法律程序与财产条例》在双方在生时作出的修改赡养协议的命令；

依据香港法例第290章《领养条例》作出的领养令；

依据香港法例第179章《婚姻诉讼条例》、第429章《父母与子女条例》作出的父母身份、婚生地位或者确立婚生地位的宣告；

依据香港法例第13章《未成年人监护条例》、第16章《分居令及赡养令条例》、第192章《婚姻法律程序与财产条例》作出的管养令；就受香港法院监护的未成年子女作出的管养令；

依据香港法例第189章《家庭及同居关系暴力

条例》作出的禁制骚扰令、驱逐令、重返令或者更改、暂停执行就未成年子女的管养令、探视令。

第4条　申请认可和执行本安排规定的判决：

（一）在内地向申请人住所地、经常居住地或者被申请人住所地、经常居住地、财产所在地的中级人民法院提出；

（二）在香港特别行政区向区域法院提出。申请人应当向符合前款第一项规定的其中一个人民法院提出申请。向两个以上有管辖权的人民法院提出申请的，由最先立案的人民法院管辖。

第5条　申请认可和执行本安排第一条第一款规定的判决的，应当提交下列材料：

（一）申请书；

（二）经作出生效判决的法院盖章的判决副本；

（三）作出生效判决的法院出具的证明书，证明该判决属于本安排规定的婚姻家庭民事案件生效判决；

（四）判决为缺席判决的，应当提交法院已经合法传唤当事人的证明文件，但判决已经对此予以明确说明或者缺席方提出申请的除外；

（五）经公证的身份证件复印件。

申请认可本安排第一条第二款规定的离婚证或者协议书、备忘录的，应当提交下列材料：

（一）申请书；

（二）经公证的离婚证复印件，或者经公证的协议书、备忘录复印件；

（三）经公证的身份证件复印件。

向内地人民法院提交的文件没有中文文本的，应当提交准确的中文译本。

第6条　申请书应当载明下列事项：

（一）当事人的基本情况，包括姓名、住所、身份证件信息、通讯方式等；

（二）请求事项和理由，申请执行的，还需提供被申请人的财产状况和财产所在地；

（三）判决是否已在其他法院申请执行和执行情况。

第7条　申请认可和执行判决的期间、程序和方式，应当依据被请求方法律的规定。

第8条　法院应当尽快审查认可和执行的请求，并作出裁定或者命令。

第9条　申请认可和执行的判决，被申请人提供证据证明有下列情形之一的，法院审查核实后，不予认可和执行：

（一）根据原审法院地法律，被申请人未经合法传唤，或者虽经合法传唤但未获得合理的陈述、辩论机会的；

（二）判决是以欺诈方法取得的；

（三）被请求方法院受理相关诉讼后，请求方法院又受理就同一争议提起的诉讼并作出判决的；

（四）被请求方法院已经就同一争议作出判决，或者已经认可和执行其他国家和地区法院就同一争议所作出的判决的。

内地人民法院认为认可和执行香港特别行政区法院判决明显违反内地法律的基本原则或者社会公共利益，香港特别行政区法院认为认可和执行内地人民法院判决明显违反香港特别行政区法律的基本原则或者公共政策的，不予认可和执行。

申请认可和执行的判决涉及未成年子女的，在根据前款规定审查决定是否认可和执行时，应当充分考虑未成年子女的最佳利益。

第10条　被请求方法院不能对判决的全部判项予以认可和执行时，可以认可和执行其中的部份判项。

第11条　对于香港特别行政区法院作出的判决，一方当事人已经提出上诉，内地人民法院审查核实后，可以中止认可和执行程序。经上诉，维持全部或者部份原判决的，恢复认可和执行程序；完全改变原判决的，终止认可和执行程序。

内地人民法院就已经作出的判决裁定再审的，香港特别行政区法院审查核实后，可以中止认可和执行程序。经再审，维持全部或者部份原判决的，恢复认可和执行程序；完全改变原判决的，终止认可和执行程序。

第12条　在本安排下，内地人民法院作出的有关财产归一方所有的判项，在香港特别行政区将被视为命令一方向另一方转让该财产。

第13条　被申请人在内地和香港特别行政区均有可供执行财产的，申请人可以分别向两地法院申请执行。

两地法院执行财产的总额不得超过判决确定的数额。应对方法院要求，两地法院应当相互提供本院执行判决的情况。

第14条　内地与香港特别行政区法院相互认可和执行的财产给付范围，包括判决确定的给付财产和相应的利息、迟延履行金、诉讼费，不包括税收、罚款。

前款所称诉讼费，在香港特别行政区是指讼费评定证明书、定额讼费证明书核定或者命令支付的费用。

第15条　被请求方法院就认可和执行的申请作

出裁定或者命令后，当事人不服的，在内地可以于裁定送达之日起十日内向上一级人民法院申请覆议，在香港特别行政区可以依据其法律规定提出上诉。

第16条　在审理婚姻家庭民事案件期间，当事人申请认可和执行另一地法院就同一争议作出的判决的，应当受理。受理后，有关诉讼应当中止，待就认可和执行的申请作出裁定或者命令后，再视情终止或者恢复诉讼。

第17条　审查认可和执行判决申请期间，当事人就同一争议提起诉讼的，不予受理；已经受理的，驳回起诉。

判决获得认可和执行后，当事人又就同一争议提起诉讼的，不予受理。

判决未获认可和执行的，申请人不得再次申请认可和执行，但可以就同一争议向被请求方法院提起诉讼。

第18条　被请求方法院在受理认可和执行判决的申请之前或者之后，可以依据其法律规定采取保全或者强制措施。

第19条　申请认可和执行判决的，应当依据被请求方有关诉讼收费的法律和规定交纳费用。

第20条　内地与香港特别行政区法院自本安排生效之日起作出的判决，适用本安排。

第21条　本安排在执行过程中遇有问题或者需要修改的，由最高人民法院和香港特别行政区政府协商解决。

第22条　本安排在最高人民法院发布司法解释和香港特别行政区完成有关内部程序后，由双方公布生效日期。

本安排于二零一七年六月二十日在香港签署，一式两份。

考点十一：《最高人民法院关于认可和执行台湾地区仲裁裁决的规定》

为保障海峡两岸当事人的合法权益，更好地适应海峡两岸关系和平发展的新形势，根据民事诉讼法、仲裁法等有关法律，总结人民法院涉台审判工作经验，就认可和执行台湾地区仲裁裁决，制定本规定。

第1条　台湾地区仲裁裁决的当事人可以根据本规定，作为申请人向人民法院申请认可和执行台湾地区仲裁裁决。

第2条　本规定所称台湾地区仲裁裁决是指，有关常设仲裁机构及临时仲裁庭在台湾地区按照台湾地区仲裁规定就有关民商事争议作出的仲裁裁决，包括仲裁判断、仲裁和解和仲裁调解。

第3条　申请人同时提出认可和执行台湾地区仲裁裁决申请的，人民法院先按照认可程序进行审查，裁定认可后，由人民法院执行机构执行。

申请人直接申请执行的，人民法院应当告知其一并提交认可申请；坚持不申请认可的，裁定驳回其申请。

第4条　申请认可台湾地区仲裁裁决的案件，由申请人住所地、经常居住地或者被申请人住所地、经常居住地、财产所在地中级人民法院或者专门人民法院受理。

申请人向两个以上有管辖权的人民法院申请认可的，由最先立案的人民法院管辖。

申请人向被申请人财产所在地人民法院申请认可的，应当提供财产存在的相关证据。

第5条　对申请认可台湾地区仲裁裁决的案件，人民法院应当组成合议庭进行审查。

第6条　申请人委托他人代理申请认可台湾地区仲裁裁决的，应当向人民法院提交由委托人签名或者盖章的授权委托书。

台湾地区、香港特别行政区、澳门特别行政区或者外国当事人签名或者盖章的授权委托书应当履行相关的公证、认证或者其他证明手续，但授权委托书在人民法院法官的见证下签署或者经中国大陆公证机关公证证明是在中国大陆签署的除外。

第7条　申请人申请认可台湾地区仲裁裁决，应当提交以下文件或者经证明无误的副本：

（一）申请书；

（二）仲裁协议；

（三）仲裁判断书、仲裁和解书或者仲裁调解书。

申请书应当记明以下事项：

（一）申请人和被申请人姓名、性别、年龄、职业、身份证件号码、住址（申请人或者被申请人为法人或者其他组织的，应当记明法人或者其他组织的名称、地址、法定代表人或者主要负责人姓名、职务）和通讯方式；

（二）申请认可的仲裁判断书、仲裁和解书或者仲裁调解书的案号或者识别资料和生效日期；

（三）请求和理由；

（四）被申请人财产所在地、财产状况及申请认可的仲裁裁决的执行情况；

（五）其他需要说明的情况。

第8条　对于符合本规定第四条和第七条规定条件的申请，人民法院应当在收到申请后七日内立案，并通知申请人和被申请人，同时将申请书送达被申请人；不符合本规定第四条和第七条规定条件的，应当在七日内裁定不予受理，同时说明不予受理的理由；申请人对裁定不服的，可以提起上诉。

第9条　申请人申请认可台湾地区仲裁裁决，应当提供相关证明文件，以证明该仲裁裁决的真实性。

申请人可以申请人民法院通过海峡两岸调查取证司法互助途径查明台湾地区仲裁裁决的真实性；人民法院认为必要时，也可以就有关事项依职权通过海峡两岸司法互助途径向台湾地区请求调查取证。

第10条　人民法院受理认可台湾地区仲裁裁决的申请之前或者之后，可以按照民事诉讼法及相关司法解释的规定，根据申请人的申请，裁定采取保全措施。

第11条　人民法院受理认可台湾地区仲裁裁决的申请后，当事人就同一争议起诉的，不予受理。

当事人未申请认可，而是就同一争议向人民法院起诉的，亦不予受理，但仲裁协议无效的除外。

第12条　人民法院受理认可台湾地区仲裁裁决的申请后，作出裁定前，申请人请求撤回申请的，可以裁定准许。

第13条　人民法院应当尽快审查认可台湾地区仲裁裁决的申请，决定予以认可的，应当在立案之日起两个月内作出裁定；决定不予认可或者驳回申请的，应当在作出决定前按有关规定自立案之日起两个月内上报最高人民法院。

通过海峡两岸司法互助途径送达文书和调查取证的期间，不计入审查期限。

第14条　对申请认可和执行的仲裁裁决，被申请人提出证据证明有下列情形之一的，经审查核实，人民法院裁定不予认可：

（一）仲裁协议一方当事人依对其适用的法律在订立仲裁协议时属于无行为能力的；或者依当事人约定的准据法，或当事人没有约定适用的准据法而依台湾地区仲裁规定，该仲裁协议无效的；或者当事人之间没有达成书面仲裁协议的，但申请认可台湾地区仲裁调解的除外；

（二）被申请人未接到选任仲裁员或进行仲裁程序的适当通知，或者由于其他不可归责于被申请人的原因而未能陈述意见的；

（三）裁决所处理的争议不是提交仲裁的争议，或者不在仲裁协议范围之内；或者裁决载有超出当事人提交仲裁范围的事项的决定，但裁决中超出提交仲裁范围的事项的决定与提交仲裁事项的决定可以分开的，裁决中关于提交仲裁事项的决定部分可以予以认可；

（四）仲裁庭的组成或者仲裁程序违反当事人的约定，或者在当事人没有约定时与台湾地区仲裁规定不符的；

（五）裁决对当事人尚无约束力，或者业经台湾地区法院撤销或者驳回执行申请的。

依据国家法律，该争议事项不能以仲裁解决的，或者认可该仲裁裁决将违反一个中国原则等国家法律的基本原则或损害社会公共利益的，人民法院应当裁定不予认可。

第15条　人民法院经审查能够确认台湾地区仲裁裁决真实，而且不具有本规定第十四条所列情形的，裁定认可其效力；不能确认该仲裁裁决真实性的，裁定驳回申请。

裁定驳回申请的案件，申请人再次申请并符合受理条件的，人民法院应予受理。

第16条　人民法院依据本规定第十四条和第十五条作出的裁定，一经送达即发生法律效力。

第17条　一方当事人向人民法院申请认可或者执行台湾地区仲裁裁决，另一方当事人向台湾地区法院起诉撤销该仲裁裁决，被申请人申请中止认可或者执行并且提供充分担保的，人民法院应当中止认可或者执行程序。

申请中止认可或者执行的，应当向人民法院提供台湾地区法院已经受理撤销仲裁裁决案件的法律文书。

台湾地区法院撤销该仲裁裁决的，人民法院应当裁定不予认可或者裁定终结执行；台湾地区法院驳回撤销仲裁裁决请求的，人民法院应当恢复认可或者执行程序。

第18条　对人民法院裁定不予认可的台湾地区仲裁裁决，申请人再次提出申请的，人民法院不予受理。但当事人可以根据双方重新达成的仲裁协议申请仲裁，也可以就同一争议向人民法院起诉。

第19条　申请人申请认可和执行台湾地区仲裁裁决的期间，适用民事诉讼法第二百三十九条的规定。

申请人仅申请认可而未同时申请执行的，申请执行的期间自人民法院对认可申请作出的裁定生效之日起重新计算。

第20条　人民法院在办理申请认可和执行台湾地区仲裁裁决案件中所作出的法律文书，应当依法送达案件当事人。

第21条　申请认可和执行台湾地区仲裁裁决，应当参照《诉讼费用交纳办法》的规定，交纳相关费用。

第22条　本规定自2015年7月1日起施行。

本规定施行前，根据《最高人民法院关于人民法院认可台湾地区有关法院民事判决的规定》（法释〔1998〕11号），人民法院已经受理但尚未审结的申请认可和执行台湾地区仲裁裁决的案件，适用本规定。

考点十二：《内地与香港特别行政区相互执行仲裁裁决的安排》

根据《中华人民共和国香港特别行政区基本法》第九十五条的规定，经最高人民法院与香港特别行政区（以下简称香港特区）政府协商，香港特区法院同意执行内地仲裁机构（名单由国务院法制办公室经国务院港澳事务办公室提供）依据《中华人民共和国仲裁法》所作出的裁决，内地人民法院同意执行在香港特区按香港特区《仲裁条例》所作出的裁决。现就内地与香港特区相互执行仲裁裁决的有关事宜作出如下安排：

一、在内地或者香港特区作出的仲裁裁决，一方当事人不履行仲裁裁决的，另一方当事人可以向被申请人住所地或者财产所在地的有关法院申请执行。

二、上条所述的有关法院，在内地指被申请人住所地或者财产所在地的中级人民法院，在香港特别行政区指香港特别行政区高等法院。

被申请人住所地或者财产所在地在内地不同的中级人民法院辖区内的，申请人可以选择其中一个人民法院申请执行裁决，不得分别向两个或者两个以上人民法院提出申请。

被申请人的住所地或者财产所在地，既在内地又在香港特区的，申请人不得同时分别向两地有关法院提出申请。只有一地法院执行不足以偿还其债务时，才可就不足部分向另一地法院申请执行。两地法院先后执行仲裁裁决的总额，不得超过裁决数额。

三、申请人向有关法院申请执行在内地或者香港特区作出的仲裁裁决的，应当提交以下文书：

（一）执行申请书；

（二）仲裁裁决书；

（三）仲裁协议。

四、执行申请书的内容应当载明下列事项：

（一）申请人为自然人的情况下，该人的姓名、地址；申请人为法人或者其他组织的情况下，该法人或其他组织的名称、地址及法定代表人姓名；

（二）被申请人为自然人的情况下，该人的姓名、地址；被申请人为法人或者其他组织的情况下，该法人或其他组织的名称、地址及法定代表人姓名；

（三）申请人为法人或者其他组织的，应当提交企业注册登记的副本。申请人是外国籍法人或者其他组织的，应当提交相应的公证和认证材料；

（四）申请执行的理由与请求的内容，被申请人的财产所在地及财产状况；

执行申请书应当以中文文本提出，裁决书或者仲裁协议没有中文文本的，申请人应当提交正式证明的中文译本。

五、申请人向有关法院申请执行内地或者香港特区仲裁裁决的期限依据执行地法律有关时限的规定。

六、有关法院接到申请人申请后，应当按执行地法律程序处理及执行。

七、在内地或者香港特区申请执行的仲裁裁决，被申请人接到通知后，提出证据证明有下列情形之一的，经审查核实，有关法院可裁定不予执行：

（一）仲裁协议当事人依对其适用的法律属于某种无行为能力的情形；或者该项仲裁协议依约定的准据法无效；或者未指明以何种法律为准时，依仲裁裁决地的法律是无效的；

（二）被申请人未接到指派仲裁员的适当通知，或者因他故未能陈述意见的；

（三）裁决所处理的争议不是交付仲裁的标的或者不在仲裁协议条款之内，或者裁决载有关于交付仲裁范围以外事项的决定的；但交付仲裁事项的决定可与未交付仲裁的事项划分时，裁决中关于交付仲裁事项的决定部分应当予以执行；

（四）仲裁庭的组成或者仲裁庭程序与当事人之间的协议不符，或者在有关当事人没有这种协议时与仲裁地的法律不符的；

（五）裁决对当事人尚无约束力，或者业经仲裁地的法院或者按仲裁地的法律撤销或者停止执行的。

有关法院认定依执行地法律，争议事项不能以仲裁解决的，则可不予执行该裁决。

内地法院认定在内地执行该仲裁裁决违反内地社会公共利益，或者香港特别行政区法院决定在香港特别行政区执行该仲裁裁决违反香港特别行政区的公共政策，则可不予执行该裁决。

八、申请人向有关法院申请执行在内地或者香港特别行政区作出的仲裁裁决，应当根据执行地法院有关诉讼收费的办法交纳执行费用。

九、1997年7月1日以后申请执行在内地或者香港特别行政区作出的仲裁裁决按本安排执行。

十、对1997年7月1日至本安排生效之日的裁决申请问题,双方同意:

1997年7月1日至本安排生效之日因故未能向内地或者香港特别行政区法院申请执行,申请人为法人或者其他组织的,可以在本安排生效后六个月内提出;如申请人为自然人的,可以在本安排生效后一年内提出。

对于内地或香港特别行政区法院在1997年7月1日至本安排生效之日拒绝受理或者拒绝执行仲裁裁决的案件,应允许当事人重新申请。

十一、本安排在执行过程中遇有问题和修改,应当通过最高人民法院和香港特别行政区政府协商解决。

《最高人民法院关于内地与香港特别行政区相互执行仲裁裁决的补充安排》 法释〔2020〕13号

依据《最高人民法院关于内地与香港特别行政区相互执行仲裁裁决的安排》(以下简称《安排》)第十一条的规定,最高人民法院与香港特别行政区政府经协商,作出如下补充安排:

一、《安排》所指执行内地或者香港特别行政区仲裁裁决的程序,应解释为包括认可和执行内地或者香港特别行政区仲裁裁决的程序。

二、将《安排》序言及第一条修改为:"根据《中华人民共和国香港特别行政区基本法》第九十五条的规定,经最高人民法院与香港特别行政区(以下简称香港特区)政府协商,现就仲裁裁决的相互执行问题作出如下安排:

"一、内地人民法院执行按香港特区《仲裁条例》作出的仲裁裁决,香港特区法院执行按《中华人民共和国仲裁法》作出的仲裁裁决,适用本安排。"

三、将《安排》第二条第三款修改为:"被申请人在内地和香港特区均有住所地或者可供执行财产的,申请人可以分别向两地法院申请执行。应对方法院要求,两地法院应当相互提供本方执行仲裁裁决的情况。两地法院执行财产的总额,不得超过裁决确定的数额。"

四、在《安排》第六条中增加一款作为第二款:"有关法院在受理执行仲裁裁决申请之前或者之后,可以依申请并按照执行地法律规定采取保全或者强制措施。"

五、本补充安排第一条、第四条自公布之日起施行,第二条、第三条在香港特别行政区完成有关程序后,由最高人民法院公布生效日期。

考点十三:内地与香港特别行政区法院就仲裁程序相互协助保全的安排

根据《中华人民共和国香港特别行政区基本法》第九十五条的规定,最高人民法院与香港特别行政区政府经协商,现就内地与香港特别行政区法院关于仲裁程序相互协助保全作出如下安排:

第1条 本安排所称"保全",在内地包括财产保全、证据保全、行为保全;在香港特别行政区包括强制令以及其他临时措施,以在争议得以裁决之前维持现状或者恢复原状、采取行动防止目前或者即将对仲裁程序发生的危害或者损害,或者不采取可能造成这种危害或者损害的行动、保全资产或者保全对解决争议可能具有相关性和重要性的证据。

第2条 本安排所称"香港仲裁程序",应当以香港特别行政区为仲裁地,并且由以下机构或者常设办事处管理:

(一)在香港特别行政区设立或者总部设于香港特别行政区,并以香港特别行政区为主要管理地的仲裁机构;

(二)中华人民共和国加入的政府间国际组织在香港特别行政区设立的争议解决机构或者常设办事处;

(三)其他仲裁机构在香港特别行政区设立的争议解决机构或者常设办事处,且该争议解决机构或者常设办事处满足香港特别行政区政府订立的有关仲裁案件宗数以及标的金额等标准。

以上机构或者常设办事处的名单由香港特别行政区政府向最高人民法院提供,并经双方确认。

第3条 香港仲裁程序的当事人,在仲裁裁决作出前,可以参照《中华人民共和国民事诉讼法》《中华人民共和国仲裁法》以及相关司法解释的规定,向被申请人住所地、财产所在地或者证据所在地的内地中级人民法院申请保全。被申请人住所地、财产所在地或者证据所在地在不同人民法院辖区的,应当选择向其中一个人民法院提出申请,不得分别向两个或者两个以上人民法院提出申请。

当事人在有关机构或者常设办事处受理仲裁申请后提出保全申请的,应当由该机构或者常设办事处转递其申请。

在有关机构或者常设办事处受理仲裁申请前提出保全申请,内地人民法院采取保全措施后三十日内未收到有关机构或者常设办事处提交的已受理仲裁案件的证明函件的,内地人民法院应当解除保全。

第4条　向内地人民法院申请保全的,应当提交下列材料:

(一)保全申请书;

(二)仲裁协议;

(三)身份证明材料:申请人为自然人的,应当提交身份证件复印件;申请人为法人或者非法人组织的,应当提交注册登记证书的复印件以及法定代表人或者负责人的身份证件复印件;

(四)在有关机构或者常设办事处受理仲裁案件后申请保全的,应当提交包含主要仲裁请求和所根据的事实与理由的仲裁申请文件以及相关证据材料、该机构或者常设办事处出具的已受理有关仲裁案件的证明函件;

(五)内地人民法院要求的其他材料。

身份证明材料系在内地以外形成的,应当依据内地相关法律规定办理证明手续。

向内地人民法院提交的文件没有中文文本的,应当提交准确的中文译本。

第5条　保全申请书应当载明下列事项:

(一)当事人的基本情况:当事人为自然人的,包括姓名、住所、身份证件信息、通讯方式等;当事人为法人或者非法人组织的,包括法人或者非法人组织的名称、住所以及法定代表人或者主要负责人的姓名、职务、住所、身份证件信息、通讯方式等;

(二)请求事项,包括申请保全财产的数额、申请行为保全的内容和期限等;

(三)请求所依据的事实、理由和相关证据,包括关于情况紧急,如不立即保全将会使申请人合法权益受到难以弥补的损害或者将使仲裁裁决难以执行的说明等;

(四)申请保全的财产、证据的明确信息或者具体线索;

(五)用于提供担保的内地财产信息或者资信证明;

(六)是否已在其他法院、有关机构或者常设办事处提出本安排所规定的申请和申请情况;

(七)其他需要载明的事项。

第6条　内地仲裁机构管理的仲裁程序的当事人,在仲裁裁决作出前,可以依据香港特别行政区《仲裁条例》《高等法院条例》,向香港特别行政区高等法院申请保全。

第7条　向香港特别行政区法院申请保全的,应当依据香港特别行政区相关法律规定,提交申请、支持申请的誓章、附同的证物、论点纲要以及法庭命令的草拟本,并应当载明下列事项:

(一)当事人的基本情况:当事人为自然人的,包括姓名、地址;当事人为法人或者非法人组织的,包括法人或者非法人组织的名称、地址以及法定代表人或者主要负责人的姓名、职务、通讯方式等;

(二)申请的事项和理由;

(三)申请标的所在地以及情况;

(四)被申请人就申请作出或者可能作出的回应以及说法;

(五)可能会导致法庭不批准所寻求的保全,或者不在单方面申请的情况下批准该保全的事实;

(六)申请人向香港特别行政区法院作出的承诺;

(七)其他需要载明的事项。

第8条　被请求方法院应当尽快审查当事人的保全申请。内地人民法院可以要求申请人提供担保等,香港特别行政区法院可以要求申请人作出承诺、就费用提供保证等。

经审查,当事人的保全申请符合被请求方法律规定的,被请求方法院应当作出保全裁定或者命令等。

第9条　当事人对被请求方法院的裁定或者命令等不服的,按被请求方相关法律规定处理。

第10条　当事人申请保全的,应当依据被请求方有关诉讼收费的法律和规定交纳费用。

第11条　本安排不减损内地和香港特别行政区的仲裁机构、仲裁庭、当事人依据对方法律享有的权利。

考点十四:《最高人民法院关于内地与澳门特别行政区就仲裁程序相互协助保全的安排》

(2022年2月15日最高人民法院审判委员会第1864次会议通过　自2022年3月25日起施行)　法释〔2022〕7号

根据《中华人民共和国澳门特别行政区基本法》第九十三条的规定,经最高人民法院与澳门特别行政区协商,现就内地与澳门特别行政区关于仲裁程序相互协助保全作出如下安排。

第1条　本安排所称"保全",在内地包括财产保全、证据保全、行为保全;在澳门特别行政区包括为确保受威胁的权利得以实现而采取的保存或者预行措施。

第2条　按照澳门特别行政区仲裁法规向澳门特别行政区仲裁机构提起民商事仲裁程序的当事人,在仲裁裁决作出前,可以参照《中华人民共和国民事诉讼法》《中华人民共和国仲裁法》以及相关司法解释的规定，向被申请人住所地、财产所在地或者证据所在地的内地中级人民法院申请保全。被申请人住所地、财产所在地或者证据所在地在不同人民法院辖区的，应当选择向其中一个人民法院提出申请，不得分别向两个或者两个以上人民法院提出申请。

在仲裁机构受理仲裁案件前申请保全，内地人民法院采取保全措施后三十日内未收到仲裁机构已受理仲裁案件的证明函件的，内地人民法院应当解除保全。

第3条　向内地人民法院申请保全的，应当提交下列材料：

（一）保全申请书；

（二）仲裁协议；

（三）身份证明材料：申请人为自然人的，应当提交身份证件复印件；申请人为法人或者非法人组织的，应当提交注册登记证书的复印件以及法定代表人或者负责人的身份证件复印件；

（四）在仲裁机构受理仲裁案件后申请保全的，应当提交包含主要仲裁请求和所根据的事实与理由的仲裁申请文件以及相关证据材料、仲裁机构出具的已受理有关仲裁案件的证明函件；

（五）内地人民法院要求的其他材料。

身份证明材料系在内地以外形成的，应当依据内地相关法律规定办理证明手续。

向内地人民法院提交的文件没有中文文本的，应当提交中文译本。

第4条　向内地人民法院提交的保全申请书应当载明下列事项：

（一）当事人的基本情况：当事人为自然人的，包括姓名、住所、身份证件信息、通讯方式等；当事人为法人或者非法人组织的，包括法人或者非法人组织的名称、住所以及法定代表人或者主要负责人的姓名、职务、住所、身份证件信息、通讯方式等；

（二）请求事项，包括申请保全财产的数额、申请行为保全的内容和期限等；

（三）请求所依据的事实、理由和相关证据，包括关于情况紧急，如不立即保全将会使申请人合法权益受到难以弥补的损害或者将使仲裁裁决难以执行的说明等；

（四）申请保全的财产、证据的明确信息或者具体线索；

（五）用于提供担保的内地财产信息或者资信证明；

（六）是否已提出其他保全申请以及保全情况；

（七）其他需要载明的事项。

第5条　依据《中华人民共和国仲裁法》向内地仲裁机构提起民商事仲裁程序的当事人，在仲裁裁决作出前，可以根据澳门特别行政区法律规定，向澳门特别行政区初级法院申请保全。

在仲裁机构受理仲裁案件前申请保全的，申请人应当在澳门特别行政区法律规定的期间内，采取开展仲裁程序的必要措施，否则该保全措施失效。申请人应当将已作出必要措施及作出日期的证明送交澳门特别行政区法院。

第6条　向澳门特别行政区法院申请保全的，须附同下列资料：

（一）仲裁协议；

（二）申请人或者被申请人为自然人的，应当载明其姓名以及住所；为法人或者非法人组织的，应当载明其名称、住所以及法定代表人或者主要负责人的姓名、职务和住所；

（三）请求的详细资料，尤其包括请求所依据的事实和法律理由、申请标的的情况、财产的详细资料、须保全的金额、申请行为保全的详细内容和期限以及附同相关证据，证明权利受威胁以及解释恐防受侵害的理由；

（四）在仲裁机构受理仲裁案件后申请保全的，应当提交该仲裁机构出具的已受理有关仲裁案件的证明；

（五）是否已提出其他保全申请以及保全情况；

（六）法院要求的其他资料。

如向法院提交的文件并非使用澳门特别行政区的其中一种正式语文，则申请人应当提交其中一种正式语文的译本。

第7条　被请求方法院应当尽快审查当事人的保全申请，可以按照被请求方法律规定要求申请人提供担保。

经审查，当事人的保全申请符合被请求方法律规定的，被请求方法院应当作出保全裁定。

第8条　当事人对被请求方法院的裁定不服的，按被请求方相关法律规定处理。

第9条　当事人申请保全的，应当根据被请求方法律的规定交纳费用。

第10条　本安排不减损内地和澳门特别行政区的仲裁机构、仲裁庭、仲裁员、当事人依据对方法律享有的权利。

第11条　本安排在执行过程中遇有问题或者需要修改的，由最高人民法院和澳门特别行政区协商解决。

第12条　本安排自2022年3月25日起施行。

国际经济法

第一章 国际货物买卖

第一节 《国际贸易术语解释通则2010》

考点一:本通则的适用范围和选用

Incoterms涵盖的范围只限于销售合同当事人的权利义务中与已售有形货物交货有关的事项。Incoterms一直主要用于跨国境的货物销售交付,但有时也被用于纯粹国内市场的货物销售合同。

国际贸易术语是国际惯例的一种,具有任意性,即只有当事人选择适用时,才对当事人具有约束力。这不同于公约,公约对缔约国当事人来说,只有被当事人明确排除才不适用。在国际货物买卖合同中,当事人不是必须使用国际贸易术语,而是可以选择适用,并可以对其内容进行修改。

因为国际贸易惯例本身不是法律,对国际贸易当事人不产生必然的强制性约束力。国际贸易惯例在适用的时间效力上并不存在"新法取代旧法"的说法,即《国际贸易术语解释通则2010》实施之后并非《国际贸易术语解释通则2000》就自动废止,当事人在订立贸易合同时仍然可以选择适用贸易术语2000甚至贸易术语1990。

考点二:《国际贸易术语解释通则2010》对《国际贸易术语解释通则2000》的主要修改

1. 贸易术语的数量由原来的13种变为11种。《通则2010》的分类新版本改变了《通则2000》将13个贸易术语分为EFCD四组的做法,而将11种术语分成了如下截然不同的两类:

第一组:适用于任何运输方式的术语七种:EXW、FCA、CPT、CIP、DAT、DAP、DDP。

EXW(ex works)工厂交货;

FCA(free carrier)货交承运人;

CPT(carriage paid to)运费付至目的地;

CIP(carriage and insurance paid to)运费加保险费付至目的地;

DAT(delivered at terminal)目的地或目的港的集散站交货;

DAP(delivered at place)目的地交货;

DDP(delivered duty paid)完税后交货。

第二组:适用于水上运输方式的术语四种:FAS、FOB、CFR、CIF。

FAS(free alongside ship)装运港船边交货;

FOB(free on board)装运港船上交货;

CFR(cost and freight)成本加运费。

CIF(cost insurance and freight)成本、保险费加运费

2. 删除INCOTERMS2000中四个D组贸易术语,即DDU(Delivered Duty Unpaid)、DAF(Delivered At Frontier)、DES(Delivered Ex Ship)、DEQ(Delivered Ex Quay),只保留了INCOTERMS2000D组中的DDP(Delivered Duty Paid)。

3. 新增加两种D组贸易术语,即DAT(Delivered At Terminal)与DAP(Delivered At Place)。

DAT(delivered at terminal)目的地或目的港的集散站交货。

类似于取代了的DEQ术语,指卖方在指定的目的地或目的港的集散站卸货后将货物交给买方处置即完成交货,术语所指目的地包括港口。卖方应承担将货物运至指定的目的地或目的港的集散站的一切风险和费用(除进口费用外)。本术语适用于任何运输方式或多式联运。

DAP(delivered at place)目的地交货。

类似于取代了的DAF、DES和DDU三个术语,指卖方在指定的目的地交货,只需做好卸货准备无需卸货即完成交货。术语所指的到达车辆包括船舶,目的地包括港口。卖方应承担将货物运至指定的目的地的一切风险和费用(除进口费用外)。本术语适用于任何运输方式、多式联运方式及海运。

4. E组、F组、C组的贸易术语基本没有变化。

5. 修订后的《2010年国际贸易术语解释通则》取消了"船舷"的概念,强调在FOB、CFR和CIF下买卖双方的风险以货物在装运港口被装上船时为界,而不再规定一个明确的风险临界点。

6. 在FAS、FOB、CFR和CIF等术语中加入了货物在运输期间被多次买卖(连环贸易)的责任义务的划分。大宗货物买卖中,货物常在一笔连环贸易下的运输期间被多次买卖,由于连环贸易中货物由第一个卖方运输,作为中间环节的卖方就无须装运货物,而是由"获得"所装运的货物而履行其义务,因此,新版本对此连环贸易模式下卖方的交付义务做了细分,也弥补了以前版本中在此问题上的不足。

7. 统一了承运人的概念。《国际贸易术语解释通则 2010》在引言中对承运人的概念进行了明确："承运人是与其签订运输合同的一方"。《国际贸易术语解释通则 2010》不再像《国际贸易术语解释通则 2000》一样区分第一承运人和其他承运人、缔约承运人和实际承运人，卖方只要将货物交给缔约承运人，就是完成了货交承运人的交货义务。

8. 考虑到对于一些大的区域贸易集团内部贸易的特点，规定《国际贸易术语解释通则 2010》不仅适用于国际销售合同，也适用于国内销售合同。

考点三：FCA、FOB、CIF、CFR 等种主要贸易术语的双方当事人的权利义务，尤其是风险的转移

1. FCA

基本含义	卖方只要将货物在指定地点交给由买方指定的承运人，并办理了出口清关手续，即完成交货				
交货	交货地点的选择对于在该地点装货和卸货的义务会产生影响。若卖方在其所在地交货时，应由卖方负责装货；若卖方在任何其他地点交货，卖方不负责卸货，可以在自己的运输工具上完成交货				
风险转移	交货时				
双方义务	卖方	提供符合合同的货物、单据	办理出口手续	在约定的地点、时间，将货物交付给买方指定的承运人或者其他人	承担交货前的风险和费用
	买方	支付货款	办理进口手续	订立运输合同并承担运费	承担交货后的风险和费用，办理保险

2. FOB

FOB 术语后标出的是装货港的名称，如 FOB 东京，表明该批货物的装货港是东京。

基本含义	卖方以在指定装运港将货物装上买方指定的船舶或者通过取得已交付至船上货物的方式交货				
交货	卖方须在指定日期或者期限内，在指定的装运港，按照该港的习惯方式，将货物交至买方指定的船只上				

续表

风险转移	自装运港货物置于船上由卖方转移给买方				
双方义务	卖方	提供符合合同的货物、单据	办理出口手续	在装运港将货物装上买方指定的船舶并通知买方	承担装运港货物置于船上前的风险和费用
	买方	支付货款并接受卖方提供的单证	办理进口手续	租船或者订舱并将船名和装货地点及时间给予卖方充分通知	承担装运港货物置于船上后的风险和费用

3. CIF

CIF 术语后标明的是卸货港的名称，如 CIF 天津，表明该批货物的卸货港是天津。

基本含义	在装运港船上交货时卖方即完成交货。但卖方须支付将货物运至指定目的港的运费，并办理运输中的保险					
交货	卖方必须在装运港，在约定日期或者期限内，将货物交至船上					
风险转移	自装运港货物置于船上由卖方转移给买方					
双方义务	卖方	提供符合合同的货物、单据	办理出口许可证和其他货物出口手续	订立运输合同，将货物运至指定目的港并支付运费	办理货物的保险并交纳保险费	承担装运港货物置于船上前的风险和费用
	买方	支付货款并接受卖方提供的单证	取得进口许可证并办理进口手续			承担装运港货物置于船上后的风险和除运费、保险费以外的费用

4. CFR

基本含义	在装运港船上交货卖方即完成交货，卖方须支付将货物运至指定目的港所需的费用				
交货	卖方必须在装运港，在约定日期或者期限内，将货物交至船上				
风险转移	自装运港货物置于船上由卖方转移给买方				
双方义务	卖方	提供符合合同的货物、单据	办理出口许可证和其他货物出口手续	订立运输合同，将货物运至指定目的港并支付运费	承担装运港货物置于船上前的风险和费用
	买方	支付货款并接受卖方提供的单证	取得进口许可证并办理进口手续		承担装运港货物置于船上后的风险和除运费以外的费用

特别注意：CFR术语装船是卖方，但投保方是买方，卖方在装船后应给买方以充分的通知，否则，因此而造成买方漏保而引起的货物损失应由卖方承担。

历年试题

2018年试卷二考生回忆版：中国江苏龙叔公司与意大利图歌公司签订DAT（南京）的合同进口一批服装，根据《2010年国际贸易术语解释通则》。下列哪一选项属于双方在合同中约定的内容？

A. 卖方只需将货物运到南京交由买方处置即可，无需承担将货物从交通工具上卸下的业务

B. 卖方需要将货物运到南京，将货物从运输工具上卸下并交由买方处置

C. 卖方需要将货物运到南京，完成进口清关手续后将货物交给买方

D. 卖方需要承担货物在南京货交第一承运人之前的所有风险和费用

答案：B。DAT（Delivered at terminal）（中文：运输终端交货），适用于任何运输方式，是《2010年国际贸易术语解释通则》新增加的贸易术语。DAT术语下，卖方必须在约定日期或期限内，在指定港口或目的地的运输终端，将货物从抵达的运输工具上卸下，并交由买方处置的方式交货。“Terminal”可以是任何地点，如码头、仓库，集装箱堆场或者铁路、公路或航空货运站等。题中，卖方需要将货物运到南京，将货物从运输工具上卸下并交由买方处置才完成交货。故A项错误，B项正确。关于清关手续，DAT术语下是“卖出买进”，即：卖方自负风险和费用，取得所有出口许可和其他官方授权办理出口和交货前从他国过境运输所需的一切海关手续。而买方必须自负风险和费用，取得所有进口许可或其他官方授权，办理货物进口的一切海关手续。故C项错误。

关于风险转移，DAT术语下是，卖方承担交货完成前货物灭失或损坏的一切风险。D项“卖方需要承担货物在南京货交第一承运人之前的所有风险和费用”说法错误。

2018年试卷二考生回忆版：营业地位于不同国家的甲乙两公司签订了货物买卖合同，约定使用FCA术语为交货条件。关于该术语以下说法错误的有：

A. 该术语可以适用于任何的运输方式包括多式联运

B. 该术语只能适用于海运运输合同

C. 该术语要求卖方将货物交给第一承运人时完成交货义务

D. 承运人自收到货物时，货物的风险由卖方转移给买方

答案：B。FCA，全称Free Carrier，意为“货交承运人（指定地点）”，指卖方在卖方所在地或其他指定地点将货物交给买方指定的承运人或其他人，并办理了出口清关手续，即完成交货。“承运人”指在运输合同中承诺通过铁路、公路、空运、海运、内河运输或联合方式履行运输或由他人履行运输的任何人。该术语适用于各种运输方式，包括多式联运。A项正确，B项错误。

FCA术语下，货交第一承运人时，卖方完成交货义务，且实现风险转移，因此C、D两项正确。

2021年试卷二考生回忆版：中国三泰公司与西班牙甲公司签订合同进口一批货物，合同选用了《2020年国际贸易术语解释通则》中的CIF术语，同时约定甲公司应为该批货物投保水渍险。甲公司将货物交承运人装船后，承运人签发了清洁提单（适用《海牙规则》）。后在海运途中货物因遭遇恶劣天气部分毁损，下列哪项判断是正确的？

A. 甲公司应为该批货物投保一切险

B. 承运人应赔偿货物损失

C. 保险公司应赔偿货物损失

D. 因货物部分毁损，中国三泰公司有权要求减价

答案：C。

2022年试卷二考生回忆版：中国上海甲公司与A国乙公司签订选择了《2020年贸易术语解释通则》中

的 CFR 术语的合同，出口某种属于两用物项的货物，双方约定货物运输前存放在甲公司位于上海的 B231 仓库，乙公司为该批货物最终用户。下列哪一选项是正确的？

A. 上海的 B231 仓库为该批货物的交货地点

B. 中国甲公司应为该批货物的出口申请许可

C. 乙公司应当为该批货物投保平安险

D. 乙公司收到货物后可向第三方转卖

答案：B。根据《2020 年贸易术语解释通则》，CFR 术语之下，卖方履行交货义务，应将货物在装运港装上船，故 A 选项的表述错误。

CFR 术语之下并未设定投保义务，由当事人自行决定是否投保，故 C 选项的表述错误。

在办理清关手续方面，CFR 术语应由卖方办理出口，买方办理进口手续，故本案中应由卖方中国甲公司办理出口手续，根据《出口管制法》第 2 条第 1 款、第 12 条第 1 款及第 2 款的规定，中国甲公司办理出口手续前应取得出口许可，B 选项的表述正确。

根据《出口管制法》第 16 条的规定，乙公司作为最终用户不得擅自将货物向第三方转卖，D 选项的表述错误。

2023 年试卷二考生回忆版：中国甲公司和法国乙公司签订货物买卖合同，约定甲公司向乙公司购买一批农产品，并选择了《2020 年国际贸易术语解释通则》中的 CIF 术语，采用信用证的方式付款。法国乙公司投保了平安险，并签订运输合同将货物交由丙公司承运。乙公司在发货后向银行提交的相关单据中，有两项单据之间在表面上不完全一致，但并不导致相互之间产生歧义，开证行接受了单据并予以支付。货物在运输途中遭遇严重的自然灾害而推定全损。下列说法中正确的是

A. 如果甲公司向保险公司提出委付，保险公司可以接受委付，也可以不接受委付

B. 本案中如果买卖双方选择了《2020 年国际贸易术语解释通则》中的 FCA 术语，则乙公司无义务为所销售的货物投保

C. 乙公司提交的单据中，有两项单据之间虽然在表面上不完全一致，但如果并不导致相互之间产生歧义，则不构成不符点

D. 由于该批货物已经推定全损，中国甲公司有权拒绝支付货款

答案：ABC。

2023 年试卷二考生回忆版：甲公司和乙公司签订销售一批货物的买卖合同，合同约定采用《2020 年国际贸易术语解释通则》中的 CIF 术语，甲公司与丙公司签订了运输合同（适用《海牙规则》），并为该批货物投保。货物装船后，由于丙公司船长的过失，该船与第三国的丁公司船舶碰撞并产生货损。以下说法正确的是（　　）。

A. 如果没有另行约定，则卖方有义务为该批货物投保平安险

B. 对于碰撞所导致的货损，乙公司有权向保险公司索赔

C. 货损是由于丙公司船长过失导致的碰撞引起的，故应由承运人丙公司承担

D. 对于碰撞所导致的货损，应由乙公司自行承担

答案：AB。

2023 年试卷二考生回忆版：中国的前锋公司与甲国的科德公司签订出售一批精密仪器（该种精密仪器属于中国出口管制清单内的物项）的合同，约定采用《2020 年国际贸易术语解释通则》的 CIP 术语，分两批发货。第一批货物交付后，前锋公司发现科德公司在其他交易中出现资金链断裂的情况，遂在通知对方后中止了第二批货物的交付。中国和甲国均为《联合国货物销售合同公约》缔约国。下列说法中正确的是？

A. 如科德公司提供充分保证，则前锋公司应继续履行第二批货物的交付义务

B. 因双方约定承运人装货后向前锋公司签发已装船提单，故前锋公司应在装运港完成交货

C. 前锋公司已为精密仪器申请了出口许可，科德公司收到货物后，可以自行决定转卖给第三国的企业而不受约束

D. 因双方采用的是 CIP 术语，故前锋公司应为所销售的货物投保平安险

答案：A。《联合国国际货物销售合同公约》第 71 条；《出口管制法》第 16 条。

强化模拟题

1. 中国甲公司以 CIF 价向某国乙公司出口一批服装，信用证方式付款，有关运输合同明确约定适用《海牙规则》。甲公司在装船并取得提单后，办理了议付。两天后，甲公司接乙公司来电，称装船的海轮在海上因雷击失火，该批服装全部烧毁。对于上述情况，下列哪一选项是正确的？

A. 乙公司应向保险公司提出索赔

B. 甲公司应向保险公司提出索赔

C. 甲公司应将全部货款退还给乙公司

D. 乙公司应向承运人提出索赔

答案：A。

2. 中国甲外贸出口公司以 CIF 价格向希腊乙公司出口一批玩具，向中国人民保险公司投保了一切险，并规定以信用证方式支付。甲公司在规定的期限内在指定的天津港口装船，船公司签发了提单，甲公司取得单据后办理了议付。第二天，甲公司接到乙公司来电，称装货的海轮在海上失火，玩具全部烧毁，要求甲公司出

面向中国人民保险公司提出索赔，否则要求甲公司退还全部货款。关于本案，正确的是(　　)。

A. 乙公司应向船公司提出索赔

B. 乙公司应向甲公司提出索赔

C. 乙公司应向保险公司提出索赔

D. 该案货物的风险是在装货港交货后转移

答案:CD。CIF中风险的转移和保险的赔偿请求。

3. 甲国A公司(卖方)与中国B公司采用FOB价格条件订立了一份货物买卖合同，约定货物保质期为交货后一年。B公司投保了平安险。货物在海运途中因天气恶劣部分损毁，另一部分完好交货，但在交货后半年左右出现质量问题。根据《联合国国际货物销售合同公约》和有关贸易惯例，下列哪一选项是正确的？

A. A公司在陆地上将货物交给第一承运人时完成交货

B. 货物风险在装运港越过船舷时转移

C. 对交货后半年出现的货物质量问题，因风险已转移，A公司不承担责任

D. 对海运途中损毁的部分货物，应由保险公司负责赔偿

答案:B。

第二节　《联合国国际货物销售合同公约》

考点一:公约的适用范围

这是常考、易考知识点。

1. 适用《公约》的货物销售合同

(1)《联合国国际货物销售合同公约》(以下简称《公约》)只适用于国际货物销售合同。国际因素的确定标准是营业地主义，而非国籍主义。也就是说，《公约》适用于营业地在不同缔约国的当事人之间所订立的货物销售合同，而不考虑当事人是否具有同一国籍。当事人有两个以上营业地时，应以与合同及合同的履行关系最密切的营业地为其营业地，但要考虑到双方当事人在订立合同前任何时候或者订立合同时所知道或者所设想的情况。如果当事人没有营业地，则以其惯常居住地为准。

(2)依国际私法规则的扩大适用。根据《公约》的规定，营业地在不同国家的当事人之间所订立的货物销售合同，如果国际私法规则导致适用某一《公约》缔约国的法律，尽管双方当事人所在国有一个或者两个都不是《公约》的缔约国，《公约》同样适用于该合同，这就是《公约》的扩大适用。我国政府对此作了保留。

2. 不适用《公约》的合同

(1)购供私人、家人或家庭使用的货物的销售，除非卖方在订立合同前任何时候或订立合同时不知道而且没有理由知道这些货物是购供任何这种使用；

(2)经由拍卖的销售；

(3)根据法律执行令状或其他令状的销售；

(4)公债、股票、投资证券、流通票据或货币的销售；

(5)船舶、船只、气垫船或飞机的销售；

(6)电力的销售。

《公约》第3条还排除了对提供货物与提供服务相结合的合同的适用。根据公约规定，下列两种合同不能适用公约：

(1)通过劳务合作方式进行的购买，如补偿贸易；

(2)通过货物买卖方式进行的劳务合作，如技贸结合。

这两种合同不适用《公约》，表明公约只适用于货物的国际销售，而不适用于劳务或者服务合同。但是，有两个例外：

(1)如果上述合同中提供的劳务或者服务没有构成供货方的绝大部分义务，则仍然被《公约》视为买卖合同而适用《公约》。

(2)如果合同是由买卖和劳务两部分组成的，则《公约》只适用于买卖合同部分。

考点二:《公约》适用的任意性

《公约》适用的任意性主要表现为下列两点：

1. 当事人可以通过选择其他法律而排除《公约》的适用。但是如果当事人只是一般性选择适用了某一缔约国的法律，如只是一般性地写明“选择适用中国法律”，则《公约》仍然得以适用。只有当事人明确适用该国的什么法律时，才能排除《公约》的适用。例如，只是一般性地写明“选择适用美国法律”，则不能排除《公约》的适用。如果当事人选择适用美国《统一商法典》这个具体的法律，则可以排除《公约》的适用。

如果当事人没有排除《公约》的适用，则《公约》自动适用于他们之间的买卖合同。如果当事人在合同中选择适用了某一国际惯例，如某一国际贸易术语，则不能认为排除了《公约》的适用。

2. 当事人可以在买卖合同中约定部分地适用《公约》，或者对《公约》的内容进行改变。但当事人的此项权利受到一定限制，即如果当事人的营业地所在国在加入《公约》时已经提出保留的内容，当事人必须遵守，而不得排除或者改变。

强化模拟题

中国甲公司与法国乙公司商谈进口特种钢材，乙

公司提供了买卖该种钢材的格式合同，两国均为1980年《联合国国际货物销售合同公约》缔约国。根据相关规则，下列哪一选项是正确的？

A. 因两国均为公约缔约国，双方不能在合同中再选择适用其他法律

B. 格式合同为该领域的习惯法，对双方具有约束力

C. 双方可对格式合同的内容进行修改和补充

D. 如双方在合同中选择了贸易术语，则不再适用公约

答案：C。

考点三：《公约》的主要内容及我国加入时的保留

1.《公约》的主要内容包括适用范围、买卖合同的订立、合同双方的义务、风险的转移和违反合同的补救办法。

《公约》对以下三个问题没有规定：

（1）合同的效力，或者其任何条款的效力，或者任何惯例的效力；

（2）合同对所销售货物的所有权可能产生的影响；

（3）卖方对于货物对任何人所造成的死亡或者伤害的责任（产品质量侵权责任）。

2. 我国加入《公约》时的两项保留：合同形式的保留（只认可书面形式）、扩大适用的保留（我国只同意对双方的营业地所在国都为缔约国的当事人之间订立的国际货物销售合同适用本公约）。

考点四：国际货物买卖合同的成立

国际货物买卖合同的订立：要约和承诺。主要结合《民法典》中要约和承诺的知识来掌握本知识点。我国《合同法》在合同成立和生效方面借鉴了本公约的诸多制度。

1. 要约

根据《公约》的规定，要约是向一个或者一个以上特定的人提出的订立合同的建议。通常，提出建议的人是要约人，也称发价人、发盘人。要约发向的对象称受要约人，也称受发价人、受盘人。

（1）要约的有效

一项有效的要约必须具备以下三个条件：

①向一个或者一个以上特定的人提出订立合同的建议。不是向一个或者一个以上特定的人提出的建议，仅视为要约邀请，除非提出建议的人作出明确相反的意思表示。广告、报价单、招标公告等是要约邀请。

②要约的内容应十分确定。根据《公约》第14条的规定，如果要约中定明了货物并且明示或者暗示地规定数量和价格，或者规定如何确定数量和价格，即为十分确定。缺少确定内容和附条件的表示都不是要约，而是要约邀请。

③要约必须送达受要约人。要约在送达受要约人时生效。如果一方于收到要约以前即向对方发出承诺通知，即使该承诺的内容与对方发来的要约中所提出的交易条件完全相同，也不能认为双方达成了交易，而只能认为是两个碰头的要约，除非对方予以接受，否则不能成立合同。

（2）要约的撤回

要约在送达受要约人时生效。在要约生效前，要约人使要约失效的行为即为要约的撤回。

要约撤回的具体规定如下：

①撤回通知必须在要约到达受要约人之前或者同时送达受要约人；

②要约即使是不可撤销的，也可以撤回；

③撤回的法律效果是要约没有生效，要约对要约人丧失法律约束力，受要约人即使在规定时间内作出和要约内容完全一致的承诺，合同也不成立。

（3）要约的撤销

要约生效后使之失效的行为是撤销。要约撤销的具体规定如下：

①撤销通知必须在受要约人发出承诺通知之前到达受要约人；

②要约如写明接受要约的期限或者以其他方式表示要约是不可撤销的，则要约不能撤销；

③受要约人有理由信赖该项要约是不可撤销的，而且受要约人已经本着对该项要约的信赖做了准备，要约不能撤销。

（4）要约失效

要约失效有以下几个原因：

①有效承诺未在要约规定时间内作出；

②要约因要约人的撤销而失效；

③因受要约人的拒绝而失效。受要约人的拒绝可以是明示的，也可以是默示的。默示的拒绝主要表现为对要约内容的改变。对原要约内容的改变称反要约。

2. 承诺

（1）有效的承诺必须具备的条件

①由受要约人作出。承诺的作出方式可以是声明或者行为表示，但缄默或者不行为本身不等于承诺。在特定情况下，缄默、不行为和其他因素结合在一起，也可能构成承诺，如当事人事先专门规定了这方面的约定。

②承诺须在要约规定的有效期间内作出。

③承诺须与要约的内容一致。如果受要约人所作的表示对要约内容有变更,即是反要约。反要约是对要约的拒绝,不能发生承诺的效力,它必须经原要约人承诺后才能成立合同。

(2)逾期的承诺

理论上,迟到的承诺或者逾期的承诺不是有效的承诺,而是新的要约,一般须经原要约人承诺后才能成立合同。但逾期承诺在以下两种情况下仍然有效力:

①对于逾期承诺,如果要约人毫不迟延地用口头或者书面形式将接受的意思通知受要约人,则该逾期的承诺有效。

②如果载有逾期接受的信件或其他书面文件表明,它是在传递正常、能及时送达发价人的情况下寄发的,则该项逾期接受具有接受的效力,除非发价人毫不迟延地用口头或书面通知被发价人:他认为他的发价已经失效。

(3)承诺内容与要约内容不一致

承诺通知中对要约的内容作了添加、限制或者其他更改,承诺是否有效,要区分以下两种情况:

①非实质性变更。对发价表示接受但载有添加或不同条件的答复,如所载的添加或不同条件在实质上并不变更该项发价的条件,除发价人在不过分迟延的时间内以口头或书面通知反对其间的差异外,仍构成接受。如果发价人不作出这种反对,合同的条件就以该项发价的条件以及接受通知内所载的更改为准。

②实质性变更。有关货物价格、付款、货物质量和数量、交货地点和时间、一方当事人对另一方当事人的赔偿责任范围或解决争端等的添加或不同条件,均视为在实质上变更发价的条件。

实质性变更的承诺无效,即为拒绝该项要约,并构成反要约。

(4)承诺生效的时间

关于承诺的生效时间,英美法系国家采用投邮生效主义,大陆法系国家采用到达生效主义。《公约》采用了到达生效主义,即承诺通知到达要约人时生效。口头要约应立即承诺,除非当事人另有约定。

(5)承诺的撤回

承诺只有撤回,而没有撤销。撤回承诺的通知必须在承诺生效之前或者与其同时送达受要约人。

考点五:合同买卖双方的主要义务

1. 卖方的主要义务有四项:交付货物及单据、转移货物所有权、货物的品质担保、货物的权利担保。公约对转移货物所有权的义务没有具体规定。卖方的其余三个具体义务分述如下:

(1)交货与交单义务

①交货地点的确定分为四种情况:

第一,有约定的,依约定。

第二,货交第一承运人。在没有约定的情况下,如果销售合同涉及货物的运输,卖方应将货物移交给第一承运人。

第三,如果合同指的是特定货物或从特定存货中提取的或尚待制造或生产的未经特定化的货物,而双方当事人在订立合同时已知道这些货物是在某一特定地点,或将在某一特定地点制造或生产,卖方应在该地点把货物交给买方处置。

第四,在其他情况下,卖方应在他于订立合同时的营业地把货物交给买方处置。

②交货时间的确定分为三种情况:

第一,有约定的,依约定;

第二,如果合同规定有一段时间,或从合同可以确定一段时间,除非情况表明应由买方选定一个日期外,应在该段时间内任何时候交货;

第三,在其他情况下,应在订立合同后一段合理时间内交货。

③提交单据。这里的单据主要包括运输单据和货物单据。根据《公约》第 34 条的规定,如果卖方有义务移交与货物有关的单据,他必须按照合同所规定的时间、地点和方式移交这些单据。如果卖方在那个时间以前已移交这些单据,他可以在那个时间到达前纠正单据中任何不符合合同规定的情形,但是,此一权利的行使不得使买方遭受不合理的不便或承担不合理的开支。但是,买方保留《公约》所规定的要求损害赔偿的任何权利。

(2)品质担保

品质担保是指卖方交付的货物必须与合同所规定的数量、质量和规格相符,并须按照合同所规定的方式装箱或包装。

货物品质有约定的,依约定。没有约定,则依《公约》第 35 条第 2 款的规定:

①符合通常目的:货物适用于同一规格货物通常使用的目的;

②符合特定目的:货物适用于订立合同时曾明示或默示地通知卖方的任何特定目的,除非情况表明买方并不依赖卖方的技能和判断力,或者这种依赖对他是不合理的;

③符合样品:货物的质量与卖方向买方提供的货物样品或样式相同;

④在包装上的要求:货物按照同类货物通用的

方式装箱或包装,如果没有此种通用方式,则按照足以保全和保护货物的方式装箱或包装。一般认为,因卖方包装不符而造成的货损应由卖方承担责任。

《公约》规定了对货物质量的担保责任的免除,即如果买方在订立合同时知道或者不可能不知道货物不符合合同,卖方就无须对上述四项负不符合合同的责任。

(3)权利担保

权利担保包括所有权担保和知识产权担保。关于所有权担保,《公约》并没有详细规定,只是规定卖方必须对其出售的货物拥有完全的所有权。此处重点是知识产权担保义务的限制。

知识产权担保是指卖方所交付的货物必须是第三方不能依工业产权或者其他知识产权主张任何权利或者要求的货物。

知识产权担保义务有如下限制:

①地域限制。它包括两类:第一,依货物销售目的国的法律,即第三人的请求必须是依货物使用地或者转售地国家的法律提出的。如果双方在订立合同时,没有规定货物的最终使用地或者转卖地,则卖方对买方不承担向不知明的转卖地转卖的知识产权的担保义务。第二,依买方营业地所在国法律,即第三人的请求必须是依买方营业地所在国的法律提出的。也就是说,如果双方没有确定货物的最终使用地或者转卖地,则卖方只对那些依买方营业地所在国的法律提出的请求向买方负责。

②买方在订立合同时已知道或不可能不知道此项权利或要求。

③此项权利或要求的发生,是由于卖方要遵照买方所提供的技术图样、图案、款式或其他规格。

买方负有及时通知义务。根据《公约》第43条的规定,买方如果不在已知道或理应知道第三方的权利或要求后一段合理时间内,将此一权利或要求的性质通知卖方,就丧失了要求卖方承担辩驳第三方的权利。但是卖方如果知道第三方的权利或要求以及此一权利或要求的性质,则买方不丧失上述权利。

2. 买方的主要义务主要有两项,即支付货款和接受货物。

(1)支付货款

支付货款涉及付款准备、付款地点和时间三个问题。

①付款准备:申请信用证或者付款担保、在外汇管制的国家获得用汇许可及将该笔外汇汇出的许可。

②付款地点依次为:有约定的依约定;无约定时,为卖方营业地,卖方营业地有多个时,在与合同有密切联系的营业地付款;交货付款或者交单付款的,在交货地或者交单地付款。

③付款时间依次为:有约定的依约定;无约定时,在交货或者交单时付款;买方在未有机会检验货物前,无义务支付价款,除非这种机会与双方当事人议定的交货或支付程序相抵触。

(2)收取货物

收取货物包括两个步骤:

①采取行动使卖方能够顺利交货。

②及时提取货物。买方不及时提货造成的损失通常由买方自己负责。

应注意的是,接收不等于接受。接受表明买方认为货物的质量符合买卖合同的规定,而接收并不表明买方对货物的质量没有异议。如果货物在目的港经检验与合同不符,买方也应接收货物,然后再进行索赔。如果不采取措施,例如,任货物弃之于码头而受损,则违约一方可要求从损害赔偿中扣除原本可以减轻的损失数额。

历年试题

2020年试卷二考生回忆版:中国A公司从甲国B公司处进口一批电子设备,合同中约定了设备规格,用DPU(2020),履行过程中B公司寄来样品,请A公司收到样品后确认依样品履行,A确认样品收到并回复“请依合同履行”,设备到货后与样品相符,但与合同不符,A要B承担违约责任。AB均为《国际货物销售公约》的缔约国,信用证付款。下列选项正确的是:

A. 甲国B公司应承担违约责任,因其交付的设备不符合同约定规格

B. 甲国B公司不应承担违约责任,因其交付的设备与其提供的样品相符

C. 本案货物风险自货交第一承运人时转移

D. 甲国B公司须在指定装运地的任何地点交货

答案:A。根据《国际货物销售合同公约》规定,卖方对货物负有质量担保义务,即卖方交付的货物必须与合同约定的数量、质量、规格相符,并须按照合同所规定的方式装箱或包装。本题中,题中约定了设备规格,且并非以样品为基础,设备到货后与样品相符,但与合同不符,B公司应承担违约责任,B项说法错误,A项说法正确。

DPU指目的地卸货后交货,是国际贸易术语通则中唯一要求买方在目的地卸货的术语。当货物已从抵达的运输工具上卸货,已交由买方处置时风险转移,因此C项和D项说法错误。

强化模拟题

1. 一国甲公司与另一国乙公司订立国际货物买卖

合同，假设1980年《联合国国际货物销售合同公约》适用于该买卖合同，那么依该公约的规定，甲公司对于所售货物的权利担保事项包括下列哪些？

A. 交付的货物为甲方所有

B. 交付的货物为甲方占有

C. 交付的货物在买方所在国或转售国不侵犯他人的知识产权

D. 交付的货物在世界范围内不侵犯他人的知识产权

答案：AC。

2. 施密斯公司作为买方与邻国的哈斯公司签署了一项水果买卖合同。除其他条款外，双方约定有关该合同的争议应适用1980年《联合国国际货物销售合同公约》并通过仲裁解决。施密斯公司在检验收到的货物时，发现该水果的大小与合同的规定差别很大，便打算退货。根据这些情况，下列哪些表述是正确的？

A. 施密斯公司应当根据情况采取合理措施保全货物

B. 施密斯公司有权一直保有这些货物，直至哈斯公司对其保全货物所支出的合理费用作出补偿为止

C. 施密斯公司不必使用自己的仓库保管该货物

D. 施密斯公司也可以出售该货物，但在可能的范围内，应当把出售的意向通知哈斯公司

答案：ACD。

考点六：风险转移

风险涉及的是双方无责任的外部事件造成的损失的分担。风险一般是指货物因自然原因或者意外事件所导致的损坏或者灭失的危险。此类事件一般指不可抗力、意外事故和第三方的不当行为。如果是一方或者双方的责任导致的货物损失，则应由有责任的当事人承担损失，而不涉及风险转移问题。

1. 公约确定的风险转移的时间

公约确定的风险转移的时间有以下几种情况：

（1）合同中有运输条款的货物买卖的风险转移有三种情况：

第一，卖方有义务在某一特定地点将货物交给承运人运输，则卖方履行义务后，货物的风险转移给买方。

第二，卖方没有义务在某一特定地点交付货物，自货物按照销售合同交付给第一承运人以转交给买方时起，风险就移转到买方承担。

第三，卖方保留控制货物处置权的单据，不影响风险的转移。

（2）在运输中销售的货物的风险自合同成立时转移给买方。但是，如果情况表明有此需要，从货物交付给签发载有运输合同单据的承运人时起，风险就由买方承担。尽管如此，如果卖方在订立合同时已知道或理应知道货物已经遗失或损坏，而他又不将这一事实告知买方，则这种遗失或损坏应由卖方负责。

（3）其他情况下货物的风险转移。在卖方营业地交货或者在卖方营业地以外的地点交货，此时的风险从买方接受货物时起或者货物交由买方处置时起转移给买方。

2. 风险转移与卖方违约的关系

风险转移后，如果货物的损失是由于卖方违反合同所致，则买方仍然有权向卖方提出索赔，要求卖方采取因此种违反合同而可以采取的各种补救办法。

历年试题

2017年试卷一第40题：中国伟业公司与甲国利德公司签订了采取铁路运输方式由中国出口一批货物的合同。后甲国法律发生变化，利德公司在收货后又自行将该批货物转卖到乙国，现乙国一公司声称该批货物侵犯了其知识产权。中国和甲国均为《国际货物销售合同公约》和《国际铁路货物联运协定》缔约国。依相关规则，下列哪一选项是正确的？

A. 伟业公司不承担该批货物在乙国的知识产权担保义务

B. 该批货物的风险应于订立合同时由伟业公司转移给利德公司

C. 铁路运输承运人的责任期间是从货物装上火车时起至卸下时止

D. 不同铁路运输区段的承运人应分别对在该区段发生的货损承担责任

答案：A。

考点七：违反合同的补救办法

违反合同的补救办法是关于卖方违约时适用于买方的补救办法、买方违约时适用于卖方的补救办法和适用于双方的一般规定。此知识点还未出过考题，应注意。

1. 卖方违约时适用于买方的补救办法

（1）要求实际履行。如果买方已经采取与此一要求相抵触的某种补救办法，则不适用。

（2）交付替代物。买方只有在货物与合同不符而构成根本违反合同时，才可以要求交付替代物。并且，此种要求必须与说明货物与合同不符的通知同时提出，或者在该项通知发出后一段合理时间内提出。

（3）修理。此种要求必须与说明货物与合同不符的通知同时提出，或者在该项通知发出后一段合

理时间内提出。

(4)减价。如果货物与合同不符,不论货款是否已付,都可主张。

(5)宣告合同无效。当卖方完全不交付货物或者不依合同规定交付货物构成根本违反合同时,买方可以宣告合同无效。买方有权在下列情况下宣告合同无效:第一,卖方根本违反合同;第二,卖方在买方规定的宽限期限内没有交货或者声明不交货。

根本违反合同是指一方当事人违反合同的结果使另一方当事人蒙受损害,以致实际上剥夺了他根据合同规定有权期待得到的东西。根本违反合同使守约方取得宣告合同无效的权利,在非根本违反合同的情况下,守约方只能采取前述的四种救济措施。宣告合同无效与我国合同法中的合同无效有相同点和不同点。最大的不同点是合同法中的合同无效是由法院或者仲裁机构来宣布的,而《公约》中的宣告合同无效则由合同的守约方来宣布。

2. 买方违约适用于卖方的补救办法

(1)要求履行义务。

(2)宣告合同无效。卖方有权在下列情况下宣告合同无效:第一,买方根本违反合同;第二,买方不在卖方规定的额外时间内履行支付价款的义务或者收取货物,或者买方声明他将不在规定时间内履行。如果买方支付了全部价款,卖方原则上丧失了宣告合同无效的权利。

3. 适用于双方的一般规定

适用于双方的一般规定主要有中止合同、损害赔偿、支付利息、免责、宣告合同无效的法律后果、货物保全等。这里将主要的几个规定阐明如下:

(1)预期违反合同与中止履行合同、宣告合同无效

中止履行合同的情形:第一,被中止方当事人履行义务的能力或他的信用有严重缺陷;第二,被中止方当事人在准备履行合同或履行合同中的行为表明其将不履行其大部分重要义务。

如果在履行合同日期之前,明显看出一方当事人将根本违反合同,另一方当事人可以宣告合同无效。

(2)对分批交付的货物无效的处理

第一,一方当事人不履行对任何一批货物的义务,便对该批货物构成根本违反合同,则另一方当事人可以宣告合同对该批货物无效。

第二,如果一方当事人不履行对任何一批货物的义务,使另一方当事人有充分理由断定其对今后各批货物将会发生根本违反合同,该另一方当事人可以在一段合理时间内宣告合同今后无效。

第三,买方宣告合同对任何一批货物的交付为无效时,可以同时宣告合同对已交付的或今后交付的各批货物均为无效,如果各批货物是互相依存的,不能单独用于双方当事人在订立合同时所设想的目的。

(3)损害赔偿

这是运用最广泛的补救办法。

损害赔偿金额的计算方法:一方当事人违反合同应负的损害赔偿额,应与另一方当事人因他违反合同而遭受的包括利润在内的损失额相等。这种损害赔偿不得超过违反合同一方在订立合同时,依照他当时已知道或理应知道的事实和情况,对违反合同预料到或理应预料到的可能损失。

(4)免责

第一,免责的条件。由于某种非当事人所能控制的障碍导致违约;对于这种障碍,没有理由预期当事人在订立合同时能考虑到或能避免或克服它或它的后果。

第二,免责的通知。不履行义务的一方必须将障碍及其对他履行义务能力的影响通知另一方。如果该项通知在不履行义务的一方已知道或理应知道此一障碍后一段合理时间内仍未为另一方收到,则他对由于另一方未收到通知而造成的损害应负赔偿责任。

第三,免责的后果。不妨碍任一方行使本《公约》规定的要求损害赔偿以外的任何权利。

(5)宣告合同无效的法律后果

第一,解除合同当事人的合同义务;

第二,不免除违约方的损害赔偿责任;

第三,合同中争议解决条款有效,双方有关合同无效后的权利义务的约定仍然有效;

第四,双方应返还有关利益;

第五,宣告合同无效,要求买方必须按实际收到的货物的原状归还货物。如果买方归还的货物不具有交货时的使用价值,买方就丧失了宣告合同无效或者要求卖方交付替代物的权利。

(6)保全货物

买卖双方都有此权利,但行使的条件不同。

卖方保全货物的条件:买方没有支付货款或者接受货物,而卖方仍然拥有货物或者控制着货物的处置权。

买方保全货物的条件:买方已经接受了货物,但打算退货。

保全货物的方式:将货物寄存于仓库,对方承担费用;将易坏货物出售。

历年试题

2021年试卷二考生回忆版:甲国瑞尼尔公司从乙

国绿地公司进口三批粮食，合同选用《2020年国际贸易术语解释通则》的CIF术语。第一批粮食正常发货后，乙国遭遇台风，致使后两批粮食不能发运，存放在仓库。绿地公司认为其遭遇了不可抗力，可以免责。两国均为《联合国国际货物销售合同公约》的成员国，下列说法正确的是哪项？

A. 若后两批粮食无法交付，甲国瑞尼尔公司可宣告合同无效

B. 若后两批粮食无法交付，乙国绿地公司通知甲国瑞尼尔公司后，即可解除合同

C. 保险人应承担后两批粮食不能交付的赔偿责任

D.《联合国国际货物销售合同公约》规定了遭遇不可抗力一方的通知义务

答案：D。

强化模拟题

1. 甲公司（卖方）与乙公司于2007年10月签订了两份同一种农产品的国际贸易合同，约定交货期分别为2008年1月底和3月中旬，采用付款交单方式。甲公司依约将第一份合同项下的货物发运后，乙公司以资金周转困难为由，要求变更付款方式为货到后30天付款。甲公司无奈同意该变更。乙公司未依约付款，并以资金紧张为由再次要求延期付款。甲公司未再发运第二个合同项下的货物并提起仲裁。根据《联合国国际货物销售合同公约》，下列哪一选项是正确的？

A. 乙公司应以付款交单的方式支付货款

B. 甲公司不发运第二份合同项下货物的行为构成违约

C. 甲公司可以停止发运第二份合同项下的货物，但应及时通知乙公司

D. 如乙公司提供了付款的充分保证，甲公司仍可拒绝发货

答案：C。

2. 中国甲公司与外国乙公司签订了出口一批罐头的合同，双方约定货到验收以后付款。货到买方验收时发现罐头总重短少12%，且抽样检查每个罐头的重量也低于合同规定，乙公司于是拒绝付款也拒绝收货。后来罐头全部变质，乙公司为此还支出仓储费和处理罐头的费用10万元。根据1980年《联合国国际货物销售合同公约》的规定，本案中罐头变质的损失以及仓储费和处理罐头的费用应由（　　）承担。

A. 甲公司

B. 乙公司

C. 甲公司和乙公司共同承担

D. 承运人

答案：B。

第二章　国际货物运输与保险

第一节　国际货物运输

考点一：提单

1. 提单的概念

提单是指用以证明海上运输合同和由承运人接管或装载货物，以及承运人保证据以交付货物的单证。

2. 提单的种类

（1）根据货物是否已装船，可将提单分为已装船提单和收货待运提单。

（2）依收货人的抬头，可将提单分为记名提单、不记名提单和指示提单。

记名提单指提单正面载明收货人名称的提单。依据记名提单，承运人只能向该收货人或向经收货人背书转让的提单持有人交付货物。

记名提单一般不能转让。

不记名提单指提单正面未载明收货人名称的提单。这种提单的转让十分简单，无须背书，交付即可。

指示提单指提单正面载明凭指示交付货物的提单。

指示提单的转让必须经过背书。

（3）根据提单有无批注，可将提单分为清洁提单和不清洁提单。

不清洁提单指在提单上批注有表明货物表面状况有缺陷的提单。银行除非在信用证规定可以接受该类提单的情况下，一般会拒绝接受不清洁提单办理结汇。

（4）根据运输方式，可将提单分为直达提单、转船提单和联运提单。

（5）依是否已付运费，可将提单分为运费预付提单和运费到付提单。

3. 提单的法律性质

（1）提单是承运人与托运人之间国际海上货物运输合同的证明。

（2）提单是承运人接管货物或货物装船的收据。

（3）提单是承运人保证向收货人交付货物的物权凭证。

4. 提单的证明作用

提单的证明作用在托运人手中和托运人以外的第三方持有人手中的效力是不同的。提单在托运人手中时只是初步证据。初步证据是指如承运人有确实的证据证明其收到的货物与提单上的记载不符，承运人可以向托运人提出异议。但在托运人将提单背书转让给第三人的情况下，对于提单受让人来说，提单就成了终结性的证据。由于提单的受让人是根

据提单上的记载事项受让提单的，他对货物的实际情况并不知情，如提单中的记载不实是由于托运人的误述引起的，承运人可以向托运人提出抗辩，但承运人不得以此对抗提单的受让人，这样就可以保证提单的流通性。

5. 提单与保函在跟单信用证机制中的作用和存在的问题

保函是指由托运人提交给承运人的承担承运人因签发与信用证不一致的提单而受到的一切损失的书面保证。《汉堡规则》第一次在一定范围内承认了保函的效力。依《汉堡规则》的规定，托运人为了换取清洁提单，可向承运人出具保函，保函只在托运人与承运人之间有效。如保函有欺诈意图，则保函无效，承运人应赔偿第三者的损失，且不能享受责任限制。我国《海商法》没有关于保函的规定，司法实践中则是参照了《汉堡规则》的规定，主要可概括为三点内容：（1）善意保函有效；（2）恶意保函无效；（3）有效的保函也只在托运人与承运人之间有效，不能对抗第三人。

在跟单信用证机制中，保函的使用情况包括以下三种：

（1）以保函换取清洁提单的问题

以保函换取清洁提单有善意与恶意之分。我国海事法院就曾以判例的形式肯定了善意保函的效力。但保函也只在托运人与承运人之间有效，不能对抗收货人，因此，承运人必须先赔偿收货人，然后再依保函向托运人索赔，如保函无效，则承运人无法再向托运人索赔。在托运人与承运人明知货物的表面状况有瑕疵，仍以保函换取清洁提单的情况下，此种保函是一种恶意保函。恶意保函无效，承运人在对收货人承担责任后，不得依保函向托运人索偿。

（2）以保函换取倒签提单和预借提单的问题

提单中注明的装船日期早于实际装船的日期就称为倒签提单。预借提单是当信用证规定的有效期即将届满，而货物还未装船时，托运人为了使提单上的装船日期与信用证规定的日期相符，要求承运人在货物装船前签发的已装船提单。预借提单与倒签提单一样，都是掩盖了货物的实际装船日期，从而避开了迟延交货的责任，属于对收货人的欺诈行为，日后须对因此而引起的损失负责。而且，为预借提单和倒签提单而出具的保函均为无效保函。

（3）为提货而出具保函的问题

目前，这种提货方式已普遍存在，很多国家默认了这一做法。司法实践中则是区别善意与恶意保函的情况来处理此类保函的效力。在承运人与提货人没有恶意串通的情况下，承运人凭提货人出具的保函加副本提单错交了货物，承运人凭保函放货只是为了解决凭正本提单放货的实际困难。发生提货人和提单收货人不一致的情况，可能是由于提货人本是该批货物的买方，但提货人提取货物之后没有及时到银行付款赎单等情况，此时保函有效。承认提货保函的效力并不是否定凭正本提单交货的航运惯例，并不意味着承运人可以对收货人免除责任，只是承运人对收货人承担责任后，可以通过保函从提货人处得到补偿。

6. 2009 年最高人民法院《关于审理无正本提单交付货物案件适用法律若干问题的规定》

承运人违反法律规定无正本提单交付货物，损害正本提单持有人提单权利的，正本提单持有可以要求承运人承担此造成损失的民事责任。

承运人因无正本提单交付货物造成正本提单持有人损失的，正本提单持有人可以要求承运人承担违约责任，或者承担侵犯责任。

承运人因无正本提单交付货物承担民事责任的，将丧失限制赔偿责任的权利。

正本提单持有人可以要求无正本提单交付货物的承运人与无正本提单提取货物的人承担连带赔偿责任。

强化模拟题

1. 甲公司依运输合同承运一批从某国进口中国的食品，当正本提单持有人乙公司持正本提单提货时，发现货物已由丙公司以副本提单加保函提走。依我国相关法律规定，下列哪一选项是正确的？

A. 无正本提单交付货物的民事责任应适用交货地法律

B. 乙公司可以要求甲公司承担违约责任或侵权责任

C. 甲公司对因无正本提单交货造成的损失按货物的成本赔偿

D. 丙公司提走了货物，不能要求甲公司承担责任

答案：B。

2. “卢丁尼卡”号轮承运人收货后签发提单时，发现货物的包装并不牢固，欲在提单上作“包装不固”的批注，托运人为赶时间用保函换取了清洁提单。货物到港后，有一部分货物散落在船舱中而受损，持有提单的收货人要求承运人赔偿货损，承运人则主张免责。下列关于本案说法正确的是（　　）。

A. 承运人无须就货损承担责任

B. 承运人可以援引包装不固免责

C. 承运人可依与托运人之间的保函而抵消对收货人的责任

D. 若依《汉堡规则》，本案保函为无效保函

答案：D。本案中，承运人明知包装有瑕疵，仍然在接受保函的情况下签发了清洁提单，该行为构成接受恶意保函，依《汉堡规则》，本案保函为无效保函。承运人既然签发清洁提单，就应对货物散落受损承担管货过失的赔偿责任。

考点二：海运单

海运单（sea waybill），又称海上运送单或海上货运单，它是承运人向托运人或其代理人表明货物已收妥待装的单据，是一种不可转让的单据。不须以在目的港提示该单据作为收货条件，无须待单据寄到，船主或其代理人可凭收货人收到的货到通知或其身份证明而向其交货。

海运单与提单的区别和联系：

1. 提单是货物收据、运输合同，也是物权凭证；海运单只具有货物收据和运输合同这两种性质，它不是物权凭证。

2. 提单可以是指示抬头形式，可以背书流通转让；海运单是一种非流通性单据，海运单上标明了确定的收货人，不能转让流通。

3. 提单的合法持有人和承运人凭提单提货和交货；海运单上的收货人并不出示海运单，仅凭提货通知或其身份证明提货，承运人凭收货人出示的适当身份证明交付货物。

强化模拟题

海运单是20世纪70年代以来，随着集装箱运输的发展，特别是航程较短的运输中产生出来的一种运输单证。关于海运单，下列哪一选项是正确的？

A. 海运单是一种可流通的书面运输单证

B. 海运单不具有证明海上运输合同存在的作用

C. 第三方以非法的方式取得海运单时无权提取货物

D. 海运单具有物权凭证的特征，收货人凭海运单提取货物

答案：C。

考点三：《海牙规则》

1. 承运人最低限度的义务：适航的义务和管货的义务

关于适航的义务，是指承运人在开航前与开航时必须谨慎处理，以便：

（1）使船舶具有适航性；

（2）适当地配备船员、设备和船舶供应品；

（3）使货舱、冷藏舱和该船其他运载货物的部位适宜并能安全地收受、运送和保管货物。

关于管货的义务，《海牙规则》规定承运人对由于下列原因引起或造成的货物的灭失或损害不负责任：

（1）船长、船员、引水员或承运人的雇佣人在驾驶或管理船舶中的行为、疏忽或不履行职责；

（2）火灾，但由于承运人实际过失或私谋所造成者除外；

（3）海上或其他可航水域的风险、危险或意外事故；

（4）天灾；

（5）战争行为；

（6）公敌行为；

（7）君主、统治者或人民的扣留或拘禁或依法扣押；

（8）检疫限制；

（9）货物托运人或货主、其代理人或代表的行为或不行为；

（10）不论由于何种原因引起的局部或全面的罢工、关厂、停工或劳动力受到限制；

（11）暴乱和民变；

（12）救助或企图救助海上人命或财产；

（13）由于货物的固有瑕疵、性质或缺陷所造成的容积或重量的损失，或任何其他灭失或损害；

（14）包装不当；

（15）标志不清或不当；

（16）尽适当的谨慎所不能发现的潜在缺陷；

（17）不是由于承运人的实际过失或私谋，或是承运人的代理人或受雇人员的过失或疏忽所引起的任何其他原因。

2. 托运人的义务和责任

托运人应对其所提供资料的不正确所造成的损失负赔偿责任。对于危险品，如托运人隐瞒货物的危险性，承运人只要发现后，可立即将货物抛弃而无须负责，且托运人还应赔偿船东及受害的第三方因载此货而引起的损失。如托运人已表明了货物的危险性，则承运人只有在面临危险的情况下，才可抛弃货物而无须负责。此时，托运人也无须对运输此货而引起的损失负责。

3. 检查货物与索赔

收货人在提货时应检查货物，如发现短缺或残损，应立即向承运人提出索赔。如残损不明显，则在3日内提出索赔通知。如在提货时或提货后3日内没有提出索赔通知，就是交货时货物的表面状况良好的初步证据。在联合检验的情况下，无须出具索赔通知。

4. 诉讼时效

关于诉讼时效，根据《海牙规则》第3条第6款的规定，货方对承运人或船舶提起货物灭失或损害索赔的诉讼时效为1年，自货物交付之日起算，在货物灭失的情况下，自货物应交付之日起算。

5. 适用范围

《海牙规则》第10条规定："本公约和各项规定，适用于在任何缔约国所签发的一切提单。"第5条第2款规定："本规则中的各项规定不适用于租船合同，但如果提单是在船舶出租情况下签发，便应符合本规则中的各项规定。"

历年试题

2015年试卷一第41题：青田轮承运一批啤酒花从中国运往欧洲某港，货物投保了一切险，提单上的收货人一栏写明"凭指示"，因生产过程中水分过大，啤酒花到目地港时已变质。依《海牙规则》及相关保险规则，下列哪一选项是正确的？

A. 承运人没有尽到途中管货的义务，应承担货物途中变质的赔偿责任

B. 因货物投保了一切险，保险人应承担货物变质的赔偿责任

C. 本提单可通过交付进行转让

D. 承运人对啤酒花的变质可以免责

答案：D。

2016年试卷一第41题：中国甲公司与法国乙公司订立了服装进口合同，信用证付款，丙银行保兑。货物由"铂丽"号承运，投保了平安险。甲公司知悉货物途中遇台风全损后，即通知开证行停止付款。依《海牙规则》、UCP600号及相关规则，下列哪一选项是正确的？

A. 承运人应承担赔偿甲公司货损的责任

B. 开证行可拒付，因货已全损

C. 保险公司应赔偿甲公司货物的损失

D. 丙银行可因开证行拒付而撤销其保兑

答案：C。

2017年试卷一第41题：中国某公司进口了一批仪器，采取海运方式并投保了水渍险，提单上的收货人一栏写明"凭指示"的字样。途中因船方过失致货轮与他船相撞，部分仪器受损。依《海牙规则》及相关保险条款，下列哪一选项是正确的？

A. 该提单交付即可转让

B. 因船舶碰撞是由船方过失导致，故承运人应对仪器受损承担赔偿责任

C. 保险人应向货主赔偿部分仪器受损的损失

D. 承运人的责任期间是从其接收货物时起至交付货物时止

答案：C。

强化模拟题

1. 一批货物由甲公司运往中国青岛港，运输合同适用《海牙规则》。运输途中因雷击烧毁部分货物，其余货物在目的港被乙公司以副本提单加保函提走。丙公司为该批货物正本提单持有人。根据《海牙规则》和我国相关法律规定，下列哪一选项是正确的？

A. 甲公司应对雷击造成的货损承担赔偿责任，因损失在其责任期间发生

B. 甲公司可限制因无正本提单交货的赔偿责任

C. 丙公司可要求甲公司和乙公司承担连带赔偿责任

D. 甲公司应以货物成本加利润赔偿因无正本提单交货造成的损失

答案：C。

2. 中国某航运公司承运一批从中国出口至波兰的工艺制品，货物运抵目的港后，发现有部分发生碎损。该批货物受损的原因可能有以下几种，其中应由承运人承担责任的情况是(　　)。

A. 货物碎损是因为承运人野蛮装载，未尽适当和谨慎的管货义务

B. 货物碎损是因为船员驾驶船舶不当，与其他船舶相撞致使货物受损

C. 货物碎损是因为海上风浪过大，虽采取了适当的保护措施仍受损

D. 货物碎损是因为该批货物本身质量问题所致

答案：A。A项属于承运人未尽管货义务，所以承运人应当承担责任；B项属于承运人在驾驶船舶过程中的过失，因而承运人可以免责；C项属于天灾，承运人可以免责；D项属于货物本身所固有的瑕疵所造成的损失，所以承运人也可以免责。故只有A项情况下承运人应承担责任。

考点四：《维斯比规则》

《维斯比规则》于1977年生效，其内容主要是对《海牙规则》的补充和修改。该规则的主要内容有以下几点。

1. 明确规定提单对于善意受让人是最终证据

《维斯比规则》第1条对《海牙规则》第3条第4款的内容进行了补充，规定提单对托运人来说是初步证据，而对善意的提单受让人来说则是最终的证据。

2. 承运人的责任限制

《维斯比规则》采用了双重责任限额制，即承运人对货物的灭失或损害责任以每件或每单位10,000金法郎或每千克30金法郎为限，两者以高者计。1984年4月生效的修订《维斯比规则》的议定书规

定,承运人的责任限制金额为每件或每单位666.67特别提款权,或按货物毛重每千克2特别提款权计算,两者之中以较高者为准。

3. 承运人的雇佣人或代理人的责任限制

《海牙规则》未明确规定承运人的雇佣人或代理人是否也能享受责任限制的保护。《维斯比规则》进行了明确规定:(1)对承运人提起的货损索赔诉讼,无论是以合同为依据,还是以侵权行为为依据,均可以适用责任限制的规定;(2)承运人的雇佣人或代理人也可以享受责任限制的保护。

4. 诉讼时效

《维斯比规则》对《海牙规则》第6条作了两点修改:(1)诉讼时效为1年;经双方协商,可以延长时效。(2)对第三者的追偿诉讼,在1年的诉讼时效期满后,仍有3个月的宽限期。

5. 适用范围

《海牙规则》仅适用于在缔约国签发的提单,《维斯比规则》将其适用范围扩大了,规定有下列情况之一,即可适用该公约:(1)提单在缔约国签发;(2)从一个缔约国的港口起运;(3)提单中列有首要条款。首要条款就是法律选择条款,即合同双方当事人合意选择适用该公约。

强化模拟题

对承运人的雇佣人或代理人的责任限制也适用于承运人的责任限制的规定,是在(　　)中首次规定的。

A.《海牙规则》

B.《维斯比规则》

C.《汉堡规则》

D.《国际多式联运公约》

答案:B。《维斯比规则》规定承运人的雇佣人或代理人享有责任限制。无论货损索赔诉讼是以合同为依据,还是以侵权为依据,承运人均可享有责任限制的规定,且其代理人或雇佣人也享受责任限制的保护。

考点五:《汉堡规则》

1. 承运人的责任

《汉堡规则》在承运人的责任基础上采用了完全的过失责任制。同时,《汉堡规则》还采用了推定过失责任制,即在货损发生后,先推定承运人有过失,如承运人主张自己无过失,则必须承担举证的责任。

2. 承运人的免责

《汉堡规则》取消了承运人对船长、船员等在驾驶船舶或管理船舶及火灾中的过失免责。承运人对火灾所引起的灭失、损坏或延迟交付负赔偿责任,但索赔人需证明承运人、其受雇人或代理人有过失。

3. 承运人延迟交货的责任

《海牙规则》没有规定延迟交货的责任,《汉堡规则》规定了承运人应对延迟交货负责。承运人对延迟交货的赔偿责任限额为迟交货物应付运费的2.5倍,但不应超过应付运费的总额。

4. 承运人的责任期间

《汉堡规则》规定承运人的责任期间为货物在装货港、运送途中和卸货港的在承运人掌管下的全部期间。

5. 承运人的责任限额

《汉堡规则》提高了承运人的最高赔偿限额,规定承运人对货物灭失或损坏的赔偿责任限额为每件或每单位835特别提款权(SDR),或每千克2.5特别提款权,两者以高者为准。此外,公约还规定,如货损是由承运人、其雇佣人或代理人故意造成的,则将丧失责任限制的权利。

6. 关于保函的效力

《汉堡规则》第一次在一定范围内承认了保函的效力。公约规定,托运人为了换取清洁提单,可向承运人出具保函,但保函只在托运人与承运人之间有效。如保函有欺诈意图,则保函无效,承运人应赔偿第三者的损失,且不能享受责任限制。

7. 货物的适用范围

《海牙规则》不适用于舱面货和活牲畜。关于舱面货,《汉堡规则》规定,承运人依协议、惯例、法律的要求,有权在舱面装货,否则承运人应对将货物装在舱面上造成的损失负赔偿责任。关于活牲畜,《汉堡规则》规定,活牲畜的受损如是因其固有的特殊风险造成的,承运人可以免责,但承运人须证明已按托运人的特别指示办理了与货物有关的事宜。

8. 索赔通知和诉讼时效

《汉堡规则》规定,索赔通知应在收货后的第一个工作日内提交。在损害不明显时,在收货后15日内提交。延迟交付的索赔通知应在收货后60日内提交。公约规定的诉讼时效为2年。此外,承运人向收货人赔付后,再向第三方追偿时,可以协议延长时效。

9.《汉堡规则》的适用范围

依《汉堡规则》第2条的规定,该公约适用于两个不同国家之间的海上运输合同,并且:

(1)提单或作为海上运输合同证明的其他单证在某一缔约国签发;

(2)提单或作为海上运输合同证明的其他单证中载有适用《汉堡规则》或采纳该规则的任何国内法的首要条款;

(3)装货港或卸货港或备选卸货港位于缔约国；

(4)公约不适用于租船合同，但适用于租船合同项下的提单。

强化模拟题

1. 下列选项中，不属于《汉堡规则》规定的内容有(　　)。

A. 承运人对于因船长、船员、引水员或承运人的雇佣人在驾驶或管船中的行为、疏忽或不履行职责可以免责

B. 诉讼时效为2年，自承运人或实际承运人交付货物或交付部分货物或自应交付货物的最后一日起算

C. 承运人的责任期间为货物在承运人掌管下的全部期间，同时承运人对迟延交货应负责任

D. 引入实际承运人的概念，并规定即使订约承运人将全程运输或部分运输委托给实际承运人，订约承运人仍应对运输全程负责

答案：A。“承运人对于因船长、船员、引水员或承运人的雇佣人在驾驶或管船中的行为、疏忽或不履行职责可以免责”属于《海牙规则》《维斯比规则》的规定，《汉堡规则》规定此种情况下的承运人不能免责。

2.《汉堡规则》与《海牙规则》和《维斯比规则》相比，最大的不同在于(　　)。

A. 承运人的责任限制

B. 承运人的责任原则

C. 承运人的责任期间

D. 集装箱条款

答案：B。《汉堡规则》与《海牙规则》和《维斯比规则》相比，最大的不同在于责任原则，前者采用完全过失责任原则，后两者采用的则是不完全过失责任原则。

第二节　国际货物运输保险

考点一：平安险

1. 平安险的承保范围

平安险的英文含义为“单独海损不赔”。其责任范围主要包括：

(1)被保险货物在运输途中由于恶劣气候、雷电、海啸、地震、洪水等自然灾害造成的整批货物的全部损失或推定全损。

(2)由于运输工具遭受搁浅、触礁、沉没、互撞、与流冰或其他物体碰撞以及失火、爆炸等意外事故造成货物的全部或部分损失。

(3)在运输工具已经发生搁浅、触礁、沉没、焚毁等意外事故的情况下，货物在此前后又在海上遭受恶劣气候、雷电、海啸等自然灾害所造成的部分损失。

(4)在装卸或转运时由于一件或数件整件货物落海而造成的全部或部分损失。

(5)被保险人对遭受承保责任内危险的货物采取抢救、防止或减少货损的措施而支付的合理费用，但以不超过该批被救货物的保险金额为限。

(6)运输工具遭遇海难后，在避难港由于卸货所引起的损失以及在中途港、避难港由于卸货、存仓以及运送货物所产生的特别费用。

(7)共同海损的牺牲、分摊和救助费用。

(8)运输合同中订有“船舶互撞责任”条款，根据该条款规定应由货方偿还船方的损失。

2. 共同海损与单独海损

(1)共同海损

共同海损是指在同一海上航程中，船舶、货物和其他财产遭遇共同危险，为了共同安全，有意地、合理地采取措施所直接造成的特殊牺牲、支付的特殊费用。

共同海损费用主要包括救助报酬、搁浅船舶减载费用、在避难港等处的费用、代替费用、垫款手续费和共同海损利息及其理算费用6种费用。

无论在航程中或者在航程结束后发生的船舶或者货物因迟延所造成的损失，包括船期损失和行市损失以及其他间接损失，均不得列入共同海损。船舶所有人应支付给救助人的特别补偿，不应列为共同海损。

在理解被抛弃货物本身的损失时，需要特别说明的是，被抛弃的货物必须是按公认货运习惯运输的，才能作为共同海损受偿。因此，抛弃舱面货通常不构成共同海损，除非该舱面货是按照承运人与托运人的协议或者按照航运惯例或者按照法律、行政法规的规定装运的。

我国《海商法》规定，船舶因发生意外、牺牲或者其他特殊情况而损坏时，为了安全完成本航程，驶入避难港口、避难地点或者驶回装货港口、装货地点进行必要的修理，在该港口或者地点额外停留期间所支付的港口费、船员工资、给养、船舶所消耗的燃料、物料、为修理而卸载、储存、重装或者搬移船上货物、燃料、物料以及其他财产所造成的损失、支付的费用，应当列入共同海损。为代替可以列为共同海损的特殊费用而支付的额外费用，可以作为代替费用列入共同海损；未申报的货物或者谎报的货物，应当参加共同海损分摊；其遭受的特殊牺牲，不得列入共同海损。

(2)单独海损

单独海损是指货物由于意外造成的部分损失。

(3)共同海损与单独海损的区别

①发生的原因不同。共同海损是有意采取措施造成的；而单独海损则是由偶然的意外事件造成的。

②涉及的利益方不一样。共同海损是为船货各方的共同利益所受的损失；而单独海损则只涉及损失方个人的利益。

③后果不同。共同海损应由受益方分摊；而单独海损则由损失方自己承担。

强化模拟题

1. 希腊甲公司(卖方)与我国乙公司(买方)于1999年10月在我国广州订立了买卖200台笔记本电脑的合同，每台1000美元，CIF广州，以不可撤销的信用证支付，1999年12月马赛港交货。1999年12月10日，甲公司将货物交中国丙远洋运输公司承运(运输合同受我国《海商法》调整)。在载货船离开马赛港10天后，由于在航运途中遇强热带风暴和暗礁，船和货物全部沉入大海。关于本案中的保险人责任，下列哪项表述是正确的?

A. 保险公司应当承担本案货物损失，因为货损属于其承保范围

B. 保险公司不应承担本案货物损失，因为货损不属于其承保范围

C. 保险公司不应承担本案货物损失，因为货损属于其除外责任

D. 保险人在承担本案货物损失后，应当向承运人进行追偿

答案:A。本案货损不属于除外责任范围。运输合同受我国《海商法》调整，承运人对自然灾害造成的货损可以免责，故保险人在承担本案货物损失后，不能向承运人进行追偿。

2. 甲船在海上遭遇恶劣气候，逆风行驶，航速剧减，船舶在海上航行数日意外增加，船上配载的按正常情况足够该次航程使用的燃油消耗过多，剩余部分已经不足以驶往原目的港。于是，船长下令改变航道，驶往就近港口避难加油。下列说法正确的是(　　)。

A. 甲船实际存在的危险并非紧迫的危险

B. 甲船为此多花的费用属于单独海损

C. 甲船燃油不足是因为事先准备不足构成船舶不适航

D. 甲船为此多花的费用属于共同海损

答案:D。本案中，危险是不可避免的，时间也是非常紧迫的。因此，采取的绕航避难港加油措施是可以被认作共同海损行为的，为此支付的额外费用属于共同海损费用。因此，ABC都是错误的。

考点二:水渍险

水渍险的责任范围是在平安险的基础上，加上自然灾害造成的部分损失。也就是说，除平安险的各项责任外，对于被保险货物由于恶劣气候、雷电、海啸、地震、洪水等自然灾害所造成的部分损失，保险人也承担赔偿责任。

强化模拟题

1. 中国某公司从希腊的马赛港装运一批货物，到达中国上海港，经海关人员检查发现部分货物因受雨淋已霉变，另外还严重短量。该运输合同中注明投保的是水渍险。此种情况保险公司应如何赔偿?

A. 拒绝赔偿　　　B. 只赔偿霉变部分

C. 只赔短量部分　D. 全部赔偿

答案:A。本案中货物因受雨淋霉变，属于淡水雨淋，连同短量都属于一切险的承保范围，水渍险下保险公司无须赔偿。

2. 中国甲公司与秘鲁乙公司订立了进口秘鲁鱼粉的合同，由日本丙公司承运，并签发了清洁提单，甲公司向中国人民保险公司投保了水渍险，在运输途中，货物由于舱盖没有盖好而被雨淋受损。关于此案，下列选项正确的是(　　)。

A. 保险公司可以不赔，因为货物受损的近因是雨淋

B. 保险公司应该赔偿，因为是在保险责任期间内发生的货损

C. 依《海牙规则》，甲公司应向承运人丙公司提出索赔

D. 甲公司应向乙公司提出索赔

答案:AC。A选项正确，本题投保的是水渍险，货物受损的近因是雨淋，而水渍险不包括雨淋造成的损失。

B选项不正确，尽管货损是在保险期间内发生的，但货损的近因不是保险人承保的风险。

C选项正确，依《海牙规则》，承运人有谨慎管理货物的责任，因此承运人丙公司应承担货损的责任。

D选项不正确，乙公司为卖方，该批货物的损失并非因卖方的责任所致。

考点三:一切险

一切险的责任范围是在水渍险的基础上，加上一般附加险所承保的损失，即除包括水渍险的责任范围外，还负责赔偿被保险货物在运输途中由于外来原因所致的全部或部分损失。外来原因指偷窃、提货不着、淡水雨淋、短量、混杂、玷污、渗漏、串味异味、受潮受热、包装破裂、钓损、碰损破碎、锈损等。

强化模拟题

A国某公司以CIF价与中国某公司签订了向中国出口食品2000箱的合同，A国公司在货物装运后，凭已装船清洁提单和已投保一切险及战争险的保险单，向银行办理了结汇，货到目的港后经复验发现，该批货物

中的342箱食品所含的沙门氏细菌超过进口国的标准，中国公司只实收1995箱货物，短少5箱。下列选项哪些说法是正确的？

A. 对于细菌超过标准的货物，中国公司应向A国公司索赔

B. 对短少的货物，中国公司应向A国公司索赔

C. 对短少的货物，中国公司应向承运人索赔

D. 对短少的货物，如果承运人拒绝赔偿，中国公司可以向保险人索赔

答案：ACD。

考点四：附加险别——一般附加险、特别附加险和特殊附加险

海洋货物运输保险的附加险别，分为一般附加险、特别附加险和特殊附加险三类。一般附加险属于一切险的范围，保了一切险，就不必再附加任何一般附加险，而特别附加险和特殊附加险所承保的责任已超出了一切险的范围。一般附加险包括偷窃、提货不着、淡水雨淋、短量、混杂、玷污、渗漏、串味异味、受潮受热、包装破裂、钩损、碰损、破碎、锈损险等。

特别附加险包括：(1)交货不到险；(2)进门关税险；(3)舱面险；(4)拒收险；(5)黄曲霉素险；(6)出口货物到香港或澳门存仓火险。

特殊附加险包括海洋运输货物战争险和货物运输罢工险。

考点五：保险人的除外责任

除外责任就是保险人不承保的风险。中国人民保险公司海洋运输货物保险的除外责任包括：

(1)被保险人的故意行为或过失所造成的损失；

(2)属于发货人责任引起的损失；

(3)在保险责任开始前，被保险货物已存在的品质不良或数量短差所造成的损失；

(4)被保险货物的自然损耗、本质缺陷、特性以及市价跌落、运输迟延引起的损失和费用；

(5)海洋运输货物战争险条款和货物运输罢工险条款规定的责任范围和除外责任。

海洋运输货物保险的索赔时效为2年，从被保险货物在最后卸货港全部卸离运输工具后起算。

第三章　国际贸易支付

第一节　汇付与托收

考点一：汇付

汇付是由国际货物买卖合同的买方委托银行主动将货款支付给卖方的结算方式。在此种支付方式下，信用工具的传递与资金的转移方向是相同的，因此也称为顺汇法。

汇付在国际贸易中主要是用于样品、杂费等小额费用的结算。

汇付中的当事人有汇款人、收款人、汇出行和汇入行。在汇款人与汇出行之间，以及汇出行与汇入行之间均为委托代理关系。汇付依使用的信用工具不同，可分为电汇、信汇和票汇三种方式。

1. 电汇(Telegraphic Transfer, T/T)，指汇出行受汇款人的委托，以电报或电传通知汇入行向收款人解付汇款的汇付方式。

2. 信汇(Mail Transfer, M/T)，指汇出行受汇款人的委托，用邮寄信汇委托书授权汇入行向收款人解付汇款的汇付方式。

3. 票汇(Demand Draft, D/D)。票汇是汇出行受汇款人的委托，开立以汇入行为付款人的银行即期汇票，由汇款人自行寄交，收款人凭之向汇入行提取汇款的汇付方式。

考点二：托收

1. 托收的基本含义

托收是由收款人开立汇票，委托银行向付款人收取货款的结算方式。在托收方式下，信用工具的传递与资金的转移方向相反，因此是一种逆汇法。在托收付款方式下，付款人是否付款是依其商业信用，银行并不承担责任。

2. 托收的基本程序

托收的基本程序如下：

(1)委托人(卖方)出具汇票，并向其所在地银行提出托收申请，填写托收指示书。《托收统一规则》要求必须在送交托收的汇票和装运单据等单据时，同时附有一份完整和明确的托收指示书。

(2)托收行(卖方所在地银行)接受申请后，委托其在买方的往来银行即代收行代为办理收款事宜。

(3)代收行向买方作付款提示或者承兑提示，在付款人付款后通知托收行，托收行即向卖方付款。如果付款人拒绝付款，则由代收行通知托收行，再由托收行通知卖方。

3. 托收当事人及其之间的关系

托收方式通常有四方当事人，即委托人(出票人，也就是卖方)、付款人(买方)、托收行和代收行。

这四方当事人之间的基本关系如下：

(1)委托人与托收行之间是委托关系，托收委托书是双方的代理合同。

(2)托收行与代收行之间是委托关系。托收指示书、委托书以及由双方签订的业务互助协议等组成代理合同。

(3)委托人与代收行之间不存在直接的合同关系。因此,代收行违反托收指示行事,导致委托人遭受损失时,委托人并不能直接对代收行起诉,而只能通过托收行追究代收行的法律责任。

(4)代收行与付款人之间没有法律上的直接关系。付款人是否付款是依其对托收票据的付款责任。

4. 托收的种类

根据汇票是否附有单据,可将托收分为光票托收和跟单托收。

(1)光票托收就是指委托人开立不附货运单据的汇票,仅凭汇票委托银行向付款人收款的托收方式。由于这种托收方式的风险较大,因此,一般只用于样品费、佣金、货款尾数等的结算。

(2)跟单托收是指委托人开立附货运单据的汇票,凭跟单汇票委托银行向付款人收款的托收方式。单据主要是指提单、保险单、商业发票等货运单据。

跟单托收又可以分为两种:

①付款交单(D/P):是指代收行在收款过程中,只有买方支付货款后才能将单据交给买方的托收方式,即"一手交钱,一手交单"。

②承兑交单(D/A):只有在使用远期汇票的情况下才会有承兑交单,即指卖方所开立的为远期跟单汇票,代收行在卖方承兑后就可以交付单据的托收方式。

上述两种方式,付款交单对卖方而言风险更小,而承兑交单对卖方而言则风险较大。

5. 银行的义务

托收方式中,银行有以下四个方面的义务,简单地概括就是"三及时""一审单"。

(1)及时提示的义务。对即期汇票,代收行应毫无迟延地向付款人作付款提示;对远期汇票,需要承兑的,代收行应及时作承兑提示,同时必须在规定的付款日期前作付款提示。

(2)及时交款义务。银行在收到货款后应毫无迟延地向委托人解交货款。

(3)及时通知义务。银行应毫无迟延地将托收货款情况通知委托人。

(4)审单义务。银行在接受委托后,应审查并确保汇票和货运单据与托收指示书在表面上一致。

6. 银行的免责

托收属于商业信用而非银行信用,银行对货款能否支付不承担任何责任,银行在托收中的地位严格地限于代理人。《托收统一规则》规定的银行的免责情形主要包括如下几个方面:

(1)银行只须核实单据在表面上与托收指示书一致,此外没有进一步检验单据的义务。代收行对承兑人签名的真实性或者签名人是否有签署承兑的权限概不负责。

(2)对单据有效性的免责。银行对任何单据的形式、完整性、准确性、真伪或者法律效力,以及对单据上所载的或者附加的一般或者特殊条件,概不负责。银行对单据中货物的描述、数量、质量、状况、包装、交付、价值、存在,或者货物的发货人、承运人、运输行、收货人、承保人以及其他任何人的诚信、行为、疏忽、清偿能力、行为能力、资信情况,也概不负责。

(3)对单据传递过程中的延误、遗失和专业术语翻译的错误等免责。

(4)不可抗力免责。银行对由于天灾、暴动、内乱、叛乱、战争或者银行本身无法控制的其他原因或者罢工、停工而中断业务所造成的后果,都不承担责任。

(5)除非托收指示书上有明确指示,在遭到拒付时,银行没有出具拒绝证书的义务。

(6)除非事先征得银行的同意,货物不应直接运交银行或者以银行为收货人,否则银行无义务提取货物。银行对跟单托收项下的货物无义务采取任何措施。

强化模拟题

1. 中国甲公司与英国乙公司订有一笔货物销售合同,约定以跟单托收方式结算。甲公司交运货物后,开立了以乙公司为付款人的见票即付汇票,并附随单据,交由中国银行某省分行通过中国银行伦敦分行向乙公司收款。下列何种表述是错误的?

A. 中国银行某省分行是托收行,中国银行伦敦分行为代收行

B. 中国银行某省分行与中国银行伦敦分行之间是委托关系

C. 如果中国银行伦敦分行违反托收指示行事,导致甲公司遭受损失,甲公司可以直接对其起诉

D. 中国银行伦敦分行与乙公司之间没有法律上的直接关系

答案:C。由于中国银行伦敦分行与甲公司之间是委托人和代收行的关系,不存在直接的合同关系,尽管托收行是委托人的代理人,代收行又是托收行的代理人,但根据代理法的一般原则,在委托人和代收行之间并没有合同关系,因此,代收行违反托收指示行事导致委托人遭受损失时,委托人并不能直接对代

收行起诉,只能通过托收行追究代收行的责任,所以C是错误的。

2. 中国太宏公司与希腊莱昂公司签订了出口1000吨水果的合同,价格术语为CFR里昂,规定货物可以有6%的溢短装,付款方式为银行托收,付款交单(D/P)。卖方实际装船995吨,船长签发了清洁提单。货到目的港后经希腊莱昂公司验收后发现水果总重短少8%,且水果的质量也与合同规定不符。希腊公司拒绝付款提货,并要求减价。后来水果全部腐烂。关于本案,依国际商会《托收统一规则》,下列选项哪些是正确的?

A. 当希腊莱昂公司拒绝付款赎单时,代收行应当主动提货以减少损失

B. 当希腊莱昂公司拒付时,代收行应当主动制作拒绝证书,以便收款人追索

C. 如损失是因代收行没有执行托收行的指示造成的,托收行无须向委托人承担责任

D. 本案采用的是跟单托收的付款方式

答案:CD。跟单托收指委托人开立附货运单据的汇票,凭跟单汇票委托银行向付款人收款的托收方式。

第二节　信　用　证

考点一:信用证的基本知识

信用证是银行依开证申请人的请求,开给受益人的一种保证银行在满足信用要求的条件下承担付款责任的书面凭证。在信用证付款方式下,开证银行是以自身的信誉为卖方提供付款的保证,因此,信用证付款方式是一种银行信用,对卖方而言是最安全的一种付款方式。

信用证的基本内容包括:

(1)信用证的种类、号码、开证日期和有效期限;

(2)信用证的当事人,包括开证申请人、受益人、开证银行、通知行、议付行等;

(3)信用证的金额;

(4)单据条款,主要包括提单、保险单和商业发票,但有时也要求卖方提交其他单据,如商品检验证明书、原产地证等;

(5)汇票条款;

(6)装运条款,主要包括起运地、目的地、装运期限及是否允许分批装运等内容,关于装运期限,如装运单据表明受益人的实际装运日期迟于信用证允许的最后装运期限,则银行将拒绝接受单据;

(7)信用证的有效期限,即信用证须规定一个交单日,受益人须在该日之前提交信用证规定的单据,否则即使单据符合信用证的规定,银行在该日之后也不再承担付款、承兑或者议付的义务。

考点二:信用证的种类

1. 可撤销的信用证和不可撤销的信用证

可撤销的信用证是指信用证在有效期限内,开证行不必事先通知受益人,即可随时修改或者取消的信用证。可撤销的信用证必须在信用证上注明,信用证上没有注明的,则视为不可撤销的信用证。

不可撤销的信用证是指信用证在有效期限内,不经开证行、保兑行和受益人的同意就不得修改或者撤销的信用证。不可撤销的信用证是在国际贸易中使用最为广泛的一种信用证。

《跟单信用证统一惯例》(UCP600)第3条规定,信用证是不可撤销的,即使未如此表明。

2. 保兑信用证和不保兑信用证

保兑信用证是指开证行开出的信用证又经另一家银行保证兑付。保兑行对信用证进行保兑后,其承担的责任就相当于本身开证,不论开证行发生什么变化,保兑行都不得片面撤销其保兑。

不保兑信用证是指未经另一家银行加以保证兑付的信用证。

3. 即期信用证和远期信用证

即期信用证是指允许受益人开立即期汇票,开证行或者议付行于见票后即付款的信用证。

远期信用证是指受益人仅可开立远期汇票,开证行或者议付行在汇票指定的付款到期日支付货款的信用证。

4. 可转让的信用证和不可转让的信用证

可转让的信用证是指受益人可将信用证的部分或者全部权利转让给第三人的信用证。可转让的信用证必须在信用证上注明"可转让"。仅注明"可分割""可分开""可过户""可让渡"等词语不能使信用证成为可转让信用证,而且信用证通常只能转让一次。

不可转让的信用证是指受益人不能将信用证的权利转让给他人的信用证。

5. 跟单信用证和光票信用证

跟单信用证是指凭跟单汇票或者只凭单据付款的信用证。单据指代表货物所有权或者证明货物已经发运的单据。

光票信用证是指凭不附单据的汇票付款的信用证。此类信用证主要用于贸易从属费或者非贸易结算。

注意,光票信用证不属于《跟单信用证统一惯例》(以下简称UCP600)的适用对象。

6. 备用信用证

备用信用证是指由银行或者担保人应开证申请

人的申请开给受益人的一个付款保证书，保证在申请人违反申请人与受益人之间的合同时，开证人付给受益人的特定款项。备用信用证在当事人正常履行合同的情况下不起作用，只有在开证申请人违约时才用，备而不用，所以才叫备用信用证，它实际上具有一种履约担保的性质。

7. 自由议付信用证

简单地说，就是任何一家银行都有权议付货款的信用证。

考点三：信用证当事人

1. 一般来说，信用证的流转会涉及以下当事人：

（1）开证申请人，即国际货物买卖合同的买方。

（2）开证行，接受开证申请人的委托，为其开立信用证的银行，通常是买方所在地的银行。

（3）通知行，接受开证行的委托，负责将信用证通知受益人的银行，通常为受益人所在地的银行。

（4）受益人，信用证上指定的有权享有信用证权益的人，即国际货物买卖合同中的卖方。

（5）付款行，指信用证上指定的向受益人付款的银行，通常是开证行本身。

（6）议付行，指愿意买入或者贴现受益人按信用证所开立的汇票的银行。议付行可以是通知行，或者其他指定或者非指定的银行。

（7）保兑行，指依开证行的请求对信用证保证兑付的银行。

2. 信用证当事人之间的关系：

（1）开证申请人与受益人之间是买卖合同关系。

（2）开证行与开证申请人之间是以开证申请书及其他文件确定的委托合同关系。在此合同关系中，开证行的主要义务是依开证申请书开立信用证并谨慎地审核一切单据，确定单据在表面上符合信用证。开证申请人则应交纳开证押金或者提供其他保证，交纳开证费用并付款赎单。

（3）开证行与受益人之间的关系有争论。一般认为，两者之间的关系依开立信用证的不同而不同。当开立的信用证是可撤销的，开证行与受益人之间并不存在对双方有约束力的合同关系，因为，在可撤销的信用证下，受益人不能从开证行获得任何有约束力的允诺。可撤销的信用证在议付行议付单据前，可以随时由开证行撤销，而无须通知受益人。在不可撤销信用证下，则当信用证送达受益人时，在开证行与受益人之间即形成了对双方有约束力的独立合同。

（4）通知行与开证行之间是委托代理关系。

（5）通知行与受益人之间不存在合同关系。通知行通知受益人是因其对开证行负有义务。信用证可经另一家银行（通知行）通知受益人，通知行无须承担责任。但如该行决定通知信用证，则应合理谨慎地审核所通知信用证的表面真实性。如通知行不能确定该证的表面真实性，它必须不迟延地通知从其收到该指示的银行，说明它不能确定该证的真实性。如通知行仍决定通知该信用证，则它必须告知受益人它不能认定该信用证的真实性。

考点四：银行的责任

银行对信用证具有审单的义务。银行的审单义务主要涉及以下几个问题。

1. 在审单时必须坚持单证一致、单单一致的原则

这里的单是指信用证规定的单据，主要包括：货物单据，如商业发票、装箱单、原产地证书、商检证书；运输单据，如提单、保险单等。

（1）单证一致，即要求受益人所提交的用于结算货款的单据要与信用证的规定一致。

（2）单单一致，即单据之间也要相互一致，单据之间不一致也视为单证不一致。

单证不一致、单单不一致都会导致银行拒付。而且，如果开证行接受了不符的单据，开证申请人有权拒绝补偿开证行。

2. 严格相符与表面相符

（1）严格相符是指这种相符必须达到几乎完全的一致，任何一点细微的不符都可以成为银行拒付货款的理由。但这种严格相符并不是绝对的，根据UCP600的规定，凡“约”“近似”“大约”或类似意义的词语用于信用证金额或信用证所列的数量或单价时，应解释为有关金额或数量或单价有不超过10%的增减幅度。除非信用证规定货物指定数量不得增减，在支取金额不超过信用证金额的条件下，货物数量允许有5%的伸缩。但信用证规定数量按包装单位或个数计数时，此项伸缩不适用。

（2）表面相符是指银行在审查单据时，只负责审查单据表面上是否与信用证条款相符，即单据的名称、件数、文字等是否与信用证的规定相一致，而对单据的实质有效性不负责审查。对单据所代表的货物的数量、质量、品质、包装等内容的真实性概不负责。

3. 审单后的处理

（1）如果单证相符、单单相符，银行就应付款。

（2）如果发现不符点，银行可以拒付，并应及时通知交单人或者寄单行。

（3）对信用证未规定的单据，银行可以不做处理，对这些单据应退还提交人或者转交开证行。

历年试题

2017年试卷一第42题：中国某公司进口了一批皮制品，信用证方式支付，以海运方式运输并投保了一切险。中国收货人持正本提单提货时发现货物已被他人提走。依相关司法解释和国际惯例，下列哪一选项是正确的？

A. 承运人应赔偿收货人因其无单放货造成的货物成本加利润损失

B. 因该批货物已投保一切险，故保险人应对货主赔偿无单放货造成的损失

C. 因货物已放予他人，收货人不再需要向卖方支付信用证项下的货款

D. 如交单人提交的单证符合信用证的要求，银行即应付款

答案：D。

2022年试卷二考生回忆版：美国甲公司与中国乙公司签订了向后者销售大豆的买卖合同，约定采用《2020年国际贸易术语解释通则》中的CIF术语，乙公司应采用信用证方式支付。合同签订后，乙公司申请中国丁银行开出了信用证（适用UCP600），该信用证经中国戊银行保兑。甲公司将货物交由承运人丙公司负责运输，丙公司收货后签发了指示提单。下列选项中表述正确的是：

A. 丁银行收到甲公司提交的单据后，如果经审单发现单单不符，则可自行决定是否联系开证申请人放弃不符点

B. 本案中承运人签发的是指示提单，此种提单交付即可转让

C. 如果丁银行在付款之前破产，则戊银行可以以此为由对受益人主张免除付款责任

D. 如果乙公司发现甲公司交付的大豆存在严重的质量问题，则即便单据与信用证的要求相符，也有权要求开证行停止付款

答案：A。根据《最高人民法院关于审理信用证纠纷案件若干问题的规定》第7条的规定，A选项正确。

根据《海商法》第79条的规定，本案中的提单之转让须经背书，B选项的表述错误。

根据《UCP600》的相关规定，保兑行自为信用证加具保兑之时起，就不可撤销地受到兑付或者议付责任的约束。因此，即便开证行破产倒闭，保兑行也不能以此为由拒付，故C选项错误。

根据《UCP600》关于信用证独立性原则的规定，开证行只对单据做表面审查，而无义务作实质审查。中国乙公司如果有证据证明卖方的行为构成信用证欺诈，则可以依法向法院申请发布止付令，而无权直接要求开证行拒付，D选项的表述错误。

考点五：银行的免责

银行只审查单据表面相符，不负责采取进一步的行动调查单据的真实性。银行的免责主要包括以下情形：

1. 银行对任何单据的形式、完整性、准确性、真实性、是否伪造或者法律效力，以及对单据上所载的或者附加的一般或者特殊条款，概不负责。

2. 银行对由于任何消息、信函或者单据在传递过程中发生延误或者遗失而引起的后果，或者任何电讯在传递过程中发生延误、残缺或者其他错误，概不负责。

3. 银行对由于天灾、暴动、骚乱、叛乱、战争或者本身无法控制的其他原因或者任何罢工、停工而中断营业所引起的后果，概不负责。

4. 银行不受买卖合同的约束或者影响，不负责买卖合同的履行情况及买卖当事人的资信等。

5. 关于被指示方行为的免责。UCP600第37条规定：为了执行申请人的指示，银行利用其他银行的服务，其费用和风险由申请人承担。即使银行自行选择了其他银行，如果发出指示未被执行，开证行或者通知行对此也不负责。

强化模拟题

依照《跟单信用证统一惯例》的规定，下列哪一种情况发生时，银行可拒绝付款？

A. 货物的数量与合同的规定不符

B. 货物的质量与合同的规定不符

C. 货物在运输途中由于台风灭失

D. 发票与提单不符

答案：D。

考点六：信用证独立性原则

该原则的基本含义是指信用证一旦开出，围绕信用证进行的交易就与原来的基础合同关系相分离，原来合同履行情况，如卖方没有交货、交货不符合合同规定等，这些都不影响信用证交易的有效性。信用证交易成为一项独立的交易，卖方、议付行、开证行等当事人之间买卖的是符合信用证规定的单据，信用证交易在此意义上又被称为单证的交易。

考点七：信用证欺诈

信用证欺诈的具体情形，尤其是软条款的情形主要包括：

1. 开立假信用证。

2. "软条款"信用证。信用证中的"软条款"指信用证中规定一些限制性条款,或信用证的条款不清、责任不明,使信用证的不可撤销性大大降低,因而对受益人非常不利。软条款与善意的因进出口细节尚待最后确定的未生效条款不同,它是买方故意设下的圈套,这种条款使信用证受益人处于受制于人的地位,信用证项下开证银行的付款承诺毫不确定,很不可靠。买方在信用证中加列一些使信用证实际无法生效,卖方无法执行的"软条款",目的是骗得履约金、佣金等。

信用证中常见的"软条款"有:

(1)信用证中载有暂不生效条款。如信用证中注明"本证暂不生效,待进口许可证签发通知后生效""等货物经开证人确认后再通知信用证方能生效"。

(2)限制性条款。如信用证规定"信用证项下的付款要在货物清关后才支付""开证行须在货物经检验合格后方可支付""在货物到达时没有接到海关禁止进口通知,开证行才付款"等。

(3)加列各种限制。如"出口货须经开证申请人派员检验,合格后出具检验认可的证书""货物样品先寄开证申请人认可"等。

(4)对装运的限制。如"货物装运日期、装运港、目的港须待开证人同意,由开证行以修改书的形式另行通知";信用证规定禁止转船,但实际上装运港至目的港无直达船只等。

3. 伪造单据。

4. 以保函换取与信用证相符的提单。这种情形主要有倒签提单、预借提单和以保函换取清洁提单。

(1)倒签提单是货物装船的日期晚于信用证规定的装船日期,但仍然按信用证规定的日期签署装船日期的提单。

(2)预借提单是在货物实际装船完毕前签发的,并将当天的日期记载于提单签发日期栏内的提单。

倒签提单和预借提单都属于欺诈行为。

(3)以保函换取清洁提单是指隐瞒了船载货物本不清洁的事实真相,将不清洁的货物伪称清洁货物记载在提单上的行为。

当然在某些特殊情况下,在没有欺诈意图的情况下,有时由于客观条件所限,承托双方就货物的数量、重量或者包装等问题存在认识上的分歧,又无法对所装运的货物的实际数量进行再核实,此时凭保函签发清洁提单是商业习惯允许的变通做法。《汉堡规则》在一定范围内承认了善意保函的效力。在善意保函的情况下,承运人仍然应对货损货差向收货人承担责任,但有权依有效的保函向托运人追偿。

考点八:信用证欺诈例外原则

信用证欺诈例外原则基本含义是:如果确有证据证明卖方有欺诈行为,而银行尚未支付货款时,买方可以申请法院签发禁付令,禁止银行向卖方付款。这是对信用证独立原则的突破。

信用证欺诈例外原则最早是在美国法院的判例中提出的,美国《统一商法典》是第一个也是目前唯一一个确立该原则的立法文件。

考点九:2005年最高人民法院《关于审理信用证纠纷案件若干问题的规定》

适用范围:

1. 在信用证开立、通知、修改、撤销、保兑、议付、偿付等环节产生的纠纷。

2. 开证申请人与开证行之间因申请开立信用证而产生的欠款纠纷、委托人和受托人之间因委托开立信用证产生的纠纷、担保人为申请开立信用证或者委托开立信用证提供担保而产生的纠纷以及信用证项下融资产生的纠纷。

法律适用:

1. 人民法院审理信用证纠纷案件时,当事人约定适用相关国际惯例或者其他规定的,从其约定;当事人没有约定的,适用国际商会《跟单信用证统一惯例》或者其他相关国际惯例。

2. 因申请开立信用证而产生的欠款纠纷、委托开立信用证纠纷和因此产生的担保纠纷以及信用证项下融资产生的纠纷应当适用我国相关法律。涉外合同当事人对法律适用另有约定的除外。

信用证的独立性和单证审查标准:

开证行在作出付款、承兑或者履行信用证项下其他义务的承诺后,只要单据与信用证条款、单据与单据之间在表面上相符,开证行应当履行在信用证规定的期限内付款的义务。当事人以开证申请人与受益人之间的基础交易提出抗辩的,人民法院不予支持。但存在信用证欺诈时例外。

信用证欺诈的情形:

1. 受益人伪造单据或者提交记载内容虚假的单据。

2. 受益人恶意不交付货物或者交付的货物无价值。

3. 受益人和开证申请人或者其他第三方串通提交假单据,而没有真实的基础交易。

4. 其他进行信用证欺诈的情形。

止付信用证项下款项的条件和程序:

1. 信用证欺诈的例外。人民法院认定存在信用证欺诈的，应当裁定中止支付或者判决终止支付信用证项下的款项，但有下列情形之一的除外：(1)开证行的指定人、授权人已按照开证行的指令善意地进行了付款；(2)开证行或者其指定人、授权人已对信用证项下票据善意地作出了承兑；(3)保兑行善意地履行了付款义务；(4)议付行善意地进行了议付。

2. 申请中止支付的条件：(1)受理申请的人民法院对该信用证纠纷案件享有管辖权；(2)申请人提供的证据材料证明存在本规定第8条的情形；(3)如不采取中止支付信用证项下款项的措施，将会使申请人的合法权益受到难以弥补的损害；(4)申请人提供了可靠、充分的担保；(5)不存在本规定第10条的情形。

信用证项下保证责任的承担：

1. 保证人以开证行或者开证申请人接受不符点未征得其同意为由请求免除保证责任的，人民法院不予支持。保证合同另有约定的除外。

2. 开证申请人与开证行对信用证进行修改未征得保证人同意的，保证人只在原保证合同约定的或者法律规定的期间和范围内承担保证责任。保证合同另有约定的除外。

历年试题

2015年试卷一第42题：依最高人民法院《关于审理信用证纠纷案件若干问题的规定》，出现下列哪一情况时，不能再通过司法手段干预信用证项下的付款行为？

A. 开证行的授权人已对信用证项下票据善意地作出了承兑

B. 受益人交付的货物无价值

C. 受益人和开证申请人串通提交假单据

D. 受益人提交记载内容虚假的单据

答案：A。

强化模拟题

1. 中国某进出口A公司与比利时B公司签订了一批货物的进口合同，以信用证方式付款，价格条件为FOB。由C公司承运，该批货物投保了一切险。货到目的港后，中国A公司发现这批货物的内在质量与合同的质量要求不符，遂请求银行不要议付，而B公司提交的议付单据则与信用证的要求一致。依《跟单信用证统一惯例》(UCP600)，不正确的是(　　)。

A. 银行可以不向B公司议付，因为B公司提供的货物的内在质量与合同要求不符

B. A公司可以向C公司索赔

C. A公司可以向保险公司索赔

D. 只要单据与信用证一致，银行就应付款，A公司可以向B公司索赔

答案：ABC。A选项不正确，依《跟单信用证统一惯例》(UCP600)的规定，只要信用证受益人提交的议付单据与信用证的要求一致，银行即应付款。

B选项不正确，C公司是承运人，货物的质量与合同不符与承运人无关，不是运输的原因。

C选项不正确，内在质量是在投保以前就存在的缺陷，保险公司不承担赔偿责任。

D选项正确，只要单据与信用证一致，银行就应付款，但A公司可以向卖方B公司提出质量不符的索赔。

2. 产生信用证欺诈的最主要原因是(　　)。

A. 国际货物买卖合同中双方当事人的营业地分处不同国家所致

B. 信用证支付中各当事人的营业地分处不同国家所致

C. 信用证支付容易被伪造

D. 信用证支付中银行责任的局限性，即银行只负责审查单据表面相符，不负责采取进一步的行动调查单据的真实性

答案：D。产生信用证欺诈的最主要的原因是银行只对信用证负有审单的义务，在审单时，坚持单证相符、单单相符的原则，而不负责采取进一步的行动调查单据的真实性。

第四章　对外贸易管理制度

第一节　我国的对外贸易法

考点：《对外贸易法》的主要内容

1.《对外贸易法》的适用范围

《对外贸易法》第2条规定，该法适用于对外贸易以及与对外贸易有关的知识产权保护。该法所称对外贸易，是指货物进出口、技术进出口和国际服务贸易。因此，《对外贸易法》所调整的对外贸易管理关系包括货物进出口关系、技术进出口关系以及国际服务贸易关系。除边境贸易外，其他贸易方式的管理均适用《对外贸易法》。

单独关税区又称单独关境、独立关税区、单独关税领土等，是指一个国家之中的某一部分在贸易上保持单独税率或特别贸易规范的领土。《对外贸易法》第68条规定："中华人民共和国的单独关税区不适用本法。"香港、澳门回归后，实行高度的自治，实施自己的关税制度，是我国的单独关税区，不适用《对外贸易法》。

2. 对外贸易经营者和对外贸易经营权

《对外贸易法》第8条规定："本法所称对外贸易经营者，是指依法办理工商登记或者其他执业手续，

依照本法和其他有关法律、行政法规的规定从事对外贸易经营活动的法人、其他组织或者个人。”也就是说，只要依法办理了工商登记或其他执业手续，自然人、法人及其他组织都可从事对外经营贸易活动。

《对外贸易法》对货物和技术进出口经营权实行备案登记。

《对外贸易法》第 10 条规定，国家可以对部分货物的进出口实行国营贸易管理。实行国营贸易管理货物的进出口业务只能由经授权的企业经营；但是，国家允许部分数量的国营贸易管理货物的进出口业务由非授权企业经营的除外。第 11 条规定，对外贸易经营者可以接受他人的委托，在经营范围内代为办理对外贸易业务。

3. 货物进出口与技术进出口

（1）货物与技术的自由进出口管理：《对外贸易法》第 13、14 条的规定。

（2）货物进出口与技术进出口的禁止或限制的规定：《对外贸易法》第 15 条至第 18 条的规定。

4. 国际服务贸易的限制或禁止

《对外贸易法》第 25、26 条。

5. 对外贸易秩序

《对外贸易法》第 31 条至第 33 条规定，在对外贸易经营活动中，不得违反有关反垄断的法律、行政法规的规定而实施垄断行为，也不得实施以不正当的低价销售商品、串通投标、发布虚假广告、进行商业贿赂等不正当竞争行为，应当遵守国家有关外汇管理的规定等。

6. 与对外贸易有关的知识产权保护

《对外贸易法》规定，应通过实施贸易措施，防止侵犯知识产权的货物进口和知识产权权利人滥用权利，并且对外国政府的消极行为可以采取对等的措施。

《对外贸易法》第 28 条规定：“国家依照有关知识产权的法律、行政法规，保护与对外贸易有关的知识产权。

进口货物侵犯知识产权，并危害对外贸易秩序的，国务院对外贸易主管部门可以采取在一定期限内禁止侵权人生产、销售的有关货物进口等措施。”

第 29 条规定：“知识产权权利人有阻止被许可人对许可合同中的知识产权的有效性提出质疑、进行强制性一揽子许可、在许可合同中规定排他性返授条件等行为之一，并危害对外贸易公平竞争秩序的，国务院对外贸易主管部门可以采取必要的措施消除危害。”

第 30 条规定：“其他国家或者地区在知识产权保护方面未给予中华人民共和国的法人、其他组织或者个人国民待遇，或者不能对来源于中华人民共和国的货物、技术或者服务提供充分有效的知识产权保护的，国务院对外贸易主管部门可以依照本法和其他有关法律、行政法规的规定，并根据中华人民共和国缔结或者参加的国际条约、协定，对与该国家或者该地区的贸易采取必要的措施。”

历年试题

2021 年试卷二考生回忆版：中国人杨某和甲公司都从事某种商品的出口，该种商品在国外颇受欢迎销量可观。后该种商品被列入我国出口管制清单，根据《对外贸易法》和《出口管制法》的相关规定，下列哪些判断是正确的？

A. 杨某作为自然人不能从事对外贸易活动

B. 甲公司只有经有关部门审批方能从事对外贸易活动

C. 该种商品出口应申领出口许可证

D. 外国进口商不能擅自改变该种进口商品的最终用途

答案：CD。

强化模拟题

1. 根据我国对限制进口货物的管理的规定，下列说法正确的是（　　）。

A. 属于关税配额内进口的货物，按照配额内税率缴纳关税

B. 属于关税配额外进口的货物，按照配额外税率缴纳关税

C. 对于限制进口的货物，可以采取关税配额的管理方式

D. 进口经营者凭关税配额证明，向海关办理关税配额内货物的报关验放手续

答案：ABCD。属于限制进出口的货物，实行配额管理或许可证管理。属于配额管理的货物进出口时，进出口经营者凭配额管理部门发放的配额证明，向国务院外经贸主管部门申领配额许可证。属于许可证管理的货物，申请人向许可证管理部门申请进出口许可证，经营者凭进出口许可证向海关办理验放手续。

2. 依《中华人民共和国对外贸易法》的规定，基于保障国家国际金融地位和国际收支平衡的原因，国家可以对货物贸易采取下列哪一项措施？

A. 禁止进口　　B. 禁止出口

C. 限制进口　　D. 限制出口

答案：C。

第二节　贸易救济措施

考点一：反倾销措施

根据《中华人民共和国反倾销条例》（以下简称

《反倾销条例》),进口产品采用倾销的方式,并由此对国内已经建立的相关产业造成实质损害或者产生实质损害的威胁,或者对国内建立相关产业造成实质阻碍的,我国依照该条例的规定采取反倾销措施。

1. 倾销的构成要件

第一,进口产品的出口价格低于其正常价值的,为倾销。

(1)确定正常价值的方法包括:

①进口产品的同类产品,在出口国(地区)国内市场的正常贸易过程中有可比价格的,以该可比价格为正常价值;

②进口产品的同类产品,在出口国(地区)国内市场的正常贸易过程中没有销售的,或者该同类产品的价格、数量不能据以进行公平比较的,以该同类产品出口到一个适当第三国(地区)的可比价格为正常价值;

③以该同类产品在原产国(地区)的生产成本加合理费用、利润,为正常价值。

(2)确定出口价格的方法包括:

①进口产品有实际支付或者应当支付的价格的,以该价格为出口价格;

②进口产品没有出口价格或者其价格不可靠的,以根据该进口产品首次转售给独立购买人的价格推定的价格为出口价格;

③该进口产品未转售给独立购买人或者未按进口时的状态转售的,可以以商务部根据合理基础推定的价格为出口价格。

第二,倾销对国内已经建立的相关产业造成实质损害或者产生实质损害的威胁,或者对国内建立相关产业造成实质阻碍,即倾销与损害之间存在因果关系,倾销是造成国内产业损害的原因之一。

国内产业是指中华人民共和国国内同类产品的全部生产者,或者其总产量占国内同类产品全部总产量的主要部分的生产者;但是,国内生产者与出口经营者或者进口经营者有关联的,或者其本身为倾销进口产品的进口经营者的,可以排除在国内产业之外。

2. 反倾销调查的申请人及商务部的立案

国内产业或者代表国内产业的自然人、法人或者有关组织(以下统称申请人),可以依照《反倾销条例》的规定向商务部提出反倾销调查的书面申请。

反倾销调查案件的立案方式有两种:

(1)由申请人直接向商务部提出反倾销调查的书面申请并附具必要的证据。在表示支持申请或者反对申请的国内产业中,支持者的产量占支持者和反对者的总产量的50%以上的,应当认定申请是由国内产业或者代表国内产业提出,可以启动反倾销调查;但是,表示支持申请的国内生产者的产量不足国内同类产品总产量的25%的,不得启动反倾销调查。

(2)在特殊情形下,商务部没有收到反倾销调查的书面申请,但有充分证据认为存在倾销和损害以及二者之间有因果关系的,可以决定立案调查。

3. 反倾销调查及初裁和终裁

商务部可以采用问卷、抽样、听证会、现场核查等方式向利害关系方了解情况,进行调查。

商务部根据调查结果,就倾销、损害和二者之间的因果关系是否成立作出初裁决定,并予以公告。初裁决定确定倾销、损害以及二者之间的因果关系成立的,商务部应当对倾销及倾销幅度、损害及损害程度继续进行调查,并根据调查结果作出终裁决定,予以公告。

4. 反倾销调查的期限

反倾销调查,应当自立案调查决定公告之日起12个月内结束;特殊情况下可以延长,但延长期不得超过6个月。

5. 反倾销调查的终止

有下列情形之一的,反倾销调查应当终止,并由商务部予以公告:

(1)申请人撤销申请的;

(2)没有足够证据证明存在倾销、损害或者二者之间有因果关系的;

(3)倾销幅度低于2%的;

(4)倾销进口产品实际或者潜在的进口量或者损害属于可忽略不计的;

(5)商务部认为不适宜继续进行反倾销调查的。

6. 反倾销措施

(1)临时反倾销措施

初裁决定确定倾销成立,并由此对国内产业造成损害的,可以采取下列临时反倾销措施:

①征收临时反倾销税;

②要求提供保证金、保函或者其他形式的担保。

临时反倾销税税额或者提供的保证金、保函或者其他形式担保的金额,应当不超过初裁决定确定的倾销幅度。

征收临时反倾销税,由商务部提出建议,国务院关税税则委员会根据商务部的建议作出决定,由商务部予以公告。要求提供保证金、保函或者其他形式的担保,由商务部作出决定并予以公告。

临时反倾销措施实施的期限，自临时反倾销措施决定公告规定实施之日起，不超过4个月；在特殊情形下，可以延长至9个月。自反倾销立案调查决定公告之日起60天内，不得采取临时反倾销措施。

（2）价格承诺

倾销进口产品的出口经营者在反倾销调查期间，可以向商务部作出改变价格或者停止以倾销价格出口的价格承诺。商务部也可以向出口经营者提出价格承诺的建议，但商务部不得强迫出口经营者作出价格承诺。

出口经营者不作出价格承诺或者不接受价格承诺建议的，不妨碍对反倾销案件的调查和确定。

商务部认为出口经营者作出的价格承诺能够接受并符合公共利益的，可以决定中止或者终止反倾销调查，不采取临时反倾销措施或者征收反倾销税。中止或者终止反倾销调查的决定由商务部予以公告。商务部不接受价格承诺的，应当向有关出口经营者说明理由。

商务部对倾销以及由倾销造成的损害作出肯定的初裁决定前，不得寻求或者接受价格承诺。

依照前述规定中止或者终止反倾销调查后，应出口经营者请求，商务部应当对倾销和损害继续进行调查；或者商务部认为有必要的，可以对倾销和损害继续进行调查。根据调查结果，作出倾销或者损害的否定裁定的，价格承诺自动失效；作出倾销和损害的肯定裁定的，价格承诺继续有效。

出口经营者违反其价格承诺的，商务部依照《反倾销条例》的规定，可以立即决定恢复反倾销调查；根据可获得的最佳信息，可以决定采取临时反倾销措施，并可以对实施临时反倾销措施前90天内进口的产品追溯征收反倾销税，但违反价格承诺前进口的产品除外。

（3）征收反倾销税

终裁决定确定倾销成立，并由此对国内产业造成损害的，可以征收反倾销税。征收反倾销税，由商务部提出建议，国务院关税税则委员会根据商务部的建议作出决定，由商务部予以公告。反倾销税的纳税人为倾销进口产品的进口经营者。

反倾销税适用于终裁决定公告之日后进口的产品，但属于追溯征收反倾销税的情形除外。终裁决定确定存在实质损害，并在此前已经采取临时反倾销措施的，反倾销税可以对已经实施临时反倾销措施的期间追溯征收。终裁决定确定的反倾销税，高于已付或者应付的临时反倾销税或者为担保目的而估计的金额的，差额部分不予收取；低于已付或者应付的临时反倾销税或者为担保目的而估计的金额的，差额部分应当根据具体情况予以退还或者重新计算税额。

下列两种情形并存的，可以对实施临时反倾销措施之日前90天内进口的产品追溯征收反倾销税，但立案调查前进口的产品除外：

①倾销进口产品有对国内产业造成损害的倾销历史，或者该产品的进口经营者知道或者应当知道出口经营者实施倾销并且倾销对国内产业将造成损害的；

②倾销进口产品在短期内大量进口，并且可能会严重破坏即将实施的反倾销税的补救效果的。

7. 反倾销税和价格承诺的期限与复审

反倾销税的征收期限和价格承诺的履行期限不超过5年；但是，经复审确定终止征收反倾销税有可能导致倾销和损害的继续或者再度发生的，反倾销税的征收期限可以适当延长。

反倾销税或价格承诺生效后，商务部可以在有正当理由的情况下，决定对继续征收反倾销税或继续履行价格承诺的必要性进行复审；也可以在经过一段合理时间，应利害关系方的请求并对利害关系方提供的相应证据进行审查后，决定对继续征收反倾销税或继续履行价格承诺的必要性进行复审。

根据复审结果，由商务部提出保留、修改或者取消反倾销税的建议，国务院关税税则委员会根据商务部的建议作出决定，由商务部予以公告；或者由商务部作出保留、修改或者取消价格承诺的决定并予以公告。在复审期间，复审程序不妨碍反倾销措施的实施。

历年试题

2017年试卷一第43题：甲、乙、丙三国生产卷钢的企业以低于正常价值的价格向中国出口其产品，代表中国同类产业的8家企业拟向商务部申请反倾销调查。依我国《反倾销条例》，下列哪一选项是正确的？

A. 如支持申请的国内生产者的产量不足国内同类产品总产量25%的，不得启动反倾销调查

B. 如甲、乙、丙三国的出口经营者不接受商务部建议的价格承诺，则会妨碍反倾销案件的调查和确定

C. 反倾销税的履行期限是5年，不得延长

D. 终裁决定确定的反倾销税高于已付的临时反倾销税的，差额部分应予补交

答案：A。

2020年试卷二考生回忆版：甲国某公司向中国出口一类商品，因价格过低涉及反倾销被商务部调查，该出口商向商务部作出价格承诺，以下正确的是：

A. 若该公司违反价格承诺,则商务部可以立即恢复反倾销调查

B. 若商务部拒绝该公司的价格承诺,应当告知理由

C. 该出口经营者针对商务部的复议可以提起行政诉讼

D. 出口商不得就价格承诺复审提起行政诉讼

答案:ABC。根据《反倾销条例》第36条的规定,A项正确。

根据《反倾销条例》第33条第2款的规定,B项说法正确。

根据《反倾销条例》第53条的规定,出口经营者对商务部价格承诺复审可以提起行政诉讼,C项说法正确,D项说法错误。

强化模拟题

1. 假设有下列情形:中国甲厂、乙厂和丙厂代表中国丙烯酸酯产业向主管部门提出了对原产于A国、B国和C国的丙烯酸酯进行反倾销调查的申请,经审查终局裁定确定倾销成立并对国内产业造成了损害,决定征收反倾销税。在此情形下,反倾销税的纳税人应是下列选项中的哪一个?

A. 丙烯酸酯的出口人

B. 丙烯酸酯的进口经营者

C. 丙烯酸酯的中国消费者

D. 丙烯酸酯在A、B、C三国的生产者

答案:B。《反倾销条例》第40条。

2. 甲、乙、丙中国企业代表国内某食品原料产业向商务部提出反倾销调查申请,要求对原产于A国、B国、C国的该原料进行相关调查。经查,商务部终局裁定确定倾销成立,对国内产业造成损害,决定征收反倾销税。根据我国相关法律规定,下列哪一说法是正确的?

A. 反倾销税的纳税人是该原料的出口经营者

B. 在反倾销调查期间,商务部可以建议进口经营者作出价格承诺

C. 终裁决定确定的反倾销税额高于已付或应付临时反倾销税或担保金额的,差额部分不予征收

D. 终裁决定确定的反倾销税额低于已付或应付临时反倾销税或担保金额的,差额部分不予退还

答案:C。A错在纳税人是进口经营者,B错在商务部建议出口经营者作出价格承诺。

考点二:反补贴措施

《中华人民共和国反补贴条例》(以下简称《反补贴条例》)规定,进口产品存在补贴,并对已经建立的国内产业造成实质损害或者产生实质损害威胁,或者对建立国内产业造成实质阻碍的,可以依据《反补贴条例》的规定进行调查,采取反补贴措施。

1. 补贴和专向性补贴

补贴是指出口国(地区)政府或者其任何公共机构提供的并为接受者带来利益的财政资助以及任何形式的收入或者价格支持。

《反补贴条例》规定,应当予以调查、采取反补贴措施的补贴,必须具有专向性。

专向性补贴包括:

(1)由出口国(地区)政府明确确定的某些企业、产业获得的补贴;

(2)由出口国(地区)法律、法规明确规定的某些企业、产业获得的补贴;

(3)指定特定区域内的企业、产业获得的补贴;

(4)以出口实绩为条件获得的补贴,包括本条例所附出口补贴清单列举的各项补贴;

(5)以使用本国(地区)产品替代进口产品为条件获得的补贴。

2. 反补贴调查及初裁和终裁

反补贴调查的申请主体、调查主体、调查方法与反倾销调查基本相同。商务部根据调查结果,分别就补贴、损害作出初裁决定,并就二者之间的因果关系是否成立作出初裁决定后,予以公告。初裁决定确定补贴、损害以及二者之间的因果关系成立的,商务部应当对补贴及补贴金额、损害及损害程度继续进行调查,并根据调查结果分别作出终裁决定,予以公告。

3. 反补贴调查的期限

反补贴调查,应当自立案调查决定公告之日起12个月内结束;特殊情况下可以延长,但延长期不得超过6个月。

4. 反补贴调查的终止

有下列情形之一的,反补贴调查应当终止:

(1)申请人撤销申请的;

(2)没有足够证据证明存在补贴、损害或者二者之间有因果关系的;

(3)补贴金额为微量补贴的;

(4)补贴进口产品实际或者潜在的进口量或者损害属于可忽略不计的;

(5)通过与有关国家(地区)政府磋商达成协议,不需要继续进行反补贴调查的;

(6)商务部认为不适宜继续进行反补贴调查的。

5. 反补贴措施

(1)临时反补贴措施

初裁决定确定补贴成立,并由此对国内产业造成损害的,可以采取临时反补贴措施。临时反补贴

措施采取以现金保证金或者保函作为担保的征收临时反补贴税的形式。

临时反补贴措施实施的期限,自临时反补贴措施决定公告规定实施之日起,不超过4个月。但自反补贴立案调查决定公告之日起60天内,不得采取临时反补贴措施。

(2)承诺

在反补贴调查期间,出口国(地区)政府提出取消、限制补贴或者其他有关措施的承诺,或者出口经营者提出修改价格的承诺的,商务部应当予以充分考虑。

商务部也可以向出口经营者或者出口国(地区)政府提出有关价格承诺的建议,但不得强迫出口经营者作出承诺。

商务部认为承诺能够接受并符合公共利益的,可以决定中止或者终止反补贴调查,不采取临时反补贴措施或者征收反补贴税。不接受承诺的,应当向有关出口经营者说明理由。

调查机关对补贴以及由补贴造成的损害作出肯定的初裁决定前,不得寻求或者接受承诺。在出口经营者作出承诺的情况下,未经其本国(地区)政府同意的,调查机关不得寻求或者接受承诺。

依照前述规定基于承诺中止或者终止调查后,应出口国(地区)政府请求或者调查机关认为有必要,调查机关可以对补贴和损害继续进行调查。根据调查结果,作出补贴或者损害的否定裁定的,承诺自动失效;作出补贴或者损害的肯定裁定的,承诺继续有效。对违反承诺的,商务部可以立即决定恢复反补贴调查;根据可获得的最佳信息,可以决定采取临时反补贴措施,并可以对实施临时反补贴措施前90天内进口的产品追溯征收反补贴税,但违反承诺前进口的产品除外。

(3)反补贴税

在为完成磋商的努力没有取得效果的情况下,终裁决定确定补贴成立,并由此对国内产业造成损害的,可以征收反补贴税。征收反补贴税,由商务部提出建议,国务院关税税则委员会根据建议作出决定,由商务部予以公告。反补贴税适用于终裁决定公告之日后进口的产品,但属于追溯征收反补贴税情形的除外。反补贴税的纳税人为补贴进口产品的进口经营者。反补贴税税额不得超过终裁决定确定的补贴金额。

终裁决定确定存在实质损害,并在此前已经采取临时反补贴措施的,反补贴税可以对已经实施临时反补贴措施的期间追溯征收。

下列三种情形并存的,必要时可以对实施临时反补贴措施之日前90天内进口的产品追溯征收反补贴税:①补贴进口产品在较短的时间内大量增加;②此种增加对国内产业造成难以补救的损害;③此种产品得益于补贴。

终裁决定确定的反补贴税,高于现金保证金或者保函所担保的金额的,差额部分不予收取;低于现金保证金或者保函所担保的金额的,差额部分应当予以退还。

6. 反补贴税和承诺的期限与复审

反补贴税的征收期限和承诺的履行期限不超过5年;但是,经复审确定终止征收反补贴税有可能导致补贴和损害的继续或者再度发生的,反补贴税的征收期限可以适当延长。商务部对反补贴税和承诺的复审程序,与其对反倾销及价格承诺的复审程序相同。

历年试题

2022年试卷二考生回忆版:中国三个企业针对甲乙丙国对于某特种钢材的补贴行为联合向商务部申请反补贴调查,下列表述中正确的是:

A. 如果申请启动调查的中国企业的国内生产者的产量不足国内同类产品总产量的25%,则不得启动反补贴调查

B. 补贴进口产品分别来自甲乙丙三个不同的国家,因此中国主管机关在调查时不能就补贴进口产品对国内产业造成的影响进行累积评估

C. 甲乙丙三国的出口企业针对追溯征收反补贴税的行为可以向中国法院提起行政诉讼

D. 如果中国法院受理了诉讼,应对征收反补贴税决定的合法性进行审查

答案:ACD。根据《反补贴条例》第17条的规定,A选项正确。

根据《反补贴条例》第9条的规定,B选项的表述过于绝对,错误。

根据《最高人民法院关于审理反补贴行政案件应用法律若干问题的规定》第2条的规定,甲乙丙三国的出口经营者可以依法在中国提起行政诉讼,C选项正确。

根据《最高人民法院关于审理反补贴行政案件应用法律若干问题的规定》第6条的规定,D选项正确。

2023年试卷二考生回忆版:甲乙两国的某产品在中国存在倾销行为,国内产业向中国商务部提出调查申请后,商务部公告宣布启动反倾销调查,甲乙两国的该产品在中国国内市场的占有率为3%,商务部在作出初步裁定后向甲乙两国的出口经营者提出价格承诺的建议。下列说法正确的是?

A. 对于中国商务部提出价格承诺的建议,如果甲乙两国的出口经营者拒绝接受,则应接受不利的调查后果

B. 由于甲乙两国的被调查产品在中国产业市场的占有率超过2%，因此中国商务部应在调查时对被调查产品对国内产业造成的影响实施累积评估

C. 如果中国商务部经过调查后作出的终局裁定的反倾销税率高于初步裁定的税率，进口经营者应补缴差额

D. 如果中国商务部经过调查后作出的终局裁定的反倾销税率高于初步裁定的税率，进口经营者无须补缴差额

答案：D。《反倾销条例》第9、31条、32条、43条第3款。

强化模拟题

1. 关于商务部征收反补贴税，哪些说法是正确的？

A. 一般情况下，反补贴税只能对终裁决定公告之日后进口的产品适用

B. 出口国政府或出口经营者违反承诺的，可采取临时反补贴措施，并可对实施临时反补贴措施前90天内进口的产品追溯征收反补贴税。但违反承诺前进口的产品除外

C. 终裁决定确定存在实质损害或实质损害威胁，此前已经采取临时反补贴措施，反补贴税可对临时反补贴措施的期间追溯征收

D. 下列三种情形并存的，必要时，可以对实施临时反补贴措施之日前90天内进口的产品追溯征收反补贴税：补贴进口产品在较短的时间内大量增加；此种增加对国内产业造成难以补救的损害；此种产品得益于补贴

答案：ABCD。

2. 根据我国的《反补贴条例》进行调查，采取反补贴措施的补贴，必须具有专向性。下列补贴中哪些属于具有专向性的补贴？

A. 由出口国政府明确确定的某些企业、产业获得的补贴

B. 由出口国法律、法规明确规定的某些企业、产业获得的补贴

C. 以出口实绩为条件获得的补贴，包括反补贴条例所附出口补贴清单列举的各项补贴

D. 以使用本国或本地区产品替代进口为条件获得的补贴

答案：ABCD。

考点三：保障措施

1. 采取保障措施的实质条件

根据我国的《保障措施条例》，进口产品数量增加，并对生产同类产品或者直接竞争产品的国内产业造成严重损害或者严重损害威胁的，可以进行调查，采取保障措施。

进口产品数量增加，是指进口产品数量与国内生产相比绝对增加或者相对增加。

国内产业，是指中华人民共和国国内同类产品或者直接竞争产品的全部生产者，或者其总产量占国内同类产品或者直接竞争产品全部总产量的主要部分的生产者。

2. 保障措施调查的立案

保障措施调查案件的立案方式有两种：

(1)国内产业或者代表国内产业的自然人、法人或者有关组织，可以依照《保障措施条例》的规定，向商务部提出保障措施调查的书面申请。

(2)商务部没有收到采取保障措施的书面申请，但有充分证据认为国内产业因进口产品数量增加而受到损害的，可以决定立案调查。

3. 初裁和终裁

商务部根据调查结果作出初裁决定后公告。初裁决定确定进口产品数量增加和损害成立并且二者之间有因果关系的，商务部应当继续进行调查，根据调查结果作出终裁决定后公告。

4. 临时保障措施和保障措施

(1)临时保障措施

有明确证据表明进口产品数量增加，在不采取临时保障措施将对国内产业造成难以补救的损害的紧急情况下，可以作出初裁决定，并采取临时保障措施。

临时保障措施采取提高关税的形式。

临时保障措施的实施期限，自临时保障措施决定公告规定实施之日起，不超过200天。

(2)保障措施

终裁决定确定进口产品数量增加，并由此对国内产业造成损害的，可以采取保障措施。保障措施可以采取提高关税、数量限制等形式。

保障措施采取提高关税形式的，由商务部提出建议，国务院关税税则委员会根据建议作出决定，由商务部公告；采取数量限制形式的，由商务部作出决定并予以公告。

5. 实施期限与复审

保障措施的实施期限不超过4年；符合特定条件的，可以适当延长；但一项保障措施的实施期限及其延长期限，最长不超过10年。对同一进口产品再度采取保障措施的，与前次采取保障措施的时间间隔应当不短于前次采取保障措施的实施期限，并且至少为2年。保障措施实施期限超过1年的，应当在实施期间内按固定时间间隔逐步放宽。保障措施实施期限超过3年的，商务部应当在实施期间内对该

项措施进行中期复审。

历年试题

2015年试卷一第43题：进口中国的某类化工产品2015年占中国的市场份额比2014年有较大增加，经查，两年进口总量虽持平，但仍给生产同类产品的中国产业造成了严重损害。依我国相关法律，下列哪一选项是正确的？

A. 受损害的中国国内产业可向商务部申请反倾销调查

B. 受损害的中国国内产业可向商务部提出采取保障措施的书面申请

C. 因为该类化工产品的进口数量并没有绝对增加，故不能采取保障措施

D. 该类化工产品的出口商可通过价格承诺避免保障措施的实施

答案：B。

强化模拟题

1. 进口到中国的某种化工材料数量激增，其中来自甲国的该种化工材料数量最多，导致中国同类材料的生产企业遭受实质损害。根据我国相关法律规定，下列哪一选项是正确的？

A. 中国有关部门启动保障措施调查，应以国内有关生产者申请为条件

B. 中国有关部门可仅对已经进口的甲国材料采取保障措施

C. 如甲国企业同意进行价格承诺，则可避免被中国采取保障措施

D. 如采取保障措施，措施针对的材料范围应当与调查范围相一致

答案：D。

2. 根据《保障措施条例》的规定，下列说法正确的是（　　）。

A. 如果某种进口产品数量增加，并对生产同类产品或者直接竞争产品的国内产业造成严重损害或者严重损害威胁，可以采取保障措施

B. 如果某种进口产品数量增加，并对生产同类产品或者直接竞争产品的国内产业造成实质损害或者实质损害威胁，可以采取保障措施

C. 进口产品数量增加仅指进口数量的绝对增加

D. 临时保障措施和保障措施可以采取提高关税、数量限制等形式

答案：A。

考点四：我国关于反倾销、反补贴措施的司法审查制度

2002年的最高人民法院《关于审理反倾销行政案件应用法律若干问题的规定》最高人民法院《关于审理反补贴行政案件应用法律若干问题的规定》确立了我国关于反倾销、反补贴措施的司法审查制度。

1. 提起反倾销、反补贴措施司法审查的主体及被告

根据上述两个规定，与反倾销（或反补贴）行政行为具有法律上利害关系的个人或者组织为利害关系人，可以依照《行政诉讼法》及其他有关法律、行政法规的规定，向人民法院提起行政诉讼。这些利害关系人，是指向国务院主管部门提出反倾销（或反补贴）调查书面申请的申请人、有关出口经营者和进口经营者及其他具有法律上利害关系的自然人、法人或者其他组织。

反倾销（或反补贴）行政案件的被告，应当是作出相应被诉反倾销（或反补贴）行政行为的国务院主管部门。

2. 管辖法院

第一审反倾销（或反补贴）行政案件由下列人民法院管辖：

（1）被告所在地高级人民法院指定的中级人民法院；

（2）被告所在地高级人民法院。

3. 审理

人民法院依照《行政诉讼法》及其他有关反倾销的法律、行政法规，参照国务院部门规章，对被诉反倾销行政行为的事实问题和法律问题进行合法性审查。

被告对其作出的被诉反倾销行政行为负举证责任，应当提供作出反倾销行政行为的证据和所依据的规范性文件。人民法院依据被告的案卷记录审查被诉反倾销行政行为的合法性。被告在作出被诉反倾销行政行为时没有记入案卷的事实材料，不能作为认定该行为合法的根据。

原告对其主张的事实有责任提供证据。经人民法院依照法定程序审查，原告提供的证据具有关联性、合法性和真实性的，可以作为定案的根据。

对于被诉反倾销（或反补贴）行政行为，人民法院经审理可以判决维持，也可以判决撤销或者部分撤销，或者判决被告重新作出反倾销（或反补贴）行政行为。

强化模拟题

1. 根据2002年9月11日最高人民法院通过的《关于审理反倾销行政案件应用法律若干问题的规定》和《关于审理反补贴行政案件应用法律若干问题的规定》，下列哪一个不可以向人民法院提起与反倾销或反

补贴行政行为有关的行政诉讼?

A. 向国务院主管部门提出反倾销或反补贴调查书面申请的申请人

B. 与反倾销或反补贴调查有关的出口经营者

C. 与反倾销或反补贴调查有关的进口经营者

D. 中华人民共和国商务部

答案:D。

2. 根据 WTO 反倾销协议,我国确立了对反倾销措施的司法审查制度。下列说法正确的是(　　)。

A. 根据《反倾销条例》规定,对商务部的终局裁定、是否征收反倾销税的决定以及追溯征收、退税、对新进口经营者征税的决定,对商务部的复审决定,利害关系人不服的可以依法申请行政复议,或依法向人民法院提起诉讼

B. 一审反倾销案件由被告所在地高级人民法院指定的中级人民法院、被告所在地高级人民法院管辖

C. 人民法院依照《行政诉讼法》及其他有关反倾销的法律、行政法规,参照国务院部门规章,只对被诉反倾销行政行为的法律问题,进行合法性审查

D. 原告对其主张的事实有责任提供证据,被告对其作出的反倾销行政行为不负举证责任

答案:AB。C 错误,应为人民法院对被诉反倾销行政行为的法律问题和事实问题,均可进行合法性审查。D 错误,应为"被告对其作出的被诉反倾销行政行为负举证责任,应当提供作出反倾销行政行为的证据和所依据的规范性文件"。

第三节　我国的出口管制法律制度

考点一:出口管制的对象

《中华人民共和国出口管制法》第 2 条规定:国家对两用物项、军品、核以及其他与维护国家安全和利益、履行防扩散等国际义务相关的货物、技术、服务等物项(以下统称管制物项)的出口管制,适用本法。

前款所称管制物项,包括物项相关的技术资料等数据。

本法所称出口管制,是指国家对从中华人民共和国境内向境外转移管制物项,以及中华人民共和国公民、法人和非法人组织向外国组织和个人提供管制物项,采取禁止或者限制性措施。

本法所称两用物项,是指既有民事用途,又有军事用途或者有助于提升军事潜力,特别是可以用于设计、开发、生产或者使用大规模杀伤性武器及其运载工具的货物、技术和服务。

本法所称军品,是指用于军事目的的装备、专用生产设备以及其他相关货物、技术和服务。

本法所称核,是指核材料、核设备、反应堆用非核材料以及相关技术和服务。

考点二:出口管制措施

《中华人民共和国出口管制法》第 4 条规定:国家实行统一的出口管制制度,通过制定管制清单、名录或者目录(以下统称管制清单)、实施出口许可等方式进行管理。

第 9 条规定:国家出口管制管理部门依据本法和有关法律、行政法规的规定,根据出口管制政策,按照规定程序会同有关部门制定、调整管制物项出口管制清单,并及时公布。

根据维护国家安全和利益、履行防扩散等国际义务的需要,经国务院批准,或者经国务院、中央军事委员会批准,国家出口管制管理部门可以对出口管制清单以外的货物、技术和服务实施临时管制,并予以公告。临时管制的实施期限不超过二年。临时管制实施期限届满前应当及时进行评估,根据评估结果决定取消临时管制、延长临时管制或者将临时管制物项列入出口管制清单。

第 10 条规定:根据维护国家安全和利益、履行防扩散等国际义务的需要,经国务院批准,或者经国务院、中央军事委员会批准,国家出口管制管理部门会同有关部门可以禁止相关管制物项的出口,或者禁止相关管制物项向特定目的国家和地区、特定组织和个人出口。

第 12 条规定:国家对管制物项的出口实行许可制度。

出口管制清单所列管制物项或者临时管制物项,出口经营者应当向国家出口管制管理部门申请许可。

出口管制清单所列管制物项以及临时管制物项之外的货物、技术和服务,出口经营者知道或者应当知道,或者得到国家出口管制管理部门通知,相关货物、技术和服务可能存在以下风险的,应当向国家出口管制管理部门申请许可:

(一)危害国家安全和利益;

(二)被用于设计、开发、生产或者使用大规模杀伤性武器及其运载工具;

(三)被用于恐怖主义目的。

出口经营者无法确定拟出口的货物、技术和服务是否属于本法规定的管制物项,向国家出口管制管理部门提出咨询的,国家出口管制管理部门应当及时答复。

第 13 条规定：国家出口管制管理部门综合考虑下列因素，对出口经营者出口管制物项的申请进行审查，作出准予或者不予许可的决定：

（一）国家安全和利益；

（二）国际义务和对外承诺；

（三）出口类型；

（四）管制物项敏感程度；

（五）出口目的国家或者地区；

（六）最终用户和最终用途；

（七）出口经营者的相关信用记录；

（八）法律、行政法规规定的其他因素。

第 16 条规定：管制物项的最终用户应当承诺，未经国家出口管制管理部门允许，不得擅自改变相关管制物项的最终用途或者向任何第三方转让。

出口经营者、进口商发现最终用户或者最终用途有可能改变的，应当按照规定立即报告国家出口管制管理部门。

第 18 条规定：国家出口管制管理部门对有下列情形之一的进口商和最终用户，建立管控名单：

（一）违反最终用户或者最终用途管理要求的；

（二）可能危害国家安全和利益的；

（三）将管制物项用于恐怖主义目的的。

对列入管控名单的进口商和最终用户，国家出口管制管理部门可以采取禁止、限制有关管制物项交易，责令中止有关管制物项出口等必要的措施。

出口经营者不得违反规定与列入管控名单的进口商、最终用户进行交易。出口经营者在特殊情况下确需与列入管控名单的进口商、最终用户进行交易的，可以向国家出口管制管理部门提出申请。

列入管控名单的进口商、最终用户经采取措施，不再有第一款规定情形的，可以向国家出口管制管理部门申请移出管控名单；国家出口管制管理部门可以根据实际情况，决定将列入管控名单的进口商、最终用户移出管控名单。

第 20 条规定：任何组织和个人不得为出口经营者从事出口管制违法行为提供代理、货运、寄递、报关、第三方电子商务交易平台和金融等服务。

第五章　世界贸易组织

第一节　世界贸易组织概述

1994 年 4 月，参加乌拉圭回合谈判的代表（包括中国代表）完成了对乌拉圭回合最后文本和《建立世界贸易组织协议》的签署，世界贸易组织从 1995 年 1 月 1 日起正式成立，其取代了 1947 年的《关税与贸易总协定》。

世界贸易组织的成员是加入世界贸易组织的各国政府和单独关税区政府，任何个人、企业或其他非政府机构都不能成为世界贸易组织的成员。

考点一：世界贸易组织的法律体系及各协议之间的关系

1. 世界贸易组织的法律体系

世界贸易组织的法律文件由《建立世界贸易组织协议》以及其附件 1、附件 2 和附件 3 等部分构成。

（1）附件 1 包括：附件 1A、附件 1B、附件 1C。

附件 1A 是关于货物贸易的多边协议，包括：《1994 年关税与贸易总协定》《农产品协议》《实施卫生与动植物检疫措施协议》《纺织品与服装贸易协议》《贸易技术壁垒协议》《与贸易有关的投资措施协议》《1994 年关税与贸易总协定第六条执行协议》《1994 年关税与贸易总协定第七条执行协议》《装运前检验协议》《原产地规则协议》《进口许可证程序协议》《补贴与反补贴措施协议》《保障措施协议》。

附件 1B 是《服务贸易总协定》及各附件。

附件 1C 是《与贸易有关的知识产权协定》。

（2）附件 2——《关于争端解决规则与程序谅解》。

（3）附件 3——《贸易政策审议机制》。

（4）附件 4 包括以下若干单项贸易协议（也称诸边协议）：《民用航空器贸易协议》、《政府采购协议》、《国际奶制品协议》、《牛肉协议》（后两个协议已于 1997 年失效）。世界贸易组织成立后签订的《信息技术协议》，也属于诸边贸易协议。

除附件 4 外，上述所有各项协议要求成员"一揽子"接受，对所有成员具有法律约束力，各成员方必须遵守。而各成员方对附件 4 可选择是否接受。

2. 世界贸易组织各规则适用时的相互关系

（1）原则性规定

①各种规则与《建立世界贸易组织协定》冲突时，以后者优先；

②货物贸易规则、服务贸易规则、与贸易有关的知识产权协议相互独立，一项事项可同时受三种规则调整；

③11 个货物贸易协议优先于《1994 年关税与贸易总协定》。

（2）具体适用时的关系

对于世界贸易组织协议及其附件，争端解决机构总是遵循协调一致的解释方法，认为各协议应共同适用、累计适用、推定相互之间无冲突。

强化模拟题

下列关于世界贸易组织协议的说法，正确的是(　　)。

A. 对于《建立世界贸易组织协议》及其各个附件，世界贸易组织成员方都必须接受

B. 世界贸易组织成立后签订的《信息技术协议》也属于诸边贸易协议，成员方可以选择接受或者不接受

C. 世界贸易组织的货物贸易规则、服务贸易规则、TRIPs 规则相互独立，一项事项可同时受三种规则调整

D.《建立世界贸易组织协定》与任何多边贸易协议(包括诸边贸易协议)冲突时，以《建立世界贸易组织协定》为准

答案：BCD。对于诸边贸易协议，成员方可以选择接受或者不接受，故 A 错。

考点二：中国在世界贸易组织中的权利义务

加入世界贸易组织后，中国一方面承担世界贸易组织各个成员都承担的规范性义务，并享有相应权利；另一方面，中国也基于《中国加入 WTO 议定书》和《中国入世工作组报告书》承担了一些特定的义务。

1. 贸易经营权和国家专营企业问题

《中国加入 WTO 议定书》中，中国承诺放开对外贸易经营权，即在中国"入世"后 3 年内，除国家专营商品外，中国和外国的法人、自然人和企业都有权在中国进行货物进出口活动。

《中国加入 WTO 议定书》还要求中国的专营企业的进口程序充分透明，政府不应在商品的质量、价值和产地方面采取措施施加影响或直接指示。

2. 倾销与补贴中的"非市场经济"地位

(1)反倾销调查中"正常价值"的确定方法

WTO 的其他成员在中国"入世"后 15 年内，基于中国是"非市场经济国家"而要求在对中国的产品进行反倾销调查时，可以选择采用下列两种方法之一来确定受调查的中国产品的"正常价值"：

①使用中国受调查产品的国内价格或成本作为正常价值；

②使用不严格依据与中国的国内价格或成本比较的方法，即使用"替代国价格或成本"作为正常价值(这一方法由于其任意性，显然对中国不利)。

在某一产业或方面，如果中国根据某一 WTO 成员国内法而达到市场经济标准，则该成员方在该产业领域就无权再使用"替代国价格或成本"，无论如何，"替代国价格或成本"的方法在中国"入世"15 年后终止。

(2)对给予国有企业的补贴的定性

根据《中国加入 WTO 议定书》，如果中国政府提供补贴的主要接受者为国有企业，或者国有企业接受了补贴，或者接受了补贴中不成比例的大量数额，则其他成员方可以基于中国的"非市场经济"地位，将该补贴视为专向性补贴。

3. 特定产品的过渡性产品保障机制

(1)磋商

根据《中国加入 WTO 议定书》第 16 条，如果中国产品进口到任何 WTO 成员境内的增加数量，足以对进口成员方同类或直接竞争产品的国内生产商造成市场扰乱或市场扰乱的威胁，则受影响的该成员方可以要求与中国进行磋商。

(2)中国政府根据协议采取自我限制措施

经磋商，如果能达成一致，认为中国产品是造成市场扰乱的原因，则中国政府应采取措施。

(3)受影响的成员方采取限制措施

如果在收到磋商请求的 60 天内没有达成协议，则受影响的成员方可以自由决定对该产品中止减让或限制进口。在紧急情况下，受影响的成员方还可以采取不超过 200 天的临时措施。

(4)受贸易转移影响的其他成员方采取限制措施

世界贸易组织的其他成员方，如果认为进口成员采取的过渡性保障措施造成了对其市场的贸易转移，也可以要求磋商。提出磋商请求后 60 天内没有达成协议，则该成员方也可以对所涉的中国产品采取相应的限制措施。

显然，这种针对中国特定产品的过渡性产品保障机制，对中国的出口产品有较大威胁，而且容易引起连锁反应。《中国加入 WTO 议定书》规定，该机制的最终适用期限为自中国"入世"时起 12 年。

强化模拟题

1. 关于我国在世界贸易组织中的权利义务，说法正确的有(　　)。

A. 在中国正式加入世界贸易组织后的 15 年内，WTO 其他成员可以市场扰乱为由专门针对中国产品适用过渡性保障措施

B. 我国承诺在中国正式加入世界贸易组织后的 3 年内，放开外贸经营权，外贸经营权由审批制改为备案登记制，个人也可以从事外贸经营活动

C. 对中国产品的出口，WTO 其他成员在根据反倾销确定正常价值时，只能采用替代国价格或成本

D. 我国政府提供的补贴如果主要接受者是国有企业，那么该项补贴可以被视为专项补贴

答案：BD。在中国正式加入世界贸易组织后的 12 年内，WTO 其他成员可以市场扰乱为由专门针对中国产品适用过渡性保障措施，A 错误。

对中国产品的出口,WTO其他成员在根据反倾销确定正常价值时,可以选择采用替代国价格或该产品在中国国内正常贸易过程中的销售价格,C错误。

2. 下列关于纺织品的特保措施的表述,正确的是(　　)。

A. 针对中国纺织品的特殊保障措施的规定的最终适用期限应截至2008年12月31日

B. 针对中国纺织品的特保措施的实施的必要前提是来自中国的纺织品给WTO进口成员方国内产业造成了实质性损害

C. 针对中国纺织品的特保措施的实施不得超过一年且不得重复实施

D. WTO其他成员方不得根据《中国加入工作组报告书》关于纺织品的特保措施的规定和《中国加入议定书》第16条的规定,对同一产品同时适用这两种措施

答案:ACD。针对中国纺织品的特保措施的实施的必要前提是来自中国的纺织品给WTO进口成员方国内产业造成了市场扰乱或市场扰乱的威胁,B错误。

第二节　世界贸易组织的主要法律制度

考点一:货物贸易——《关税与贸易总协定》(GATT)

1. 最惠国待遇制度

最惠国待遇制度是世界贸易组织的基石,对最惠国待遇的修改,必须经WTO全体成员同意才有效。最惠国待遇具有普遍性、相互性、自动性和同一性的特点。在世界贸易组织的三大协议中,都有最惠国待遇的基本规定,但是,在不同的协议中,最惠国待遇的义务并不完全相同。

在《关税与贸易总协定》中,最惠国待遇的例外是一个重要问题,这些例外包括:边境贸易、发达国家对发展中国家给予优惠的"普遍优惠制"、关税同盟或自由贸易区成员方之间相互给予的优惠等。此外,还允许以维持收支平衡、征收反倾销税或反补贴税为理由,偏离最惠国待遇义务;允许对某一成员方或某些成员方豁免最惠国待遇;允许基于一般例外或安全例外偏离最惠国待遇。

根据《关税与贸易总协定》,一般例外是指当采取为保障人民、动植物的生命和健康所必需的措施,有关输出和输入黄金和白银的措施,为保护本国具有艺术、历史和考古价值文物而采取的措施,国家维护国内公共利益而制定的限制规定与禁令等时,成员方有权不遵循最惠国待遇原则。

安全例外主要包括:

(1)要求任何缔约国提供给根据国家基本安全利益认为不能公布的资料。

(2)阻止任何缔约国为保护国家基本安全利益而对有关下列事项采取其认为必要采取的任何行动:裂变材料和提炼裂变材料的原料;武器、弹药和军火贸易或直接和间接提供给军事机构用的其他物品和原料的贸易;战时或国际关系中的其他紧急情况。

(3)阻止任何缔约国根据《联合国宪章》为维护国际和平与安全而采取行动。

2. 国民待遇的例外

国民待遇原则是WTO的基本原则,WTO的每一个协定中,国民待遇义务的具体适用条件并不完全相同。根据《关税与贸易总协定》第3条和第20条,货物贸易的国民待遇的例外包括:(1)政府采购例外;(2)仅针对某种产品的国内生产商提供的补贴例外;(3)一般例外。

3. 数量限制的禁止与例外

数量限制是指对进出口产品采取除关税、国内税和其他费用之外的禁止或限制措施。根据《关税与贸易总协定》,对进出口产品原则上禁止一切数量限制。但在下列情况下允许例外:

(1)为防止或缓解出口成员的粮食或其他必需品的严重短缺而临时实施的出口禁止或限制;

(2)为实施国际贸易中的商品归类、分级和销售标准或法规而必须实施的进出口禁止或限制;

(3)为了限制国内产品数量或消除国内产品的过剩而对农产品或渔业产品进口实施的限制;

(4)为了保障其对外金融地位和国际收支平衡而对进口产品进行的限制。

4. 约束关税措施

WTO各成员方在关税减让表中公布的税率是他们可以适用的税率的最高限,此即为约束关税,但他们可以适用比约束关税更低的税率。

5.《与贸易有关的投资措施协议》(TRIMs)

《与贸易有关的投资措施协议》主要规定了禁止成员方实施的投资限制措施类型,分为违反国民待遇原则的措施和违反取消数量限制原则的措施。

违反国民待遇的投资措施包括:

(1)要求企业购买或使用国内产品或任何来自国内来源的产品;

(2)要求企业购买或使用的进口产品限制在与其出口的当地产品的数量或价值相关的水平。

违反取消数量限制规则的措施包括:

(1)普遍限制企业用于当地生产或与当地生产相关的产品的出口;

（2）限制企业使用外汇，从而限制进口产品；

（3）限制企业产品出口或供出口产品的销售。

历年试题

2015年试卷一第44题：为了促进本国汽车产业，甲国出台规定，如生产的汽车使用了30%国产零部件，即可享受税收减免的优惠。依世界贸易组织的相关规则，关于该规定，下列哪一选项是正确的？

A. 违反了国民待遇原则，属于禁止使用的与贸易有关的投资措施

B. 因含有国内销售的要求，是扭曲贸易的措施

C. 有贸易平衡的要求，属于禁止的数量限制措施

D. 有外汇平衡的要求，属于禁止的投资措施

答案：A。

强化模拟题

1. 针对甲国一系列影响汽车工业的措施，乙、丙、丁等国向甲国提出了磋商请求。四国均为世界贸易组织成员。关于甲国采取的措施，下列哪些是《与贸易有关的投资措施协议》禁止使用的？

A. 要求汽车生产企业在生产过程中必须购买一定比例的当地产品

B. 依国产化率对汽车中使用的进口汽车部件减税

C. 规定汽车生产企业的外资股权比例不应超过60%

D. 要求企业购买进口产品的数量不能大于其出口产品的数量

答案：ABD。

2. 日本在《关税与贸易总协定》1964年肯尼迪回合谈判中，对黑白胶卷的进口关税承诺不超过40%；在1979年东京回合谈判中，对黑白胶卷的关税承诺不超过30%；1994年乌拉圭回合谈判中，对黑白胶卷的关税承诺不超过20%。下列选项哪些是正确的？

A. 肯尼迪回合的关税减让依然有效

B. 日本现在对进口黑白胶卷可以收取25%的反倾销税

C. 根据海关提供服务所产生的费用，日本可以收取与之相当的服务费

D. 日本现在对从美国进口的黑白胶卷适用15%的关税，违反了关税减让承诺

答案：ABC。世界贸易组织承继了GATT关于关税减让和关税约束的规定，约束关税并不断削减成为世界贸易组织关于关税的原则。各成员在关税减让表中公布的税率是可以适用的税率的最高限，成员可以实际适用比约束关税低的关税。D项认为税率低于约束关税违反减让承诺是错误的。

考点二：《服务贸易总协定》

《服务贸易总协定》就服务贸易的范围、最惠国待遇与例外、透明度要求以及成员国承担国民待遇、市场准入等特定义务问题作了规定。

1. 服务贸易的范围

《服务贸易总协定》规定，服务贸易是指提供以下服务：

（1）跨境供应，指从一成员方境内向任何其他成员方境内提供的服务。

（2）境外消费，指在一成员方境内向任何其他成员方的服务消费者提供的服务，如给来自境外的旅游者提供服务。

（3）商业存在，指一成员方的服务提供者通过在任何其他成员方境内的商业现场（建立在一成员方境内的任何形式的业务或专业）提供的服务，如银行在境外设立分支机构。

（4）自然人流动，指一成员方的服务提供者通过自然人到任何其他成员方境内提供服务，如工程承包。

2. 最惠国待遇义务和具体承诺（市场准入与国民待遇、减让表）

WTO各成员应无条件立即给予其他成员方以最惠国待遇，但服务贸易中的最惠国待遇适用于服务产品和服务提供者，不适用于货物产品。

在服务贸易方面，市场准入与国民待遇属于具体承诺而非一般义务。是否给予市场准入，是否给予国民待遇，应当依据每一个WTO成员方具体列出的承诺表来确定。

强化模拟题

下列选项中，属于《服务贸易总协定》规定的服务贸易方式的有哪些？

A. 美国某快餐店在上海设立分店

B. 我国游客在东京迪士尼游乐园游玩

C. 中国石油总公司向日本某公司提供石油

D. 意大利某著名男高音在北京举办演唱会

答案：ABD。

考点三：世界贸易组织的争端解决机制

1. 世界贸易组织的争端解决机制的适用范围

《关于争端解决规则与程序谅解》适用于依据下列协议提起的争端：《世界贸易组织协定》、附件1A、附件1B、附件1C、附件2（《关于争端解决规则和程序谅解》）、附件4（诸边贸易协议）。唯一不适用的协议为附件3（贸易政策审议机制）。

2. 世界贸易组织的争端解决机制的基本程序

根据《关于争端解决规则与程序谅解》，其争端

解决的基本程序包括以下内容。

（1）磋商程序

一成员方应以书面形式向世界贸易组织总干事提出磋商申请，指出要求磋商的理由，具体指明被诉方违反了哪些规定。磋商有助于澄清争端、促进争端的解决。

磋商是申请设立专家组的前提条件。

成员国间争端的解决都必须先进行磋商。

（2）斡旋、调解与调停程序

在争端解决的过程中，世界贸易组织总干事等可以就争端解决进行斡旋、调解与调停。

（3）专家小组程序

提出磋商请求60天内磋商未达成协议，则申诉方可以申请成立专家组，提起申诉，并不以申诉方具有的法律利益或经济利益受到损害为前提。

争端双方应就自己的主张提供证据，由专家组进行裁断。专家组既审查事实问题，也审查法律问题，对争端方没有提出的主张，专家组不能作出裁定。专家组可以向其视为适当的任何机构和个人寻求信息和技术建议。

（4）上诉审查程序

在专家组报告发布后的60天内，任何争端方都可以向上诉机构提起上诉。

上诉机构是常设的，由7人组成，上诉机构只审查专家组报告涉及的法律问题和专家组作出的法律解释。

上诉机构有权维持、修改或推翻专家组的报告，但对专家组的报告并没有发回重审的权力。

（5）报告的通过和裁定的监督执行

争端解决机构并不亲自审理案件，只在专家组和上诉机构的协助下提出建议、作出裁定。实际上，争端解决机构只是决定是否通过专家组或上诉机构的结论报告或建议。除非争端解决机构一致同意不通过相关争端解决的报告，否则该报告即得到通过，此为“反向协商一致原则”。

裁决和建议经争端解决机构通过后即成为正式建议或裁定，被裁定违反WTO有关协议的一方，应在合理期限内履行裁定或建议。

（6）补偿与减让的中止以及“交叉报复”

被诉方如认为争端解决机构已经通过的报告无法履行，可以自愿给申诉方以补偿。如果被诉方既不愿意履行裁定，又不愿意给予补偿，则原申诉方可以向争端解决机构申请授权报复，对被诉方中止减让或其他义务。

中止减让或其他义务，首先应在被认定为违反义务或造成利益损失的部门的相同部门实施，此为“平行报复”；当“平行报复”措施不可行或没有效果时，可以对同一协议项下的其他部门实施；如果仍不可行或无效果，则可以寻求中止另一协议项下的减让或其他义务，此即为“交叉报复”。

历年试题

2017年试卷一第80题：甲、乙、丙三国均为WTO成员国，甲国给予乙国进口丝束的配额，但没有给予丙国配额，而甲国又是国际上为数不多消费丝束产品的国家。为此，丙国诉诸WTO争端解决机制。依相关规则，下列哪些选项是正确的？

A. 丙国生产丝束的企业可以甲国违反最惠国待遇为由起诉甲国

B. 甲、丙两国在成立专家组之前必须经过“充分性”的磋商

C. 除非争端解决机构一致不通过相关争端解决报告，该报告即可通过

D. 如甲国败诉且拒不执行裁决，丙国可向争端解决机构申请授权对甲国采取报复措施

答案：CD。

2018年试卷二考生回忆版：甲国多家出口企业在乙国被终裁具有倾销行为，并征收了反倾销税，现这些出口企业欲进行相关法律救济，已知甲乙两国均为WTO成员方，那么以下说法错误的有：

A. 甲国出口企业可以在乙国提起对乙国政府征税行为的行政诉讼

B. 甲国政府可以直接向乙国政府提起外交保护

C. 甲国政府可以在WTO起诉乙国政府违反其承担的WTO的相关义务

D. 如果乙国政府在WTO被裁决败诉，WTO有权责令乙国修改其本国的法律或相应的反倾销措施

答案：B。对于反倾销措施、反补贴措施或保障措施，除利害关系方通过进口国的程序申请行政复议或向法院提出诉讼外，产品的出口商或生产商还可以通过其政府，对这些贸易措施通过世界贸易组织的多边争端解决程序进行审查。这两种救济可以分别称为国内程序救济和多边程序救济。因此，题中的甲国政府和这些出口企业可以有如下法律救济：①甲国出口企业可以在乙国提起对乙国政府的反倾销行政诉讼；②甲国政府可以在WTO起诉乙国政府违反其承担的WTO的相关义务。故A、C两项正确。

国内程序救济和多边程序救济在性质上是两种根本不同的救济，题中，如果乙国政府在WTO被裁决败诉，则乙国政府应在合理时间内履行争端解决机构的裁定和建议，WTO有权责令乙国修改其本国的法律或相应的反倾销措施。但争端解决机构只能建议进口成

员国政府使其措施与世界贸易组织规则相一致，而不能直接撤销或修改相关措施。故D项正确。

外交保护指一国国民在外国受到不法侵害，且依该外国法律程序得不到救济时，其国籍国可以通过外交方式要求该外国进行救济或承担责任，以保护其国民或国家的权益。本案情况不满足外交保护的条件，甲国政府不能直接向乙国政府提起外交保护，B项错误。

强化模拟题

1. 关于世界贸易组织争端解决机构裁定和建议的实施，下列说法中正确的是(　　)。

A. 被裁定违反了有关协议的一方，应在合理时间内履行争端解决机构通过的裁定和建议

B. 如果被裁定违反了有关协议的一方，没有在合理期限内履行裁定和建议，又不对受害方提供补偿的，对方可经争端解决机构授权报复，对被诉方中止关税减让或其他义务

C. 补偿和中止减让或其他义务属于在建议和裁决未在合理期限内执行时可获得的临时措施

D. 争端解决机构授权的中止减让或其他义务的程度应等于利益丧失或减损的程度

答案：ABCD。

2. 下列关于世界贸易组织对成员贸易政策评审的效力的表述，不正确的是(　　)。

A. 政策评审的结果对成员具有约束力，成员必须依此作出改进，否则会受到处罚

B. 政策评审的结果对成员具有约束力，成员不改进将会受到指控

C. 评审中发现成员有与WTO协议不符的贸易政策，该成员将直接被WTO处罚

D. 评审结果和提出的建议对被评审的成员没有约束力，但被评审的成员如果不作出改进，则很可能被其他成员利用争端解决程序提出指控

答案：ABC。世界贸易组织的贸易政策的评审结果和提出的建议对被评审的成员没有约束力，但被评审的成员如果不作出改进，则很可能被其他成员利用争端解决程序提出指控。

第六章　国际经济法领域的其他法律制度

第一节　知识产权的国际保护

知识产权的国际保护主要体现在以下国际公约之中：《保护工业产权巴黎公约》《保护文学和艺术作品伯尔尼公约》《世界版权公约》《保护表演者、唱片制作者和广播组织国际公约》《保护唱片制作者禁止未经许可复制其录音制品公约》《与贸易有关的知识产权协议》。近年来，我国已经先后加入了上述公约。

考点一：《保护工业产权巴黎公约》

《保护工业产权巴黎公约》(以下简称《巴黎公约》)保护的工业产权包括发明专利、实用新型、外观设计、商标、服务标记、厂商名称、产地标记或原产地名称以及制止不正当竞争。《巴黎公约》对工业产权的适用范围作了广义解释，不仅适用于工商业本身，也适用于农业和采掘工业以及一切制成品或天然产品。《巴黎公约》是知识产权领域的基本公约，它不仅是知识产权领域的第一个世界性多边公约，同时也是成员国最广泛、对其他世界性和地区性工业产权公约影响最大的公约，很多工业产权公约都要求参加该公约的国家，必须首先是《巴黎公约》的成员国。

《巴黎公约》的主要内容如下：

1. 国民待遇原则

国民待遇原则是《巴黎公约》的首要原则，根据该公约：

(1)任何成员国国民，在工业产权的保护方面，在其他成员国内应享有该国法律现在或今后给予其本国国民的各种利益。

(2)被请求保护的国家，不得要求成员国国民必须在该被请求国有永久住所或营业所才能享有国民待遇。

(3)非公约成员国国民，凡在公约成员国领土内有永久住所或有真实、有效的工商营业所的，也享有与公约成员国国民同样的待遇。

(4)各成员国在关于司法和行政程序、管辖权以及选定送达地址或指定代理人的法律规定等方面，凡工业产权法有所要求的，可以明确地予以保留，即不给外国人国民待遇。

2. 优先权原则

优先权原则是指已经在一个成员国正式提出了发明专利、实用新型专利、外观设计专利或商标注册申请的申请人，在其他成员国提出同样的申请，在规定期限内应该享有优先权。

(1)优先权原则的适用范围

优先权原则并不是对公约所指的一切工业产权全部适用，它只适用于发明专利、实用新型、外观设计和商标，而对于商号、商誉、产地名称等则不适用。公约没有把服务商标的注册作为对成员国国内法的

硬性要求，成员国可以对服务商标提供注册保护，也可以不提供注册保护。当提供注册保护时，该国有权决定是否对服务商标适用优先权原则。

(2)申请优先权的期限

根据公约规定，发明专利和实用新型的优先权申请期限为12个月，外观设计和商标的优先权申请期限则为6个月。

(3)优先权的申请

在优先权的期限内，每一个在后的申请均以第一次申请时的日期为申请日。

3. 确立专利权和商标权的独立性原则

专利权独立原则是指对于外国人的专利申请或商标注册申请，均应由各成员国根据其本国法律规定的条件独立作出决定，不受其他任何国家就该项申请作出的决定的影响。

4. 临时保护原则

《巴黎公约》规定，各成员国必须依本国法律，对于在任何一个成员国内举办的官方或经官方承认的国际展览会上展出的商品中可以申请专利的发明、实用新型或外观设计及可以申请注册的商标，给予临时保护。发明、实用新型的临时保护期通常为12个月，商标、外观设计的临时保护期通常是6个月。在该保护期内提出的申请，其申请日以该商品在国际展览会上公开展出之日为准。

5. 最低标准原则

《巴黎公约》规定了各成员国在保护工业产权(专利权、商标权、工业品外观设计、原产地证明、厂商名称等)方面应遵守的最低标准。

(1)公约对成员国专利权保护的最低要求。该要求主要包括：

①成员国不得以专利产品或者依专利方法制造的产品的销售受到本国法律禁止或者限制为理由，而拒绝授予专利或者使专利无效。

②专利权人将在任何成员国内制造的物品输入到对该物品授予专利权的国家，不应导致该专利的撤销。

③当一种产品输入到对该产品的制造方法给予专利保护的成员国时，专利权所有人对该进口产品享有进口国法律对该制造产品所给予的方法专利的一切权利。

④成员国有权在专利权人滥用权利时，颁发强制许可证等。

(2)公约对成员国商标权保护的最低要求。该要求主要包括：

①使用商标的商品的性质不应成为该商标注册的障碍。

②驰名商标的特殊保护。驰名商标的认定不以注册为前提，使用也可以成为认定的依据。对于商标注册国或者使用国主管机关认为一项商标构成已属享有公约利益的人所有，并在该国驰名的商标被复制、模仿或者翻译，用于相同或者类似商品上，易于造成混乱者，应依职权或者应当事人的请求，拒绝或者取消注册，并禁止使用。自注册之日起至少5年内，应允许提出取消这种商标注册的要求，允许提出禁止使用的期限可由各成员国规定。对以不诚实的手段取得注册或者使用的商标提出取消注册或者禁止使用的要求，不应规定时间限制。

③成员国有义务拒绝将成员国或者政府间组织的徽章、旗帜、各国用以表明监督和保证的官方符号和检验印章，用作商标或者商标的组成部分予以注册，并采取适当措施禁止使用。

④如果成员国一个商标所有人的代理人或者代表人，未经授权以自己的名义向一个或者几个成员国申请注册该商标，商标所有人有权反对所申请的注册或者要求取消注册。

⑤成员国有义务保护集体商标和服务标记等。

强化模拟题

1. 根据《保护工业产权的巴黎公约》，关于优先权，下列哪一选项是正确的？

A. 优先权的获得需要申请人于"在后申请"中提出优先权申请并提供有关证明文件

B. 所有的工业产权均享有相同期间的优先权

C. "在先申请"撤回，"在后申请"的优先权地位随之丧失

D. "在先申请"被驳回，"在后申请"的优先权地位随之丧失

答案：A。A选项正确，因为优先权的获得并不是自动的，需要申请人于在后申请中提出优先权申请并提供有关证明文件。A选项根据常理也能判断其是正确的。B选项错误，因为不同的工业产权的优先权期间并不一样，发明专利和实用新型专利为12个月，外观设计和商标为6个月。C选项和D选项都错误，因为在先申请的撤回、放弃或驳回不影响在后申请的优先权地位。

2. 2011年4月6日，张某在广交会上展示了其新发明的产品。4月15日，张某在中国就其产品申请发明专利(后获得批准)。6月8日，张某在向《巴黎公约》成员国甲国申请专利时，得知甲国公民已在6月6日向甲国就同样产品申请专利。下列哪一说法是正确的？

A. 如张某提出优先权申请并加以证明，其在甲国

的申请日至少可以提前至2011年4月15日

B. 2011年4月6日这一时间点对张某在甲国以及《巴黎公约》其他成员国申请专利没有任何影响

C. 张某在中国申请专利已获得批准，甲国也应当批准他的专利申请

D. 甲国不得要求张某必须委派甲国本地代理人代为申请专利

答案：A。依《巴黎公约》第11条的规定，临时性保护原则要求缔约国应对在任何成员国内举办的或经官方承认的国际展览会上展出的商品中可取得专利的发明、实用新型、外观设计和可注册的商标给予临时保护。如展品所有人在临时保护期内申请了专利或商标注册，则申请案的优先权日是从展品公开展出之日起算，而非从第一次提交申请案时起算。故甲国的申请日可以提前到4月6日，所以，该选项中说至少可以提前至2011年4月15日是正确的。所以，A项正确。

根据公约第11条的临时保护原则，展览之日也可受法律保护，2011年4月6日是展览之日，所以是具有意义的。因此，B项表述错误。

依公约第4条及第6条的规定，关于外国人的专利申请或商标注册，应由各成员国依本国法决定，而不应受原属国或其他任何国家就该申请作出的决定的影响。专利的申请和商标注册在成员国之间是相互独立的。所以甲国是否批准，需要根据自己的法律规定，独立作出决定。所以，C项错误。

公约所规定的国民待遇有例外，即各成员国在关于司法和行政程序、管辖以及选定送达地址或指定代理人的法律规定等方面，凡工业产权法有所要求的，可以保留，故有的国家可以根据自己的情况，要求必须委派当地国家的代理人代理申请。所以，D项错误。

考点二：《保护文学和艺术作品伯尔尼公约》（以下简称《伯尔尼公约》）

《伯尔尼公约》是版权领域第一个世界性多边国际条约，同时也是迄今影响最大的版权公约。

公约规定，“文学和艺术作品”包括文学、科学和艺术领域内的一切成果，不论其表现形式或方式如何，具体包括：书籍和其他作品；讲课、演讲和其他同类性质作品；戏剧作品；舞蹈艺术作品和哑剧；图画、油画、建筑等作品；地理、地形等的示意图、地图、设计图、草图和立体作品等。公约规定其保护不适用于日常新闻或纯属报刊消息性质的社会新闻。

1. 国民待遇原则

公约规定，对文学艺术作品的版权保护实行“双国籍国民待遇”原则。该原则是指：

（1）“作者国籍标准”，此标准又包括两种情形：一是对于公约成员国的国民，其作品无论是否出版，在各成员国均享有国民待遇；二是对于非成员国的国民，只要在成员国境内有惯常居所，其作品无论是否出版，也同样在一切成员国享有国民待遇。这两种情况都是“作者国籍标准”，亦被称为“人身标准”。

（2）“作品国籍标准”，即非公约成员国国民，只要其作品首先在某一个成员国出版，或者同时在一个成员国和非成员国出版，也应在一切成员国中享有国民待遇，这也被称为“地理标准”。

2. 自动保护原则

作者在其他缔约国享有和行使该国国民所享有的版权不需要履行任何手续，作者在作品完成时自动享有版权，无须向其他缔约国提出请求或履行任何手续。

3. 版权独立原则

作者在其他缔约国享有和行使该国国民的版权以及公约特别规定的权利，不依赖于作品起源国是否存在保护，即作品在起源国的保护和在其他缔约国的保护是相互独立的。

4. 最低标准原则

公约规定，各成员国在版权的客体范围、权利内容、权利限制、保护期限等方面给予的保护，只能高于而不得低于公约规定的标准。

5. 保护作者的经济权利和精神权利

公约规定，作者享有以下经济权利：翻译权、复制权、广播权、朗诵权、改编权、录制权、电影权、公演权。除规定上述权利之外，公约还允许各国版权法作出不同程度的权利限制。但为保证公约的最低权利要求，公约又对各国的限制规定予以规范。

公约还规定，成员国必须保护作者的署名权和保护作品完整权两项精神权利。在经济权利转让之后，作者仍有要求其作品作者身份的权利（署名权），并有反对对其作品进行任何有损其声誉的歪曲、割裂或其他更改，以及其他损害行为的权利。

《伯尔尼公约》允许的权利限制包括合理使用和法定许可。法定许可只适用于对广播权和录制权的限制。

6. 保护期限

对作品的保护期限，公约作了如下规定：一般作品的保护期限是作者有生之年及其死后50年；电影作品的保护期限是在作者同意下自作品公之于众后50年，如自作品完成后50年内尚未公之于众，则自作品完成后50年期满；不具名作品和假名作品的保

护期自其合法公之于众之日起50年,如在公之于众后50年内作者身份公开或确定,则保护期为作者有生之年及其死后50年内;摄影作品和作为艺术作品保护的实用艺术作品的保护期限不应少于自该作品完成之后起的25年。

7. 公约适用的追溯力

公约还规定,它适用于所有在该公约开始生效时尚未因保护期届满而在其来源国进入公有领域的版权作品。

历年试题

2017年试卷一第44题:甲国人迈克在甲国出版著作《希望之路》后25天内,又在乙国出版了该作品,乙国是《保护文学和艺术作品伯尔尼公约》缔约国,甲国不是。依该公约,下列哪一选项是正确的?

A. 因《希望之路》首先在非缔约国出版,不能在缔约国享受国民待遇

B. 迈克在甲国出版《希望之路》后25天内在乙国出版,仍然具有缔约国的作品国籍

C. 乙国依国民待遇为该作品提供的保护需要迈克履行相应的手续

D. 乙国对该作品的保护有赖于其在甲国是否受保护

答案:B。

强化模拟题

1. 我国是《伯尔尼公约》的缔约国,因此,应遵守《伯尔尼公约》的有关规定,《伯尔尼公约》规定(　　)。

A. 各国在著作权保护方面给予其他成员国国民最惠国待遇

B. 凡出版的作品必须在首次出版时在每一份复制品上都加注"版权标记"后,才能享有公约的国际保护

C. 作品的版权保护依各成员国国内法

D. 各成员国提供的著作权保护不仅应保护经济权利,还应保护精神权利

答案:CD。根据《伯尔尼公约》,各国在著作权保护方面给予其他成员国国民待遇,故A错。

《伯尔尼公约》采用自动保护原则,作者在其他缔约国享有和行使该国国民所享有的版权不需要履行任何手续,作者在作品完成时自动享有版权,无须向其他缔约国提出请求或履行任何手续,故B错。

根据《伯尔尼公约》的版权独立原则,C正确。

根据《伯尔尼公约》关于保护精神权利的规定,故D正确。

2. 下列有关《保护文学和艺术作品伯尔尼公约》(以下简称《伯尔尼公约》)的表述,正确的是(　　)。

A. 公约要求享有及行使依国民待遇所提供的有关权利时,需要履行一定的手续才予以保护

B.《伯尔尼公约》既保护作者的经济权利,又保护作者的精神权利

C. 公约规定成员国必须保护的作品包括文学艺术作品、演绎作品以及实用艺术作品和工业品外观设计

D. 公约允许的权利限制包括合理使用和法定许可

答案:BCD。《伯尔尼公约》实行自动保护原则。而《世界版权公约》则实行非自动保护原则,A项错误。

考点三:《与贸易有关的知识产权协议》(TRIPs)

《与贸易有关的知识产权协议》规定国民待遇原则和最惠国待遇原则是其首要的基本原则,并将《巴黎公约》、《伯尔尼公约》(第6条第2款关于精神权利的规定除外)、《保护表演者、录音制品制作者和广播组织罗马公约》和《关于集成电路的知识产权条约》的实体性规定全部纳入TRIPs之中,作为世界贸易组织成员保护知识产权的最低标准。

1.《与贸易有关的知识产权协议》的特点

同以前的国际知识产权保护公约相比,TRIPs是一个更高标准、更严要求的公约。该公约具有如下显著特点:

(1)首次将最惠国待遇原则引入知识产权的国际保护领域;

(2)要求成员对知识产权(限于其明文规定的七种客体)提供更高水平的立法保护;

(3)要求成员采取更严格的知识产权执法措施;

(4)要求成员的知识产权获权和维持程序必须公平合理;

(5)将成员之间的知识产权争端纳入WTO争端解决机制,加强了协议的拘束力。

2.《与贸易有关的知识产权协议》保护知识产权的主要内容

《与贸易有关的知识产权协议》就版权及相关权利、商标、地理标志、工业品外观设计、专利、集成电路的布图设计、对未披露的信息的保护七个方面的客体的知识产权保护问题作了规定。

(1)关于版权及相关权利保护的规定

TRIPs将《伯尔尼公约》纳入,并在保护客体和权利方面对《伯尔尼公约》做了补充。在保护客体问题上,将计算机程序和有独创性的数据汇编列为版权保护对象。在权利内容方面,增加规定计算机程序和电影作品的出租权。在邻接权方面,TRIPs还将《保护表演者、录音制品制作者和广播组织罗马公

约》纳入，并在两个方面提高了保护标准，不仅延长了保护期限，还将《伯尔尼公约》关于追溯力的规定适用于表演者权及录音制品制作者权。

(2)商标

TRIPs第一次给商标下了一个明确的定义：任何标记或任何标记的组合，包括文字、字母、数字、图形要素、色彩的组合及上述内容的组合，能够将某一企业的商品或服务区别于其他企业的商品或服务，应能构成商标。

在驰名商标问题上，公约规定，将《巴黎公约》关于驰名商标的保护扩大适用于服务标记，而且，对驰名商标保护的规定还应比照适用于与该商标核准使用的商品或服务不相类似的商品或服务（把《巴黎公约》的相对保护扩大为绝对保护）。

商标首次注册和每次续展注册的期限不少于7年，商标注册允许无限展期。各成员可决定商标许可与转让的条件，但不允许商标的强制许可。

(3)地理标志

地理标志是标明一商品来源于一成员方国内或该国内的一地区或一个地方，而该商品的特定品质、声誉或其他特色本质上与这一地理来源有关。成员方应对地理标志提供法律保护，以防止不正当竞争以及公众对原产地的误解。

(4)工业品外观设计

成员方应对独立创作的、具有原创性或新颖性的工业品外观设计提供保护。受保护的工业设计的所有者，有权阻止第三方为商业目的未经所有人同意而生产、销售或进口其拥有设计权的标的物。成员方对工业设计的保护期限至少为10年。

(5)专利

TRIPs规定，对于以下客体，成员方可不授予专利：对人或动物的诊断、治疗和外科手术方法；植物、动物（微生物除外）的新品种。

在权利内容方面，TRIPs在《巴黎公约》的基础上增加了专利进口权、提供销售权，并要求成员方将对方法专利的保护至少扩展于依据该专利方法所直接获得的产品。

专利权的保护期限为自登记之日起不得少于20年。

(6)集成电路的布图设计

TRIPs在《关于集成电路的知识产权条约》的基础上提高了保护水平。

首先，《关于集成电路的知识产权条约》只保护布图设计和含有受保护布图设计的集成电路，TRIPs还保护“含有受保护集成电路的物品”。

其次，TRIPs将保护期限由《关于集成电路的知识产权条约》规定的8年延长至10年。

最后，TRIPs对善意侵权作了补充规定，善意侵权人在收到该布图设计属于非法复制的通知后，仍然可以就其现有的存货或订单继续实施其行为，但有义务向权利人支付报酬，其数额应相当于通常情况下基于自由谈判达成协议所应支付的许可费。

(7)对未披露的信息的保护

根据TRIPs，未披露的信息的要件为：

①信息是秘密的，即该信息作为一个整体或其组成部分的组合和精确排列方式不为接触该信息的公众所知或不容易获得；

②该信息因为秘密而具有商业价值；

③信息的拥有者在当时情况下已采取了合理的措施保证其秘密性。成员方应防止自然人和法人所控制的未披露信息在没有得到其同意的情况下，被他人以违反诚信商业做法的方式泄露、获得或使用。

3. 知识产权的执法措施

TRIPs还规定，成员方应保证提供知识产权保护的执法程序，以便能采取有效行动制止侵权，这种执法程序必须包括迅速防止侵权和阻止进一步侵权的救济。知识产权保护的执法程序应公平合理。

公约规定的具体执法措施有以下四种：

(1)民事和行政程序及补救

司法当局有权命令一成员方停止对知识产权的侵权行为，特别是应禁止那些对知识产权构成侵权行为的进口商品进入商业渠道。此外，司法当局发现有对知识产权侵权行为时，还可采取其他补救办法，如对侵权商品予以处置、没有任何补偿的予以销毁等。

(2)临时措施

司法当局有权采取及时、有效的临时措施，以防止任何知识产权侵权行为的发生或保护相关证据。

(3)边境措施

与边境措施相关的特殊要求包括权利所有人如有有效的证据怀疑仿冒商标的冒牌货或盗印其版权的商品有可能进口，他可以书面的形式向主管行政或司法当局提出，由海关当局中止此类商品的放行，以免其进入自由流通。主管当局有权要求申请人提供保证金或类似担保，以保护被告和有关当局并防止滥用此权利。申请人对因错误扣押商品而造成的进口方的损失应予以赔偿。成员方也可要求有关当局依职权主动采取行为。

(4)刑事程序

各成员方必须规定刑事处罚程序，对具有商业规模的故意的商标仿冒和版权盗印案件予以适用。

处罚措施可包括监禁、罚金、扣押、没收、销毁等。

4. 知识产权的取得、维持及相关程序

成员方可以要求将符合合理的程序和手续协议作为获得或维持知识产权的条件，但这些程序应符合知识产权协定的规定。

历年试题

2021 年试卷二考生回忆版：中国甲公司为牙膏生产公司，为其“芳芳”牙膏向英国与俄罗斯申请“FANG-FANG”商标，因英语“FANG”含有毒牙的意思，故英国不予注册，但俄罗斯却给予了注册。根据 WTO 的《与贸易有关的知识产权协定》（TRIPs 协定），下列说法中错误的有哪些？

A. 英俄两国的不同做法违反了平等原则

B. 英俄两国的不同做法违反了国民待遇原则

C. 英俄两国的不同做法违反了最惠国待遇原则

D. 知识产权独立性原则影响了甲公司商标在不同国家的注册

答案：ABC。

强化模拟题

1.《与贸易有关的知识产权协议》（TRIPs）是关贸总协定乌拉圭回合谈判的文件之一，于 1995 年 1 月 1 日起生效。关于 TRIPs 的特点，下列哪些选项是正确的？

A. 首次将最惠国待遇原则引入知识产权的国际保护领域

B.《巴黎公约》《伯尔尼公约》等公约涉及知识产权执法措施的规定很少，但是 TRIPs 专门规定了知识产权执法的内容，要求成员采取更为严格的知识产权执法措施

C. 与《巴黎公约》相比，TRIPs 扩大了对驰名商标的特殊保护。一方面，《巴黎公约》关于驰名商标的保护原则被 TRIPs 扩大适用于服务标记；另一方面，TRIPs 将绝对保护变为相对保护

D. TRIPs 将《关于集成电路知识产权条约》的全部实体性规定纳入，并在此基础上提高了保护水平

答案：ABD。和以前的知识产权国际公约相比，《与贸易有关的知识产权协议》是一个标准更高、要求更为严格的公约，选项 ABD 都是正确的。C 项前半句正确，但是 TRIPs 是将驰名商标的相对保护变为绝对保护，即驰名商标特殊保护的规定还应比照适用于与该驰名商标核准使用的商品或服务不相类似的商品或服务，所以 C 错误。

2. 根据《与贸易有关的知识产权协议》，下列哪些选项应受到知识产权法律的保护？

A. 独创性数据汇编

B. 动植物新品种

C. 计算机程序及电影作品的出租权

D. 疾病的诊断方法

答案：AC。《与贸易有关的知识产权协议》对《保护文学和艺术作品伯尔尼公约》进行了补充。在知识产权的保护客体方面予以扩充，将计算机程序和有独创性的数据汇编明确列为版权的保护对象。因此，A 项是正确的，C 项中计算机程序也是正确的保护对象。电影作品的出租权属于权利的内容，该权利也为《与贸易有关的知识产权协议》所包括，因此，C 选项中的两个内容都属于公约的保护范围，C 项正确。动植物新品种和疾病的诊断方法没有列入该协议的保护范围，因此，B 项和 D 项是错误的。

考点四：中国对知识产权保护的边境措施

2003 年 11 月 26 日国务院通过《中华人民共和国知识产权海关保护条例》（自 2004 年 3 月 1 日起施行，以下简称《条例》）。根据《条例》，我国对知识产权保护的边境措施主要包括以下内容：

1. 海关方面的措施。（1）申报：要求进口货物的收货人或其代理人、出口货物的发货人或其代理人按照国家规定，向海关如实申报与进出口货物有关的知识产权状况。（2）备案：海关总署应自收到权利人备案申请文件之日起 30 个工作日内确定是否准予备案，并书面通知申请人；不予备案的，应当说明理由。（3）扣留：权利人提交申请书及相关证明文件和足以证明侵权事实明显存在的证据，并依《条例》第 14 条提供担保的，海关应扣留侵权嫌疑货物。海关调查后认定被扣留的侵权嫌疑货物侵犯知识产权的，由海关予以没收。

2. 权利人采取的措施。（1）申请人：知识产权权利人请求海关采取知识产权保护措施或者向海关总署办理知识产权海关保护备案的，境内知识产权权利人可以直接或者委托境内代理人提出申请，境外知识产权权利人可以委托其在境内设立的办事机构或者境内代理人提出申请。委托境内代理人提出申请的，应当出具规定格式的授权委托书。（2）备案期限：知识产权海关保护备案自海关总署准予备案之日起生效，有效期为 10 年，在上述有效期届满前 6 个月内，权利人向海关总署申请续展备案，每次续展备案的有效期为 10 年。（3）申请法院措施：权利人在向海关提出采取保护措施的申请后，可依我国《商标法》《著作权法》《专利法》，在起诉前就被扣留的侵权嫌疑货物向人民法院申请采取责令停止侵权行为或者财产保全的措施。（4）申请海关措施：权利人发现侵权嫌疑货物即将进出口的，可以向货物进出境地海关提出扣留侵权嫌疑货物的申请。海关应将

扣留侵权嫌疑货物情况书面通知权利人，并将海关扣留凭单送达收货人或发货人。

3. 对收货人或发货人的救济。(1)提供说明和证据：收货人或发货人认为其货物未侵犯知识产权权利人的知识产权的，应向海关提出书面说明并附送相关证据。(2)申请放行：涉嫌侵犯专利权货物的收货人或发货人认为其进出口货物未侵犯专利权的，可以请求海关放行其货物。

考点五：国际技术转让的法律制度——国际许可证协议

许可证协议是指供方将其技术使用权在一定条件下让渡给受让方，而由受让方支付使用费的合同。

1. 许可证的分类

许可证协议根据其标的，可分为：专利许可证协议、商标许可证协议、版权许可证协议、专有技术许可证协议、混合许可证协议。

根据许可证协议可使用的地域范围以及使用权范围的大小，可分为：独占许可证协议、排他许可证协议、普通许可证协议、交叉许可证协议和分许可证协议等。具体解释如下：

(1)独占许可证协议，指在协议规定的时间和地域范围内，受让方对受让的技术拥有独占的使用权，许可方不能将该技术使用权另行转让给第三方，同时许可方也不能在该时间和地域范围内自行使用该项出让的技术。

(2)排他许可证协议，指在协议规定的时间和地域范围内，受让方对受让的技术拥有使用权，许可方不能将该项技术使用权另行转让给第三方，但许可方自己仍保留在该时间和地域范围内的使用权。

(3)普通许可证协议，指在协议规定的时间和地域范围内，受让方不仅可以使用某项技术，许可方也可使用或许可第三方使用某项技术。

(4)交叉许可证协议，指技术许可方和受让方在协议中规定，将其各自的技术使用权相互交换，供对方使用。

(5)分许可证协议，指协议中的受让方可以将其受让的技术使用权再行转让给第三方。

2. 国际许可证协议的价格与支付条款

国际许可证协议的使用费计算方法通常有如下三种：

(1)统包价格，即在合同中一次算清一个固定的使用费数额，由受让人一次付清或分若干次付清，统包价格方式对供方较为有利，但对受让方来讲，风险较大。

(2)提成价格，即在合同中规定，在项目建成投产后，按合同产品产量、净销售额或利润提取一定百分比(提成率)的费用作为使用费。对受让方而言，提成价格风险比较小。

(3)入门费加提成价格，即在合同中规定，在合同生效后，立即支付固定价格部分(也称为入门费或初付费)，在项目投产后的一定年限内支付提成费。此种计价方式综合了前两种方式的优势，风险由双方分担，比较合理，因而也成为国际许可证贸易中常用的计价方式。

3. 许可证协议中的限制性商业条款

关于许可证协议中的限制性商业条款，依我国法律，供方不得强使受让方接受不合理的限制性要求，未经审批机关特殊批准，合同不得含有下列限制性条款：

(1)要求受让人接受并非技术进口必不可少的附带条件，包括购买非必需的技术、原材料、设备、产品或服务；

(2)要求受让人为专利权有效期限届满或者专利权被宣布无效的技术支付使用费或者承担相关义务；

(3)限制受让人改进让与人提供的技术或者限制受让人使用所改进的技术；

(4)限制受让人从其他来源获得与让与人提供的技术类似的技术或者与其竞争的技术；

(5)不合理地限制受让人购买原材料、零部件、产品或者设备的渠道或者来源；

(6)不合理地限制受让人产品的生产数量、品种或者销售价格；

(7)不合理地限制受让人利用进口的技术生产产品的出口渠道。

历年试题

2016年试卷一第43题：中国甲公司与德国乙公司签订了一项新技术许可协议，规定在约定期间内，甲公司在亚太区独占使用乙公司的该项新技术。依相关规则，下列哪一选项是正确的？

A. 在约定期间内，乙公司在亚太区不能再使用该项新技术

B. 乙公司在全球均不能再使用该项新技术

C. 乙公司不能再将该项新技术允许另一家公司在德国使用

D. 乙公司在德国也不能再使用该项新技术

答案：A。

强化模拟题

俄罗斯某公司向中国某公司转让一种收割机制造专利技术，允许中国公司在中国享有该专利产品独占生产销售权，这意味着在技术转让合同有效期

内，(　　)。

A. 俄罗斯公司不得在俄罗斯使用该技术

B. 俄罗斯公司不得允许第三人在俄罗斯使用该技术

C. 俄罗斯公司不得在中国使用该技术

D. 俄罗斯公司不得允许第三人在中国使用该技术

答案：CD。独占许可证协议是指在协议规定的时间和地域范围内，许可方授予被许可方技术的独占使用权，许可方不仅不能将该技术使用权另行转让给第三方，而且许可方自己也不能在该时间和地域范围内使用该项出让的技术。

第二节　国际投资法

国际投资可以分为直接投资和间接投资。私人国际直接投资方式有设立新企业和收购现有企业两种主要方式。间接投资主要包括贷款、证券(债券和股票)投资和融资租赁。直接投资由国际投资法调整，间接投资则由国际金融法调整。国际投资法是指调整跨国私人直接投资关系的国内法律规范和国际法律规范的总称。政府间、国际金融机构之间、政府与国际金融机构之间的投资关系不属于国际投资法的调整范围。

考点一：海外投资保证制度

海外投资保证也称“海外投资保险”，是资本输出国对本国的私人海外投资依据国内法所实施的一种对政治风险进行保险的制度。海外投资保证是一种特殊的保险，它不是一种民间保险或私人保险，而是一种政府保证或是国家保证，其保险人即海外投资保证机构不仅具有国家特设机构的性质，而且其保证往往与政府间投资保证协定有密切联系，它不以营利为目的，而是以保护海外投资、促进本国经济发展为目的，这是海外投资保证制度与普通商业保险最大的区别。

海外投资保证制度的作用不仅仅在于当投资人由于政治风险而遭受财产损失时予以事后的经济补偿，更重要的是它借助两国间的投资保证协定，在一定程度上防患于未然，尽可能使风险事故不致发生。

海外投资保证制度的特征包括以下几点：

(1)投保主体的特殊性

能够得到承保的“合格的投资者”通常只限于保险机构的本国国民或与本国有十分密切的联系的投资者。

(2)保险对象的特殊性

海外投资保证制度所保证的对象仅限于私人直接投资。要求“合格的投资”应为东道国已经明确表示同意接纳的“新”项目的股权投资。

(3)“合格的东道国”要求

要求海外投资输入的国家必须符合一定的条件，保险机构才同意承保。

(4)承保风险范围的特殊性

海外投资保证制度的风险不是一般的商业风险，也不是自然风险，而是特殊的政治风险，如战争和内战、征用与国有化、禁止限制汇兑等。各国通常对外汇险、征用险和战争险等予以承保。有些国家还承保政府违约险。

(5)保险期限的特殊性

保险期限较长，各国大多规定保险期限最长为15年，可延长到20年。而且，海外投资保证制度通常不进行全额保险，一般以投资总额的90%作为最大保险金额。

强化模拟题

甲国在内战期间，其国防部为了军事用途，征用了投保人韩国乙公司在甲国投资设立的一家公司的所有汽车。乙公司向韩国海外私人投资公司索赔。下面说法中正确的是(　　)。

A. 乙公司遭受的损失属于自然风险

B. 乙公司遭受的损失属于政治风险

C. 乙公司不能向韩国海外私人投资公司索赔，只能向甲国索赔

D. 乙公司可以向韩国海外私人投资公司索赔，然后由其向甲国索赔

答案：BD。本题中，甲国对乙公司的征用是由甲国的内战造成的，属于政治风险中的战争内乱险，是海外投资保证制度承保的险别。

考点二：《多边投资担保机构公约》

1.《多边投资担保机构公约》是指在直接承保成员国私人投资者在向发展中国家成员投资时可能遇到的各种政治风险的公约。我国于1988年4月30日加入该公约。依该公约而成立的多边投资担保机构(MIGA)担保的风险包括货币汇兑、征收和类似的措施，东道国政府违约、战争和内乱等风险。机构不得担保承保投资损失的全额。此外，担保机构不予承保的风险包括：(1)被保险人认可或负有责任的东道国政府的任何行为或疏忽；(2)发生在担保合同缔结之前的东道国政府的任何行为、疏忽或其他任何事件。

2. 多边投资担保机制的主要内容如下：

(1)合格的投资者

多边投资担保机构承保的投资者必须是：具有东道国以外的其他缔约国国籍的自然人；或者是在东道国以外的某一缔约国注册并设有主要营业点的法人；或者其多数股本为东道国以外一个或几个缔

约国所有或其国民所有的法人。此外，如果东道国同意，且用于投资的资本来源于东道国境外，则在东道国和投资者联合申请，得到多边投资担保机构董事会特别多数票通过的情况下，还可以将合格的投资者扩大到东道国的自然人、在东道国注册的法人以及其多数资本为东道国国民所有的法人。

(2)合格的投资

合格的投资应包括股权投资和董事会确定的其他形式的直接投资。董事会经特别多数票通过，还可将合格的投资扩大到其他任何中长期形式的投资。股权投资和股权持有人发放或担保的中长期贷款是多边投资机构的重点承保对象。出口信贷被排除在担保范围之外，"合格的投资"还限于在多边投资担保机构对所收到的担保申请予以注册之后才开始执行的那些新投资。

(3)合格的东道国

担保机构只对在发展中国家缔约国境内所作的投资予以担保。在东道国政府同意机构就指定的承保风险予以担保之前，机构不得缔结任何担保合同。

(4)代位求偿权

在对被保险人支付或同意支付赔偿后，多边投资担保机构应代位取得被保险人对东道国和其他债务人所拥有的有关承保投资的权利或索赔权。

历年试题

2018 年试卷二考生回忆版：甲国某公司要到乙国投资建设一个垃圾处理厂，并与乙国政府签订了垃圾处理合同，后乙国因为环境政策的改变增加了环境保护税。乙国政府遂以该合同履行不再具有经济意义为由拒绝履行该合同。现该公司寻求相关的法律救济措施，以下说法正确的有：

A. 乙国政府的做法属于政府违约行为

B. 乙国政府的行为属于征收或类似措施行为

C. 如果该公司寻求多边投资担保机构进行理赔，应以用尽乙国当地救济为前提条件

D. 多边投资担保机构进行理赔后，可以直接向乙国政府主张代位求偿

答案：AD。根据《多边投资担保机构公约》相关规定，多边投资担保机构(MIGA)主要承保下列四项非商业风险(政治风险)：货币汇兑险、战争和内乱险、政府违约险、征收和类似措施险。但应投资者和东道国联合申请和经机构董事会特别多数通过，承保范围还可扩大到上述险别以外的其他非商业风险。其中，政府违约险承保东道国政府对外国投资者(也称担保权人)的违约，且投资者无法求助于司法或仲裁部门对违约的索赔作出裁决，或司法或仲裁部门未能在合理期限内作出裁决，或有这样的裁决而不能实施。而征收及类似措施险指，承保由于东道国政府的责任而采取的任何立法或措施，使担保人对其投资的所有权或控制权被剥夺，或剥夺了其投资中产生的大量效益的风险。这里的征收既包括东道国进行的正式的征收或类似征收措施，也包括隐蔽性征收。题中，乙国政府拒绝履行合同，A 项正确，B 项错误。根据公约规定，机构承保的政府违约险，要求东道国政府不但违反其与投资者间的合同，而且要拒绝司法。用尽当地救济指受害人必须用尽当地法律规定的一切可以利用的救济办法，包括行政和司法救济手段。拒绝司法不同于用尽当地救济，两者要求的程度不同，后者更为严格，故 C 项错误。多边投资担保机构一经向投保人支付或同意支付赔偿，即代位取得投保人对东道国或其他债务人所拥有的有关承保投资的各种权利或索赔权。各成员国都应承认多边投资担保机构的此项权利。东道国对机构代位权的承认意味着对东道国主权豁免的一种限制。D 项正确。

强化模拟题

1. 与一般商业保险相比，关于多边投资担保机构保险，下列说法正确的是(　　)。

A. 多边投资担保机构承保的主要是发生在投资东道国的政治风险

B. 多边投资担保机构所担保的政治风险只限于东道国中央政府的行为，包括作为和不作为

C. 担保机构可对在会员国境内所作的投资予以担保，这包括发展中国家和发达国家

D. 多边投资担保机构的保险对象是一国的海外投资，而一般保险的保险标的通常是当事人之间所买卖的货物

答案：A。多边投资担保机构所担保的政治风险指东道国政府的行为，其中除了中央政府之外，还包括政府机构和地方政府，在某种情况下还可以扩大到事实上的政府，故 B 错误。

多边投资担保机构只对投向发展中国家的投资进行担保，故 C 错误。

多边投资担保机构的承保对象仅仅限于私人的直接投资，也就是投资者以支配和直接参与海外企业的经营管理为目的所进行的投资，不包括在海外证券市场上进行的股票或证券买卖即证券投资，不包括间接投资，也不包括国际贸易中的货物。

一般保险业并非只是货物买卖中的保险，包括各种人身和财产保险，故 D 错误。

2. 甲乙两国均为《多边投资担保机构公约》缔约国，甲国公民帕克在乙国投资时向多边投资担保机构进行了投资保险。对此，下列说法正确的是(　　)。

A. 如乙国并未拒绝帕克的汇兑申请，而只是消极拖延则不属于货币汇兑险的范围

B. 乙国应当是发展中国家

C. 如发生在乙国邻国的战争影响了帕克在乙国投资的正常营运，也属于战争内乱险承保的范畴

D. 乙国政府对帕克的违约属于政府违约险承保的范畴

答案：BCD。A选项错误，因为导致货币汇兑风险的行为可以是东道国的积极行为，如明确以法律等手段禁止货币的兑换和转移，也可以是消极行为，如长期拖延投资人兑换或汇出货币。

考点三：《关于解决国家和他国国民之间投资争端的公约》

《关于解决国家和他国国民之间投资争端的公约》于1965年在华盛顿通过，故亦称《华盛顿公约》。该公约设立了“解决投资争端的国际中心”(ICSID)，以便为各缔约国与其他缔约国国民之间的投资争端提供调解或仲裁。中心备有“调解员名册”和“仲裁员名册”，以供投资争端当事人选择。

1. 中心的法律地位

中心具有完全的国际法律人格。法律能力包括缔约、取得和处理动产和不动产、起诉。

2. 中心的管辖权

符合以下条件的投资争端可以提交给中心管辖：

(1)主体方面：中心只管辖缔约国政府和另一缔约国国民之间的投资争端；在争端双方都同意的情况下，也管辖东道国和受外国投资者控制的东道国法人之间的争端。

(2)主观条件方面：必须是争端双方之间存在同意将该争端提交中心管辖的书面文件。

(3)争端性质方面：必须是因直接投资而产生的法律争端。

(4)东道国可以要求投资者用尽当地各种行政或司法补救办法，以此作为其同意根据公约交付仲裁的一个条件。当然，东道国也可以不提出此项要求。

3. 中心仲裁时应适用的法律

仲裁庭应适用争端双方协议选择的法律规则。如无此种协议，仲裁庭应适用争端一方的缔约国的法律(包括其关于冲突法的规则)以及可能适用的国际法规则。

4. 提交中心仲裁的后果

(1)除非另有声明，提交中心仲裁视为双方同意排除任何其他救济办法。

(2)每一缔约国应承认依照公约作出的裁决具有约束力，并在其领土内履行该裁决所施加的义务。

(3)缔约国对于它本国的一个国民和另一缔约国根据公约已同意交付或已交付中心仲裁的争端，不得给予外交保护或提出国际要求，除非该另一缔约国未能遵守和履行对此项争端所作出的裁决。

历年试题

2022年试卷二考生回忆版：甲国和乙国均为《解决国家和他国国民间投资争端公约》的缔约国，甲国A公司和乙国因履行某投资协议产生纠纷，双方达成书面协议，同意将争端提交国际投资争端解决中心(ICSID)，下列说法中正确的是？

A. 如果乙国不履行投资协议，甲国也不能对A公司直接行使外交保护

B. 被投资国没有争议所涉问题方面的立法或相关立法不明确的情况下，国际投资争端解决中心(ICSID)仲裁庭可暂不作出裁决

C. 仲裁庭所作的裁决应处理提交仲裁庭的每一个问题，并说明所根据的理由

D. 如果乙国事先未要求用尽当地救济，甲国A公司可以在争议发生后直接将争端提交给ICSID要求仲裁解决

答案：ACD。根据《解决国家和他国国民间投资争端公约》第27条的规定，投资者的国籍国在投资争端发生后并不能直接行使外交保护权，在投资者将争议提交仲裁后，如果东道国拒绝遵守或履行仲裁庭作出的仲裁裁决，投资者的国籍国才能行使外交保护权，故A选项正确。

根据《解决国家和他国国民间投资争端公约》第42条的规定，国际投资争端解决中心(ICSID)不得以缺乏相关立法或立法不明确为由暂缓作出裁决，B选项错误。

《解决国家和他国国民间投资争端公约》第48条第3款规定：“三、裁决应处理提交仲裁庭的每一个问题，并说明所根据的理由。”故C选项正确。

根据《解决国家和他国国民间投资争端公约》第26条的规定，作为投资东道国的缔约国如果事先并未要求发生投资争端后须用尽当地救济，则投资者可以在争端发生后直接依据仲裁协议提请ICSID要求仲裁解决，故D选项正确。

2023年试卷二考生回忆版：2012年，甲国政府与中国基建公司签订特许权协议，引进该基建公司在甲国进行某项基建项目投资，预期2015年建成完工。中国乙银行为该项目的完工向甲国的工程发包方丙公司出具了独立保函。在项目实施过程中，甲国政府违反招商引资时所做的承诺，拒绝给予中国基建公司相关的政策支持和待遇，致使该项目直至2016年仍然无法顺利竣工。中国基建公司在甲国国内起诉，但该国法院拒绝受理。下列说法中正确的是？

A. ICSID受理投资者与东道国政府之间的争端，须以投资者在东道国用尽当地救济为前提

B. 如果丙公司出具相关单据要求作为独立保函开立人的中国乙银行承担付款责任，则中国乙银行有权要求以丙公司证明中国基建公司存在违约行为作为支付的前提

C. 只有在投资者与东道国在争议发生后达成书面协议约定将争议提交ICSID仲裁的情况下，ICSID才对该案有管辖权

D. ICSID作出的裁决是终局的，具有法律拘束力，争端双方均不能提起上诉

答案：D。

强化模拟题

1. 下列属于国际直接投资的是(　　)。

A. 一希腊股民购买中国某公司在美国上市的股票

B. 德国某公司在中国北京、上海、广州成立办事处，并建立研发中心

C. 德国某公司与中国某公司签订合资经营企业的协议

D. 德国某公司收购希腊某公司

答案：BCD。

2. 依据《关于解决国家和他国国民之间投资争端的公约》建立的“解决投资争端的国际中心”，对下列哪一争端事项具有管辖权？

A. 缔约国和另一缔约国因直接投资而产生的法律争端，并经双方书面同意提交中心

B. 缔约国和另一缔约国国民因直接投资而产生的法律争端，并经双方口头同意提交中心

C. 缔约国和另一缔约国国民因直接投资而产生的法律争端，并经双方书面同意提交中心

D. 缔约国和另一缔约国国民因间接投资而产生的法律争端，并经双方书面同意提交中心

答案：C。

第三节　国际融资法

考点一：国际贷款

1. 国际贷款协议的共同性标准条款

国际贷款协议所具有的共同性标准条款一般包括：

(1)陈述和保证条款，即陈述借款人及与贷款协议有关的事项，并保证其真实性和完整性。

(2)先决条件条款，即贷款人发放贷款前，借款人必须满足的前提条件。

(3)约定事项条款，即为保证借款人如期还款，要求借款人承诺在融资期间的作为和不作为的义务。

(4)违约事件条款，即约定一些可能出现的情形，如果出现此类情形就视为借款人违约。

2. 国际金融机构贷款

国际货币基金组织和世界银行集团是目前具有代表性的国际金融机构。前者是最大的政府间国际金融组织，其发放贷款的对象仅限于成员国政府机构，不对私人企业组织发放贷款，目的是帮助成员国政府协调国际收支或调整经济结构。特别提款权是国际货币基金组织按各国认缴份额比例分配给会员国的一种使用资金的特别权利，可以与黄金、外汇一起作为国际储备，成员国在国际货币基金组织开设特别提款权账户，作为一种账面资产或记账货币，可以用于政府间的结算。它同时也被用来作为计价和定值单位。

世界银行集团包括国际复兴开发银行(世界银行)、国际开发协会和国际金融公司。其中，国际复兴开发银行主要向发展中成员国提供中期和长期贷款；国际开发协会负责向低收入的发展中成员国提供长期无息优惠贷款；国际金融公司向发展中成员国的私人企业提供贷款或直接投资。

3. 国际项目贷款

国际项目贷款又称项目融资，是指专为建设特定的项目工程而发放的贷款，以项目完成后所产生的收益作为偿还资金来源。

国际项目贷款有如下特点：

(1)贷款人把资金贷给专门为完成该项目而成立的公司(项目公司)，而不是直接把资金贷给项目的主办人。

(2)项目贷款以项目完成后的收益作为主要的还款来源，项目主办人一般仅仅以其投入该项目公司中的资产承担偿还责任。

(3)传统的贷款方式中，以银行或政府提供的信用担保居多，但是项目贷款中一般以项目本身的资产和收益为贷款人设定担保。

项目贷款可以分为无限追索权的项目贷款和有限追索权的项目贷款。后者是指除以项目完成后的收益作为偿还贷款的来源外，还要求与该项目有利害关系的第三人提供担保，但项目主办人和担保人仅以贷款合同和担保合同所约定的金额为限承担责任，而非无限责任。

历年试题

2020年试卷二考生回忆版：甲国某公司为完成其乙国的投资项目，签订了一系列的国际贷款协议，协议包括了违约事件及救济方法。下列哪些情况属于事件中的预期违约？

A. 该公司因违反乙国的税法偷税漏税,导致被乙国的法院扣押财产

B. 该公司到期不如约支付贷款的本金、利息或有关费用

C. 该公司为其他债权人的利益而在自己的资产上设定了担保物权

D. 该公司的状况发生重大不利变化

答案:AD。

在国际融资贷款中,借款人的违约可分为实际违约和预期违约两类。实际违约主要包括:(1)借款人到期不支付或不如数支付贷款的本金、利息或有关费用。(2)借款人违反在协议中所作的说明与保证。如其说明与保证与事实不符等。(3)借款人违反约定事项。(4)借款人没有履行借款协议为其规定的其他任何义务。预期违约主要包括借款人的连锁违约(凡借款人不履行对其他人的债务,也视为对贷款人的违约)、丧失清偿能力、所有权或控制权变动、抵押品毁损或贬值、借款人资产被征用或国有化,以及借款人的状况发生重大不利变化等。

A 项公司因违反乙国的税法偷税漏税,导致被法院扣押财产属于丧失清偿能力,D 项公司的状况发生重大不利变化均构成预期违约,A 项和 D 项说法正确。

B 项中借款人到期不支付或不如数支付贷款的本金、利息或有关费用已构成实际违约,而不是预期违约,B 项说法错误。

C 项属于消极担保条款,即贷款人在偿还全部贷款之前,不得在自己的资产及收益上,为其他债权人维护或设定任何担保物权。违反该条款构成实际违约,C 项说法错误。

强化模拟题

国际项目融资是近40年来发展起来的,是国际金融的一个重要分支。在国际项目融资中,它与传统国际商业贷款融资不同的是(　　)。

A. 贷款人将资金贷给借款人,即项目的主办人,借款人再将资金用于某一项目

B. 贷款人将资金贷给项目公司,项目公司与项目的主办人是两个法律实体

C. 贷款人依赖项目主办人的所有资产及项目公司收益作为偿还债务的来源

D. 贷款人一般要求用抵押权和经过转让取得的合同权益作为借款人的违约补救

答案:BD。

考点二:国际融资租赁

国际融资租赁是指由一国的出租人依据另一国的承租人的要求购买租赁物并出租给承租人使用的租赁方式。

国际融资租赁一般由三方当事人和两个合同组成,即出租人和卖方之间的买卖合同、出租人与承租人之间的租赁合同。

国际融资租赁合同的特点是,由承租人在承租期间负责对租赁物的保养和维修,租期一般比较长,租金较高,租赁期满时承租人可以选择返还租赁物或按残值予以购买。

考点三:国际融资担保

国际融资担保是指借款人或第三人以自己的信用和资产向外国贷款人所作的还款担保。国际融资担保主要包括信用担保和物权担保。

国际物权担保是指借款人或第三方以其拥有的资产(包括物和权利)向外国贷款人所作的偿还贷款的担保。物权担保根据担保物的性质,可分为不动产物权担保和动产物权担保。

国际信用担保是指借款人或第三方以自己的信用向外国贷款人所作的偿还贷款的担保。它又主要包括保证、备用信用证和意愿书等。

1. 保证

保证是指由借款人以外的第三人以自己的信用作为借款人的还款保证,当借款人不履行债务偿还责任时,由保证人承担还款责任。

保证是信用担保中最为普遍的担保方式,在保证之中又以见索即付保证(又称独立保证)最为常用。与传统的保证相比,见索即付保证有以下特点:

(1)持续性

持续性是指保证人要对贷款协议项下借款人的所有借款负责,确保在透支账户下,不因借款人的分期还款而减少保证人的担保责任,使借款人再提取的贷款能够继续得到担保保护。

(2)不可撤销性

不可撤销性是指保证人无权以根据基础合同所产生的抗辩权对抗贷款人来撤销其保证义务。

(3)无条件性

无条件性是指保证人对贷款人承担的是第一位的、独立的还款义务,即如果借款人违约,则贷款人可立即直接要求保证人承担还款责任。

2. 备用信用证

备用信用证是保证人(开证行)应借款人(开证申请人)要求,向贷款人开出的以贷款人为受益人的付款凭证。当受益人出示信用证所规定的违约证明时,保证人即向受益人付款。

备用信用证主要有如下特点:(1)保证人为银

行;(2)贷款人只要出具借款人违约证明,保证人就应当付款,而不必对违约事实进行审查;(3)开证行作为保证人,承担第一位的付款责任,无权主张贷款人先向借款人追索未果后再付款;(4)备用信用证独立于该国际借贷合同这一基础交易,即便该国际借贷合同被认定无效,作为保证人的开证行仍须承担保证责任。

3. 意愿书

意愿书是指政府或母公司为其下属机构或子公司的借款向贷款人出具的愿意为其还款的书面文件。该书面文件一般不具有法律效力,而且在法律上难以执行。

《最高人民法院关于审理独立保函纠纷案件若干问题的规定》(2016年7月11日最高人民法院审判委员会第1688次会议通过　根据2020年12月23日最高人民法院审判委员会第1823次会议《关于修改〈最高人民法院关于破产企业国有划拨土地使用权应否列入破产财产等问题的批复〉等二十九件商事类司法解释的决定》修正)

第1条　本规定所称的独立保函,是指银行或非银行金融机构作为开立人,以书面形式向受益人出具的,同意在受益人请求付款并提交符合保函要求的单据时,向其支付特定款项或在保函最高金额内付款的承诺。

前款所称的单据,是指独立保函载明的受益人应提交的付款请求书、违约声明、第三方签发的文件、法院判决、仲裁裁决、汇票、发票等表明发生付款到期事件的书面文件。

独立保函可以依保函申请人的申请而开立,也可以依另一金融机构的指示而开立。开立人依指示开立独立保函的,可以要求指示人向其开立用以保障追偿权的独立保函。

第2条　本规定所称的独立保函纠纷,是指在独立保函的开立、撤销、修改、转让、付款、追偿等环节产生的纠纷。

第3条　保函具有下列情形之一,当事人主张保函性质为独立保函的,人民法院应予支持,但保函未载明据以付款的单据和最高金额的除外:

(一)保函载明见索即付;

(二)保函载明适用国际商会《见索即付保函统一规则》等独立保函交易示范规则;

(三)根据保函文本内容,开立人的付款义务独立于基础交易关系及保函申请法律关系,其仅承担相符交单的付款责任。

当事人以独立保函记载了对应的基础交易为由,主张该保函性质为一般保证或连带保证的,人民法院不予支持。

当事人主张独立保函适用民法典关于一般保证或连带保证规定的,人民法院不予支持。

第4条　独立保函的开立时间为开立人发出独立保函的时间。

独立保函一经开立即生效,但独立保函载明生效日期或事件的除外。

独立保函未载明可撤销,当事人主张独立保函开立后不可撤销的,人民法院应予支持。

第5条　独立保函载明适用《见索即付保函统一规则》等独立保函交易示范规则,或开立人和受益人在一审法庭辩论终结前一致援引的,人民法院应当认定交易示范规则的内容构成独立保函条款的组成部分。

不具有前款情形,当事人主张独立保函适用相关交易示范规则的,人民法院不予支持。

第6条　受益人提交的单据与独立保函条款之间、单据与单据之间表面相符,受益人请求开立人依据独立保函承担付款责任的,人民法院应予支持。

开立人以基础交易关系或独立保函申请关系对付款义务提出抗辩的,人民法院不予支持,但有本规定第十二条情形的除外。

第7条　人民法院在认定是否构成表面相符时,应当根据独立保函载明的审单标准进行审查;独立保函未载明的,可以参照适用国际商会确定的相关审单标准。

单据与独立保函条款之间、单据与单据之间表面上不完全一致,但并不导致相互之间产生歧义的,人民法院应当认定构成表面相符。

第8条　开立人有独立审查单据的权利与义务,有权自行决定单据与独立保函条款之间、单据与单据之间是否表面相符,并自行决定接受或拒绝接受不符点。

开立人已向受益人明确表示接受不符点,受益人请求开立人承担付款责任的,人民法院应予支持。

开立人拒绝接受不符点,受益人以保函申请人已接受不符点为由请求开立人承担付款责任的,人民法院不予支持。

第9条　开立人依据独立保函付款后向保函申请人追偿的,人民法院应予支持,但受益人提交的单据存在不符点的除外。

第10条　独立保函未同时载明可转让和据以确定新受益人的单据,开立人主张受益人付款请求权的转让对其不发生效力的,人民法院应予支持。

独立保函对受益人付款请求权的转让有特别约定的，从其约定。

第11条　独立保函具有下列情形之一，当事人主张独立保函权利义务终止的，人民法院应予支持：

（一）独立保函载明的到期日或到期事件届至，受益人未提交符合独立保函要求的单据；

（二）独立保函项下的应付款项已经全部支付；

（三）独立保函的金额已减额至零；

（四）开立人收到受益人出具的免除独立保函项下付款义务的文件；

（五）法律规定或者当事人约定终止的其他情形。

独立保函具有前款权利义务终止的情形，受益人以其持有独立保函文本为由主张享有付款请求权的，人民法院不予支持。

第12条　具有下列情形之一的，人民法院应当认定构成独立保函欺诈：

（一）受益人与保函申请人或其他人串通，虚构基础交易的；

（二）受益人提交的第三方单据系伪造或内容虚假的；

（三）法院判决或仲裁裁决认定基础交易债务人没有付款或赔偿责任的；

（四）受益人确认基础交易债务已得到完全履行或者确认独立保函载明的付款到期事件并未发生的；

（五）受益人明知其没有付款请求权仍滥用该权利的其他情形。

第13条　独立保函的申请人、开立人或指示人发现有本规定第十二条情形的，可以在提起诉讼或申请仲裁前，向开立人住所地或其他对独立保函欺诈纠纷案件具有管辖权的人民法院申请中止支付独立保函项下的款项，也可以在诉讼或仲裁过程中提出申请。

第14条　人民法院裁定中止支付独立保函项下的款项，必须同时具备下列条件：

（一）止付申请人提交的证据材料证明本规定第十二条情形的存在具有高度可能性；

（二）情况紧急，不立即采取止付措施，将给止付申请人的合法权益造成难以弥补的损害；

（三）止付申请人提供了足以弥补被申请人因止付可能遭受损失的担保。

止付申请人以受益人在基础交易中违约为由请求止付的，人民法院不予支持。

开立人在依指示开立的独立保函项下已经善意付款的，对保障该开立人追偿权的独立保函，人民法院不得裁定止付。

第15条　因止付申请错误造成损失，当事人请求止付申请人赔偿的，人民法院应予支持。

第16条　人民法院受理止付申请后，应当在四十八小时内作出书面裁定。裁定应当列明申请人、被申请人和第三人，并包括初步查明的事实和是否准许止付申请的理由。

裁定中止支付的，应当立即执行。

止付申请人在止付裁定作出后三十日内未依法提起独立保函欺诈纠纷诉讼或申请仲裁的，人民法院应当解除止付裁定。

第17条　当事人对人民法院就止付申请作出的裁定有异议的，可以在裁定书送达之日起十日内向作出裁定的人民法院申请复议。复议期间不停止裁定的执行。

人民法院应当在收到复议申请后十日内审查，并询问当事人。

第18条　人民法院审理独立保函欺诈纠纷案件或处理止付申请，可以就当事人主张的本规定第十二条的具体情形，审查认定基础交易的相关事实。

第19条　保函申请人在独立保函欺诈诉讼中仅起诉受益人的，独立保函的开立人、指示人可以作为第三人申请参加，或由人民法院通知其参加。

第20条　人民法院经审理独立保函欺诈纠纷案件，能够排除合理怀疑地认定构成独立保函欺诈，并且不存在本规定第十四条第三款情形的，应当判决开立人终止支付独立保函项下被请求的款项。

第21条　受益人和开立人之间因独立保函而产生的纠纷案件，由开立人住所地或被告住所地人民法院管辖，独立保函载明由其他法院管辖或提交仲裁的除外。当事人主张根据基础交易合同争议解决条款确定管辖法院或提交仲裁的，人民法院不予支持。

独立保函欺诈纠纷案件由被请求止付的独立保函的开立人住所地或被告住所地人民法院管辖，当事人书面协议由其他法院管辖或提交仲裁的除外。当事人主张根据基础交易合同或独立保函的争议解决条款确定管辖法院或提交仲裁的，人民法院不予支持。

第22条　涉外独立保函未载明适用法律，开立人和受益人在一审法庭辩论终结前亦未就适用法律达成一致的，开立人和受益人之间因涉外独立保函而产生的纠纷适用开立人经常居所地法律；独立保函由金融机构依法登记设立的分支机构开立的，适用分支机构登记地法律。

涉外独立保函欺诈纠纷，当事人就适用法律不能达成一致的，适用被请求止付的独立保函的开立人经常居所地法律；独立保函由金融机构依法登记设立的分支机构开立的，适用分支机构登记地法律；当事人有共同经常居所地的，适用共同经常居所地法律。

涉外独立保函止付保全程序，适用中华人民共和国法律。

第 23 条　当事人约定在国内交易中适用独立保函，一方当事人以独立保函不具有涉外因素为由，主张保函独立性的约定无效的，人民法院不予支持。

第 24 条　对于按照特户管理并移交开立人占有的独立保函开立保证金，人民法院可以采取冻结措施，但不得扣划。保证金账户内的款项丧失开立保证金的功能时，人民法院可以依法采取扣划措施。

开立人已履行对外支付义务的，根据该开立人的申请，人民法院应当解除对开立保证金相应部分的冻结措施。

第 25 条　本规定施行后尚未终审的案件，适用本规定；本规定施行前已经终审的案件，当事人申请再审或者人民法院按照审判监督程序再审的，不适用本规定。

第 26 条　本规定自 2016 年 12 月 1 日起施行。

历年试题

2018 年试卷二考生回忆版：中国某工程公司在甲国承包了一项工程，中国某银行对甲国的发包方出具了见索即付的保函，后甲国发包方以中国公司违约为由向中国银行要求支付保函上的款项遭到拒绝，遂诉至人民法院。关于本案，根据相关法律和司法解释，以下说法正确的是哪项？

A. 如果工程承包公司是我国政府独资的国有企业，则银行可以以此为由拒绝向受益人付款

B. 中国银行可以主张保函受益人先向中国承包公司主张求偿，待其拒绝后再履行保函义务

C. 中国银行应对施工合同进行实质性审查，后方可决定是否履行保函义务

D. 如甲国发包方提交的书面文件与保函要求相符，中国银行应承担付款责任

答案：D。根据《最高人民法院关于审理独立保函纠纷案件若干问题的规定》第 6 条规定，受益人提交的单据与独立保函条款之间、单据与单据之间表面相符，受益人请求开立人依据独立保函承担付款责任的，人民法院应予支持。开立人以基础交易关系或独立保函申请关系对付款义务提出抗辩的，人民法院不予支持，但有独立保函欺诈情形的除外。故 A、B 两项错误，D 正确。

独立保函的审单标准是表面相符标准，《最高人民法院关于审理独立保函纠纷案件若干问题的规定》第 7 条第 2 款：“单据与独立保函条款之间、单据与单据之间表面上不完全一致，但并不导致相互之间产生歧义的，人民法院应当认定构成表面相符。”据此，C 项“中国银行应对施工合同进行实质性审查，后方可决定是否履行保函义务”的说法错误。综上所述，本题答案为 D。

强化模拟题

1. 和传统意义的保证相比，见索即付的保证的特点是(　　)。

A. 见索即付保证中，保证人承担的是在借款人之后的第二顺位的还款责任

B. 保证人要对贷款协议项下借款人的所有借款负责，确保在透支账户下，不因借款人的分期还款而减少保证人的担保责任，使借款人再提取的贷款能够继续得到担保保护

C. 保证人不能以基础合同产生的抗辩权对抗贷款人

D. 保证人承担的是第一顺位的、独立的还款义务

答案：BCD。见索即付保证中，保证人承担的是在借款人之后的第一顺位的独立还款责任，A 项错误，BCD 项均属于见索即付保证的特点。

2. 实践中，国际融资担保存在多种不同的形式，如银行保函、备用信用证、浮动担保等，中国法律对其中一些担保形式没有相应的规定。根据国际惯例，关于各类融资担保，下列哪些选项是正确的？

A. 备用信用证项下的付款义务只有在开证行对借款人的违约事实进行实质审查后才产生

B. 大公司出具的担保意愿书具有很强的法律效力

C. 见索即付保函独立于基础合同

D. 浮动担保中用于担保的财产的价值是变化的

答案：CD。备用信用证的特点之一是贷款人出具信用证要求的违约证明时，保证人即向贷款人付款，并不需要对违约的事实进行审查，故选项 A 错误。

意愿书最大的特点是它一般不具有法律效力，在法律上难以执行，对担保人通常只有道义上的约束力，故 B 错误。

第四节　国际税法

考点一：国家税收管辖权及其确立的原则

国家税收管辖权是指国家在主权范围内对一定

的人和一定对象行使的征税权力。国家税收管辖权包括居民税收管辖权和来源地税收管辖权。

居民税收管辖权是根据属人原则确立的管辖权,它是指一国对其本国居民在世界范围内的所得进行征税的权力。

关于居民的认定标准,不同国家的规定不同。自然人居民身份的认定主要有住所标准、居留时间标准和国籍标准。法人居民身份的认定则主要依据法人实际管理机构所在地标准、法人注册成立地标准和法人总机构所在地标准。上述标准,各国税法并非仅采用其中一种标准,许多国家同时兼用两种或者两种以上的标准,以尽可能扩大其居民税收管辖权。

来源地税收管辖权是指依据属地原则确定的管辖权。它是一国对非居民来源于本国的所得进行征税的权力。

就来源地税收管辖权而言,纳税人的各项所得一般被划分为以下几种:

1. 经营所得来源地的确认

经营所得一般是指通过经营活动所取得利润。来源国对非居民来自本国境内的经营所得征税,一般以非居民在来源国境内设有常设机构为前提条件。常设机构是指一个企业在一国境内进行全部或部分生产经营活动的固定营业场所。

2. 劳务所得来源地的确认

劳务所得是指纳税人通过向他人提供劳动服务而获得的报酬。劳务所得一般被分为独立劳务所得和非独立劳务所得。

3. 投资所得来源地的确认

投资所得是指纳税人通过从事各种间接投资而获得的股息、利息、特许权使用费和租金收益等。对于投资所得来源地的确认,各国一般采用以下两个标准:投资权利发生地标准和投资权利使用地标准。

4. 财产所得来源地的确认

财产所得是指转让财产的所有权所取得的收益。一般各国均以不动产坐落地为其所得的来源地。对不动产以外的其他财产转让所得,各国做法不一。

历年试题

2021 年试卷二考生回忆版:甲国人王小明与家人长期居住在中国,因海外多国的业务往返于世界各地。王小明在乙国有存款账户和托管账户,在丙国有房产,房产内有艺术品和珠宝。中国与甲乙丙国均已确认了共同申报准则(CRS)实施税务信息交换。根据 CRS 与我国税法的规定,下列选项正确的有?

A. 乙国应依中国的申请,方提供王小明的相关税务信息

B. 因王小明是甲国人,中国对王小明无税收管辖权

C. 王小明在乙国的存款账户和托管账户信息均需申报给中国

D. 王小明在丙国的房产及艺术品和珠宝信息无须申报给中国

答案:CD。

强化模拟题

1. 在国际税法中,对于法人居民身份的认定各国有不同标准。下列哪些属于判断法人纳税居民身份的标准?

A. 依法人的注册成立地判断

B. 依法人的股东在征税国境内停留的时间判断

C. 依法人的总机构所在地判断

D. 依法人的实际控制与管理中心所在地判断

答案:ACD。法人纳税居民身份的认定主要有三种标准:(1)法人登记注册地标准;(2)实际控制与管理中心所在地标准;(3)总机构所在地标准。因此,本题选 ACD。B 项中居留时间标准是判断自然人居民身份的一种标准,而不能用来判断法人的居民身份。因为法人具有独立的人格,其与股东是两个不同的人格,将股东的停留时间作为判断法人居民身份的标准在法理上也是说不通的,而且一个法人一般有很多股东,不同的股东可能分散在不同的国家,因此将股东的居留时间作为法人居民身份的判断标准在操作中也不可行。

2. 目前各国对非居民营业所得的纳税普遍采用常设机构原则。关于该原则,下列哪些表述是正确的?

A. 仅对非居民纳税人通过在境内的常设机构获得的工商营业利润实行征税

B. 常设机构原则同样适用于有关居民的税收

C. 管理场所、分支机构、办事处、工厂、油井、采石场等属于常设机构

D. 常设机构必须满足公司实体的要求

答案:AC。营业所得又称营业利润或经营所得,即纳税人在某个固定场所从事经营活动取得的纯收益。目前各国对非居民营业所得的纳税普遍采用常设机构原则。常设机构原则指仅对非居民纳税人通过在境内常设机构而获取的工商营业利润实行征税的原则。故 A 选项正确,B 选项错误。常设机构包括:管理场所、分支机构、办事处、工厂、车间、作业场所、矿场、油井、采石场等。故 C 选项正确,D 选项错误。

考点二:国际逃税与避税及其防治

1. 国际逃税

国际逃税是指跨国纳税人故意违反国家税法和国际税收协定的规定,采取各种隐蔽的非法手段,以

减少本应承担的国际纳税义务的行为。表现为不向税务机关报送纳税资料，谎报所得数额，虚构成本，多摊成本、费用、折旧等扣除项目等。

2. 国际避税

国际避税是指跨国纳税人利用各国税法上的差别或漏洞，采取变更经营地点或经营方式等各种公开的合法手段，以减轻或不承担国际纳税义务的行为。从性质上讲，国际逃税行为是非法行为，而国际避税则是一种不道德行为，并不违反法律。

纳税人进行避税的主要方式包括：

(1)纳税主体的跨国转移，这是自然人最常用的一种国际避税方式。作为纳税人的自然人往往通过移居来控制在某国的居住时间，使自己不符合该国的纳税居民的条件(一般以特定的居留时间为确定纳税人的条件)，从而避税。

(2)征税对象的跨国转移，主要包括两种方法：一是跨国公司通过跨国联属企业的转移定价，即不是基于市场价格标准，而是人为操纵价格，以达到使利润从税率高的国家向税率低的国家转移的目的；二是通过在避税港(税率极低的国家或地区)设立基地公司，将在其他各地的所得和财产汇集于该基地公司的名下，以便达到避税的目的。

对于转移定价的做法，各国主要通过正常交易原则和总利润原则进行防治。正常交易原则是对关联企业相互间的交易活动，不按实际成交价格，而是均按照正常情况下的市场交易价格来计算应纳税额。总利润原则是不审核联属企业相互间的转让价格，而是按照直接、一定的标准，将跨国公司的总利润分配给各联属企业并相应征税。

对于利用避税港避税的做法，各国防治的主要方法有：立法禁止纳税人在避税港设立基地公司；禁止非正常的利润转移；取消境内股东在基地公司未分配股息所得的延期纳税待遇，使纳税人丧失在基地公司积累利润的积极性。

强化模拟题

下列各项中哪些属于纳税人进行国际避税的方式？

A. 虚构、多摊成本、费用、折旧等扣除项目

B. 纳税主体跨国移动以避免承担居民纳税人的义务

C. 跨国联属企业的转移定价

D. 在避税港设立基地公司，将在避税港外的所得和财产汇集在基地公司账户下

答案：BCD。